民事訴訟の
ＩＴ化

福田 剛久

法曹会

はしがき

　政府は、2017（平成 29）年 6 月 9 日に「未来投資戦略 2017」を閣議決定し、その中に「利用者目線で裁判に関わる手続などの IT を推進する方策について速やかに検討し、本年度中に結論を得る」という内容を盛り込んだ。これを受けて、同年 10 月、内閣官房に設けられた日本経済再生本部に裁判手続等の IT 化検討会が設置された（日本経済再生総合事務局が担当。座長・山本和彦一橋大学大学院法学研究科教授）。そして、同検討会は、2018（平成 30）年 3 月 30 日付で検討結果を取りまとめ、公表した（以下「検討会まとめ」という）。

　検討会まとめは、「裁判手続等の全面 IT 化を目指す上では、まずは、民事裁判手続の基本かつ根幹であり、利用者の利便性・効率性の向上という観点からも大きな効果が期待し得る、民事訴訟一般を念頭に置いた骨太な検討と制度設計を行うことが相当である。」として、裁判手続等の IT 化は民事訴訟から始めることを提言している。そして、その民事訴訟の IT 化について、e 提出（e-Filing）、e 事件管理（e-Case Management）、e 法廷（e-Court）の「3 つの e」をフェーズ 1 からフェーズ 3 までの三段階に分けて実現することを提言している。

　検討会まとめは、最後に、「本検討会で打ち出された基本的方向性やビジョンに基づき、今後の関係者の不断の努力により、裁判手続等の IT 化が、望ましい姿で、早期に実現されていき、それを通じ、我が国の民事裁判手続やそのプラクティスが、国民にとって真に利用しやすいものとなり、世界に誇るべきものとして、益々発展・確立していくことを強く期待するものである。」と結び、民事訴訟の IT 化が国民にとって利用しやすい民事訴訟を目指すものであることを明らかにしている。現行民訴法は、「民事訴訟を国民に利用しやすく、分かりやすいものにする」ことを目標として立法された（拙著『民事訴訟の現在位置』213〔2017（平成 29）年、日本評論社〕）が、検討会まとめもそれと同じ目標を掲げたものということができる。

ii　はしがき

　最近の急激なIT化の進展、AIの進歩に伴って、社会はまったく新しいステージへと移行しつつある。自動運転自動車が行き交い、自動翻訳機によって言語の壁が消滅した世界が目前に迫っている。医療の分野では、すでに、画像診断、手術、治療方法の選択など、各方面においてAIが利用されるようになっており、ひとり裁判の分野だけがIT、AIと無縁であり続けることができるとは考えられない。筆者は、同検討会に元裁判官の立場で委員として参加し（川村尚永〔内閣官房日本経済再生総合事務局参事官〕「裁判手続等のIT化に向けた検討」NBL1113-47以下〔2018（平成30）年〕参照）、議論に加わったが、その中で、検討会まとめに沿った民事訴訟のIT化が実現し、それを基に他の裁判手続のIT化が行われた場合には、日本の裁判手続は、これまで経験したことがないような大きな変革を迫られることになるという認識を深くした。そして、その変革が、国民にとっても、司法にとっても大きな恵みとなるものにするためには、法・実務・技術などの側面でIT化を担う人たちだけでなく、裁判手続に関わる研究者・実務家、IT技術者、さらには裁判手続の利用者である一般国民が、知恵と知識と想像力を出し合い、意見を述べ合う必要があることを痛感した。

　本書は、上記のような認識と民事訴訟に対する思い、さらには検討会まとめには一端の責任があることから、検討会まとめに沿った民事訴訟のIT化が実現した場合には、民事訴訟にどのような変革が生じることになるかということを、筆者の能力の及ぶ範囲で個人的に検討したものである。筆者は、長く民事訴訟実務には携わってきたが、ITやAIに関してはまったくの素人であり、外国の民事訴訟のIT化についても文献や関係条文から得た知識しかないので、誠に不十分な検討ではあるが、検討会まとめによれば、フェーズ1は2019年度にも始まり、Web会議装置などを利用したe法廷（e-Court）が部分的に開始される可能性があるので、不十分なものでも、資料提供の意味も含めて、公表する意義があるのではないかと考えたものである。

　検討の必要から、公表されているIT化検討会の資料、国内のIT化に関する論文、外国の制度に関する論文や調査結果、外国法の翻訳文、電子出願に関する調査報告書、現行民訴法の立法作業関与者の研究会での発言など、多くの文献・資料を参考にさせていただいた。これらの文献・資料なしには本書の執筆

はとても適わないものであった。心から感謝申し上げるとともに、引用、要約が長くなっているものについては、上記のような本書の趣旨をお汲み取りいただき、ご海容いただければ幸いである。

なお、上記のとおり、筆者はIT化の技術的側面について特段の知識を有するものではないので、この点については、適宜、同じ法律事務所（田辺総合法律事務所）に勤務する吉峯耕平弁護士（第一東京弁護士会総合法律研究所IT法研究部会長）の助言を得た。感謝の意を込めて記しておきたい。

最後になるが、本書の企画、編集については、法曹会出版部の橋迫信宏氏及び稲葉唯氏から多大なご尽力をいただいた。心から感謝の意を表する。

目　次

前章　本書の構成等……………………………………………………… 1

1　本書の構成………………………………………………………………… 1

2　Forschung 等……………………………………………………………… 1

　⑴　【Forschung】　**1**

　⑵　論文等　**2**

第1章　IT 化検討会の提言……………………………………………… 3

1　IT 化の基本的方向性…………………………………………………… 3

2　3 つの e の要旨…………………………………………………………… 4

　⑴　e-Filing（フェーズ 3）　**4**

　⑵　e-Case Management（フェーズ 3）　**5**

　⑶　e-Court（フェーズ 1、フェーズ 2）　**5**

3　IT 化に向けた課題……………………………………………………… 7

第2章　多様な IT 化提言……………………………………………… 9

1　技術革新が裁判に与える影響………………………………………… 9

2　パソコン実験部の試行内容と IT 化………………………………… 11

3　改革審意見書と司法の IT 化………………………………………… 12

4　書面による準備手続のオンライン化……………………………… 13

5　裁判情報への一般市民のアクセス………………………………… 14

6　IT 化がもたらす民事訴訟の変化…………………………………… 15

7　ファクシミリ送信文書の電子メールによる送信許容性……… 18

8　サイバーコート実験が示唆する IT 化の課題…………………… 19

9　正義へのユビキタス・アクセスと IT 化………………………… 23

10　IT 化後の民事訴訟の全体像………………………………………… 25

11　インターネット裁判の実証研究が示唆する IT 化の課題…… 26

第 3 章　IT 化先行国の実状 ………………………………………… 31

1　アメリカ ………………………………………………………… 31

⑴　ノースカロライナ州　**31**

⑵　連邦及びその他の州　**33**

ア　連邦　**34**

　㋐　CM/ECF　**34**　　㋑　PACER　**37**　　㋒　電子ファイリングが連邦裁判所に
　与えた影響　**38**　　㋓　法廷の IT 機器　**39**

イ　州　**40**

　㋐　カリフォルニア州（上級裁判所）　**40**　　㋑　ミシガン州　**41**

　㋒　ワシントン州キング郡、アリゾナ州マリコーパ郡、デラウェア州　**42**

ウ　民間の e ファイリングシステム　**45**

2　ドイツ ……………………………………………………………… 46

⑴　訴訟記録の全面電子化　**47**

⑵　IT 化に関係するドイツ民訴法の内容　**48**

ア　e-Court に関するもの　**49**

イ　e-Filing に関するもの　**51**

　㋐　e 提出　**51**　　㋑　e 送達　**54**　　㋒　e 記録　**56**　　㋓　その他の e-Filing
　に関する条文　**58**

⑶　裁判の IT 化に関係する論文等　**59**

3　韓国 ………………………………………………………………… 60

⑴　韓国の電子訴訟の内容　**60**

ア　IT 化検討会における説明　**60**

イ　論文等による紹介　**61**

⑵　IT 化に関係する韓国民訴法の内容　**63**

ア　訴訟記録の閲覧等　**64**

イ　e-Court　**65**

⑶　民事訴訟等における電子文書利用等に関する法律・規則　**67**

ア　電子的な送達・通知（法 11 条、規則 25 条、26 条）　**67**

イ　電子文書による弁論（規則 30 条）　**69**

ウ　電子文書（文字情報）に対する証拠調べ（法 13 条、規則 32 条）　**70**

エ　電子記録の閲覧等（規則 38 条）**71**

4　シンガポール………………………………………………………………**71**

　⑴　IT 化検討会における説明　**71**

　⑵　論文等による紹介　**73**

5　その他の国……………………………………………………………………**76**

第 4 章　電子出願の実状 ……………………………………………**79**

1　特許庁の電子出願システム……………………………………………**79**

　⑴　電子出願の歴史　**79**

　⑵　特許庁システムの現状と刷新　**81**

　⑶　電子出願制度に関する調査　**82**

2　政府機関の電子申請システム…………………………………………**83**

　⑴　電子申請率　**84**

　⑵　電子申請時のユーザーインターフェース　**84**

　⑶　認証方法及び電子証明書の利用状況　**86**

3　海外知財庁の電子申請システム………………………………………**88**

　⑴　米国特許商標庁（USPTO）　**88**

　ア　電子出願システムの概要　**88**

　イ　出願書面等のフォーマット　**89**

　ウ　電子証明書　**90**

　エ　手数料の納付　**91**

　⑵　欧州特許庁（EPO）　**91**

　ア　電子出願システムの概要　**91**

　イ　出願書面等のフォーマット　**91**

　ウ　電子証明書・手数料の納付　**92**

第 5 章　日本の民事訴訟における IT 化の現状 ……………………**95**

1　IT 化に関係する民訴法・民訴規則等の規定…………………………**95**

　⑴　現行民訴法・民訴規則の制定　**95**

　ア　弁論の準備における OA 機器の利用　**95**

イ　書面による準備手続（仮称）　**95**

ウ　テレビ会議システムによる尋問　**95**

エ　少額事件の訴訟手続（審理手続の特則）　**96**

オ　督促手続（電子情報処理組織の利用）　**96**

⑵　現行民訴法・民訴規則の成立時における IT 化に関係する規定　**97**

ア　弁論準備手続における電話会議の利用　**97**

イ　書面による準備手続における電話会議の利用　**97**

ウ　進行協議期日　**98**

エ　テレビ会議による尋問　**98**

オ　少額訴訟における電話会議による尋問　**99**

カ　督促手続の電子情報処理組織による処理　**100**

⑶　現行民訴法・民訴規則の IT 化に関係する規定の立法時の議論　**102**

⑷　現行民訴法・民訴規則の改正等　**110**

ア　司法制度改革　**110**

イ　民事訴訟法等の一部を改正する法律（平成 15 年法律 108 号）　**110**

　㋐　専門委員　**110**　　㋑　鑑定　**111**　　㋒　弁論準備手続　**112**　　㋓　その他　**112**

ウ　電子情報処理組織を用いて取り扱う民事訴訟手続における申立て等の方式等に関する規則（平成 15 年最高裁規則 21 号。IT 規則）等　**113**

　㋐　IT 規則　**113**　　㋑　電子情報処理組織を用いて取り扱う民事訴訟手続における申立て等の方式等に関する規則施行細則（平成 16 年最高裁告示 1 号）　**115**

　㋒　電子情報処理組織を用いて取り扱う民事訴訟手続における申立て等の方式等に関する規則施行細則の一部を改正する細則（平成 17 年最高裁告示 3 号）　**117**

　㋓　札幌地裁本庁における IT 規則の実施　**118**

エ　民事関係手続の改善のための民事訴訟法等の一部を改正する法律（平成 16 年法律 152 号）　**123**

　㋐　電子情報処理組織による申立て等について　**124**　　㋑　電子情報処理組織による督促手続の特則について　**127**

オ　犯罪被害者等の権利利益の保護を図るための刑事訴訟法等の一部を改正する法律（平成 19 年法律 95 号）　**136**

2 IT 化に関係する民事訴訟実務……………………………………**138**

⑴ 審理の状況 **138**

ア 新受事件数 **138**

イ 平均審理期間 **139**

ウ 争点整理 **140**

エ 弁護士選任率 **141**

⑵ IT 化に関係する利用者意識 **142**

ア 裁判を起こした理由・裁判に応じた理由 **143**

イ 弁護士の有無等 **144**

ウ 裁判に要する費用 **145**

エ 裁判期間 **146**

オ 制度評価 **148**

⑶ IT 化に関係する運営改善 **149**

ア 福岡方式・新福岡方式 **149**

イ 書面による準備手続の活用の拡大 **152**

　　㈠ 書面による準備手続の弁論準備手続的運用 **152**　　㈡ 書面による準備手続の遠隔地要件 **156**

ウ 裁定和解（民訴法 265 条）の活用 **158**

⑷ IT 化に関係する法改正提言 **159**

ア 第 4 回迅速化報告書 **159**

イ 文書提出命令および当事者照会制度改正に関する民事訴訟法改正要綱試案 **160**

ウ 「民事訴訟法改正研究会」の提案 **161**

⑸ IT 化に関係する理論的問題 **162**

ア 協同進行主義 **162**

イ 協働主義 **164**

　　㈠ 釈明義務 **167**　　㈡ 真実義務 **167**　　㈢ 完全陳述義務 **169**

　　㈣ 法的観点指摘義務 **170**

ウ 手続保障 **172**

　　㈠ 手続保障の第一、第二、第三の波 **172**　　㈡ 法的審問請求権 **173**

x

　　㋒　近年の手続保障の動き　**174**

　エ　公開主義　**177**

　　㋐　対審の公開　**177**　　㋑　争点整理手続の公開　**181**　　㋒　非公開審理　**189**

　　㋓　記録の閲覧・謄写　**199**

第6章　IT化の段階的検討 ……………………………………………… **205**

1　フェーズ1 …………………………………………………………… **206**

　⑴　検討会まとめの提言　**206**

　⑵　機器の整備　**207**

　⑶　Web会議による民事訴訟の運営改善　**208**

　ア　争点整理の充実、迅速化　**209**

　イ　書面による準備手続の弁論準備手続的運用　**210**

　⑷　ファクシミリ送信規定の解釈と運用　**211**

　⑸　Web会議と電話会議の併用　**214**

2　フェーズ2 …………………………………………………………… **214**

　⑴　検討会まとめの提言　**214**

　ア　第1回期日　**214**

　イ　争点整理手続　**215**

　ウ　人証調べ期日等　**215**

　エ　判決言渡し　**216**

　⑵　Web会議等による期日　**216**

　⑶　裁判所側のWeb会議等による参加　**218**

　⑷　争点整理手続の再構成　**219**

　⑸　口頭弁論の公開　**220**

　⑹　e-Courtの訴訟指揮　**221**

　⑺　e-Courtでの書証の取調べ　**222**

　⑻　土地管轄や移送への影響　**222**

　⑼　判決　**224**

　⑽　上訴審　**224**

3　フェーズ3 …………………………………………………………… **225**

(1) 検討会まとめの提言　**225**

ア　e-Filing について　**226**

　　㋐　総論　**226**　　㋑　訴状の裁判所への提出　**226**　　㋒　訴え提起時の手数料
等の納付　**227**　　㋓　訴状や判決書の送達　**227**　　㋔　答弁書その他準備書面
等のやり取り　**227**

イ　e-Case Management について　**228**

　　㋐　総論　**228**　　㋑　訴状受付・審査・補正　**229**　　㋒　第 1 回口頭弁論期日
の調整・指定　**229**　　㋓　争点整理手続と計画的審理　**229**　　㋔　人証調べ・
判決言渡し　**229**

(2) e-Filing の前提　**229**

ア　督促手続の IT 化　**230**

イ　電子出願　**231**

　　㋐　特許庁の電子出願　**231**　　㋑　他の政府機関の電子申請システム　**231**
　　㋒　電子証明書の要否　**232**

ウ　IT 化先行国の記録の電子化　**233**

　　㋐　電子訴訟の強制　**233**　　㋑　紙形式の書面の電子化　**233**　　㋒　当事者が
提出する電子文書の形式　**233**　　㋓　本人確認　**234**

(3) e-Filing　**235**

ア　紙記録の電子化　**235**

イ　電子文書の提出方法、通知・送付・送達方法（訴状、判決の送達を含
む）　**235**

ウ　電子文書の証拠調べ　**236**

エ　手数料等の現金納付　**236**

オ　本人確認　**237**

カ　裁判官と書記官と当事者の協働　**237**

キ　審理内容の記録化　**238**

ク　電子記録の閲覧　**240**

　　㋐　セカンドオピニオン　**240**　　㋑　記録の共通利用　**240**

ケ　上訴審　**241**

(4) e-Case Management　**241**

4　IT 化に向けた課題 ……………………………………… 243

　⑴　検討会まとめの指摘　**243**

　ア　本人訴訟について　**243**

　イ　情報セキュリティ対策　**243**

　⑵　本人訴訟　**245**

　⑶　情報セキュリティ対策　**245**

おわりに ……………………………………………………… 247

事項索引 ……………………………………………………… 249

判例索引 ……………………………………………………… 254

xiii

Forschung 目次

第1章　IT化検討会の提言

【ForschungNr.1】………………………………………………………………………7

　［Punkt］テレビ会議とWeb会議　7

第2章　多様なIT化提言

1　技術革新が裁判に与える影響

【ForschungNr.2】………………………………………………………………………10

2　パソコン実験部の試行内容とIT化

【ForschungNr.3】………………………………………………………………………12

　［Punkt］IT化による協働　12

4　書面による準備手続のオンライン化

【ForschungNr.4】………………………………………………………………………14

　［Punkt］通信型巡回裁判所構想　14

5　裁判情報への一般市民のアクセス

【ForschungNr.5】………………………………………………………………………15

　［Punkt］サイバー・サーキットにおける公開　15

6　IT化がもたらす民事訴訟の変化

【ForschungNr.6】………………………………………………………………………17

　［Punkt］要件事実支援プログラム・土地管轄緩和・訴訟記録の共通利用　17

【ForschungNr.7】………………………………………………………………………18

　［Punkt］IT化の目的　18

7　ファクシミリ送信文書の電子メールによる送信許容性

【ForschungNr.8】………………………………………………………………………19

　［Punkt］ファクシミリからメール、メールからファイル交換へ　19

8　サイバーコート実験が示唆するIT化の課題

【ForschungNr.9】………………………………………………………………………20

【ForschungNr.10】………………………………………………………………………21

　［Punkt］裁判所のヴァーチャル化と裁判の公開　21

【ForschungNr.11】‥‥‥‥‥‥‥‥‥‥‥‥‥‥‥‥‥‥‥‥‥‥‥‥‥‥ 22

　［Punkt］本人確認　**22**

9　正義へのユビキタス・アクセスと IT 化

【ForschungNr.12】‥‥‥‥‥‥‥‥‥‥‥‥‥‥‥‥‥‥‥‥‥‥‥‥‥‥ 24

【ForschungNr.13】‥‥‥‥‥‥‥‥‥‥‥‥‥‥‥‥‥‥‥‥‥‥‥‥‥‥ 25

10　IT 化後の民事訴訟の全体像

【ForschungNr.14】‥‥‥‥‥‥‥‥‥‥‥‥‥‥‥‥‥‥‥‥‥‥‥‥‥‥ 26

　［Punkt］テレビ会議の録画と肖像権　**26**

11　インターネット裁判の実証研究が示唆する IT 化の課題

【ForschungNr.15】‥‥‥‥‥‥‥‥‥‥‥‥‥‥‥‥‥‥‥‥‥‥‥‥‥‥ 28

　［Punkt］e-Filing ソフト　**28**

【ForschungNr.16】‥‥‥‥‥‥‥‥‥‥‥‥‥‥‥‥‥‥‥‥‥‥‥‥‥‥ 29

第 3 章　IT 化先行国の実状

1　アメリカ

　⑴　ノースカロライナ州

【ForschungNr.17】‥‥‥‥‥‥‥‥‥‥‥‥‥‥‥‥‥‥‥‥‥‥‥‥‥‥ 33

　［Punkt］電子署名によらない署名（サイン）方法　**33**

　⑵　連邦及びその他の州

　ア　連邦

【ForschungNr.18】‥‥‥‥‥‥‥‥‥‥‥‥‥‥‥‥‥‥‥‥‥‥‥‥‥‥ 36

　［Punkt1］ID とパスワードによる利用　**36**

　［Punkt2］アメリカの連邦裁判所のホームページでの CM/ECF の紹介　**36**

【ForschungNr.19】‥‥‥‥‥‥‥‥‥‥‥‥‥‥‥‥‥‥‥‥‥‥‥‥‥‥ 38

【ForschungNr.20】‥‥‥‥‥‥‥‥‥‥‥‥‥‥‥‥‥‥‥‥‥‥‥‥‥‥ 39

【ForschungNr.21】‥‥‥‥‥‥‥‥‥‥‥‥‥‥‥‥‥‥‥‥‥‥‥‥‥‥ 40

　イ　州

【ForschungNr.22】‥‥‥‥‥‥‥‥‥‥‥‥‥‥‥‥‥‥‥‥‥‥‥‥‥‥ 41

【ForschungNr.23】‥‥‥‥‥‥‥‥‥‥‥‥‥‥‥‥‥‥‥‥‥‥‥‥‥‥ 42

【ForschungNr.24】‥‥‥‥‥‥‥‥‥‥‥‥‥‥‥‥‥‥‥‥‥‥‥‥‥‥ 43

［Punkt］PDF・TIFF・XML・リーガル XML　**43**

ウ　民間の e ファイリングシステム

【ForschungNr.25】…………………………………………………………**46**

2　ドイツ

(1)　訴訟記録の全面電子化

【ForschungNr.26】…………………………………………………………**48**

［Punkt］裁判官の仕事の変化　**48**

(2)　IT 化に関係するドイツ民訴法の内容

【ForschungNr.27】…………………………………………………………**49**

［Punkt1］日本法との比較　**49**

［Punkt2］128a 条の運用　**50**

【ForschungNr.28】…………………………………………………………**52**

［Punkt1］De-Mail について　**52**

［Punkt2］適格電子署名について　**53**

【ForschungNr.29】…………………………………………………………**55**

［Punkt］電子文書の送達　**55**

【ForschungNr.30】…………………………………………………………**56**

［Punkt］紙記録から電子記録への移行手続　**56**

【ForschungNr.31】…………………………………………………………**57**

［Punkt］段階的電子化移行　**57**

【ForschungNr.32】…………………………………………………………**58**

［Punkt］電子記録の閲覧と複写（ダウンロード）　**58**

3　韓国

(1)　韓国の電子訴訟の内容

【ForschungNr.33】…………………………………………………………**61**

［Punkt］本人訴訟の取扱い　**61**

【ForschungNr.34】…………………………………………………………**63**

［Punkt1］提出書面の PDF 化について　**63**

［Punkt2］記録の閲覧について　**63**

(2)　IT 化に関係する韓国民訴法の内容

【ForschungNr.35】 ·· 66

　　［Punkt］確定判決のインターネット公開　66

　⑶　民事訴訟等における電子文書利用等に関する法律・規則

【ForschungNr.36】 ·· 68

【ForschungNr.37】 ·· 69

　　［Punkt］準備書面中の音声・画像・映像データ　69

【ForschungNr.38】 ·· 70

　　［Punkt］書証の原本提出主義の見直し　70

4　シンガポール

　⑴　IT 化検討会における説明

【ForschungNr.39】 ·· 72

　　［Punkt］本人訴訟における電子訴訟の強制　72

　⑵　論文等による紹介

【ForschungNr.40】 ·· 75

　　［Punkt1］EFS から eLit への進化　75

　　［Punkt2］トレーニング・SingPass・サービスビューロー　76

第4章　電子出願の実状

1　特許庁の電子出願システム

【ForschungNr.41】 ·· 80

　　［Punkt］電子出願の方法　80

【ForschungNr.42】 ·· 82

　　［Punkt］セキュリティ・大規模災害時の対策等　82

2　政府機関の電子申請システム

【ForschungNr.43】 ·· 84

　　［Punkt］電子申請率の差異　84

【ForschungNr.44】 ·· 85

　　［Punkt］Web ブラウザ方式　85

【ForschungNr.45】 ·· 87

　　［Punkt1］電子証明書か ID ＋ PW 等か　87

［Punkt2］電子証明書の必要性についての意見　**88**

3　海外知財庁の電子申請システム

【ForschungNr.46】 ･･･ **92**

　　　［Punkt］米国特許商標庁と欧州特許庁の共通性　**92**

第 5 章　日本の民事訴訟における IT 化の現状

1　IT 化に関係する民訴法・民訴規則の規定

　　⑴　現行民訴法・民訴規則の制定

【ForschungNr.47】 ･･･ **96**

　　　［Punkt］e-Court における日本の先進性　**96**

　　⑵　現行民訴法・民訴規則の成立時における IT 化に関係する規定

【ForschungNr.48】 ･･･ **101**

　　　［Punkt］遠隔地要件・手続制限　**101**

　　⑶　現行民訴法・民訴規則の IT 化に関係する規定の立法時の議論

【ForschungNr.49】 ･･･ **108**

　　　［Punkt］直接主義・審理の公開の時代的変化　**108**

　　⑷　現行民訴法・民訴規則の改正等

【ForschungNr.50】 ･･･ **112**

　　　［Punkt］運用を踏まえた制限緩和　**112**

【ForschungNr.51】 ･･･ **118**

　　　［Punkt1］ファクシミリによる申立書等の提出　**118**

　　　［Punkt2］法と規則の振り分け　**121**

　　　［Punkt3］書面の作成者の責任の明示（本人確認）　**121**

　　　［Punkt4］申立て等の裁判所への到達時期　**123**

【ForschungNr.52】 ･･･ **125**

　　　［Punkt1］オンライン提出の対象　**125**

　　　［Punkt2］オンライン提出の対象拡大の障害　**125**

【ForschungNr.53】 ･･･ **134**

　　　［Punkt］督オンシステムの e-Filing としての汎用性　**134**

【ForschungNr.54】 ･･･ **137** xviii

　　［Punkt］テレビ会議による重要証人の尋問　**137**

2　IT化に関係する民事訴訟実務

　(1)　審理の状況

【ForschungNr.55】……………………………………………………**142**

　　［Punkt］IT化と審理の充実　**142**

　(2)　IT化に関係する利用者意識

【ForschungNr.56】……………………………………………………**144**

　　［Punkt］国民の民事裁判に対する期待　**144**

【ForschungNr.57】……………………………………………………**145**

　　［Punkt］本人訴訟率の将来予測　**145**

【ForschungNr.58】……………………………………………………**146**

　　［Punkt］裁判費用の予測困難性　**146**

【ForschungNr.59】……………………………………………………**147**

　　［Punkt］裁判期間の予測困難性　**147**

【ForschungNr.60】……………………………………………………**149**

　　［Punkt］利用しにくい民事裁判　**149**

　(3)　IT化に関係する運営改善

【ForschungNr.61】……………………………………………………**150**

　　［Punkt1］当事者主導の民事訴訟　**150**

　　［Punkt2］手続の柔軟化　**151**

　　［Punkt3］口頭議論の活性化と活性剤　**152**

【ForschungNr.62】……………………………………………………**155**

　　［Punkt］双方当事者が電話会議・テレビ会議で出頭する期日　**155**

【ForschungNr.63】……………………………………………………**158**

　　［Punkt］遠隔地要件に拘らない解釈　**158**

【ForschungNr.64】……………………………………………………**159**

　　［Punkt］裁定和解への期待　**159**

　(4)　IT化に関係する法改正提言

【ForschungNr.65】……………………………………………………**160**

　　［Punkt］迅速化報告書改善施策とIT化　**160**

【ForschungNr.66】···161

　　［Punkt］日弁連改正要綱試案と IT 化　**161**

【ForschungNr.67】···162

　　［Punkt］研究会提案と IT 化　**162**

　⑸　IT 化に関係する理論的問題

【ForschungNr.68】···164

　　［Punkt］Web 会議の導入効果　**164**

【ForschungNr.69】···171

　　［Punkt］民事訴訟の IT 化と古典的弁論主義からの乖離の促進　**171**

【ForschungNr.70】···175

　　［Punkt］手続保障と民事訴訟の IT 化　**175**

【ForschungNr.71】···178

　　［Punkt1］公開の方法　**178**

　　［Punkt2］公開の場所　**179**

【ForschungNr.72】···188

　　［Punkt］公開を要しない手続と Web 会議のセキュリティ　**188**

【ForschungNr.73】···198

　　［Punkt］非公開審理と IT 化　**198**

【ForschungNr.74】···202

　　［Punkt1］一般国民による電子記録の閲覧　**202**

　　［Punkt2］当事者、利害関係人による電子記録の閲覧、複写　**203**

　　［Punkt3］訴訟記録中の録音テープ又はビデオテープの取扱い　**203**

論文等目次

A　夏井高人「電子技術の進歩と司法の将来(上)(下)」

　　(判タ 711-42 以下、同 712-20 以下〔1990（平成 2）年〕)　**9**

B　吉川慎一＝星野充広「情報技術（IT）革命時代の民事裁判実務——大阪地
　　方裁判所第三民事部Ｃ係における協働体制の実践報告——」

　　(判タ 1029-56〔2000（平成 12）年〕)　**11**

C　「21 世紀の民事訴訟の構想」研究会裁判所チーム「21 世紀の民事訴訟」

　　(判タ 1063-39〔2001（平成 13）年〕)　**13**

D　高橋宏志ほか「座談会　21 世紀の民事訴訟の構想」

　　(判タ 1063-4〔2001（平成 13）年〕)　**14**

E　町村泰貴「コンピュータ時代の民事訴訟」

　　(法学教室 244-34〔2001（平成 13）年〕)　**15**

F　町村泰貴「IT の発展と民事手続」

　　(情報法制研究 2-38〔2017（平成 29）年〕)　**15**

G　小田敬美「司法における情報化と民事訴訟手続の未来——新たな技術的訴
　　訟改革の方向性と問題点——」

　　(民訴 47-220〔2001（平成 13）年〕)　**18**

H　笠原毅彦「サイバーコートの課題と到達点」

　　(判タ 1114-22〔2003（平成 15）年〕)　**19**

I　笠原毅彦「民事裁判の IT 化とその課題」

　　(判タ 1127-82〔2003（平成 15）年〕)　**19**

J　笠原毅彦「民意裁判の IT 化」

　　(小島武司先生古稀祝賀〈続〉『権利実効化のための法政策と司法改革』961〔2009
　　（平成 21）年、商事法務〕)　**20**

K　川嶋四郎「「民事訴訟の IT 化」のための基本的視座に関する覚書(1)——
　　「先端テクノロジー」の民事訴訟改革への貢献可能性を中心として」

　　(法政研究 72(2)-299〔2005（平成 17）年〕)　**23**

L　早野貴文「正義へのユビキタス・アクセス　その理念と技術的基盤」

　　(自正 55(10)18〔2004（平成 16）年〕)　**23**

M 川嶋四郎（司会）＝上田竹志＝笠原毅彦＝園田賢治「シンポジウム「『e-裁判所』の創造的構想――民事訴訟を中心として」の概要」
（九州法学会会報 2005 年号 20〔2006（平成 18）年〕。インターネットで公表されているもの）**25**

M-1 上田竹志「裁判手続における「e-ファイリング」の課題と展望」 **25**

M-2 園田賢治「民事訴訟における『テレビ会議システム』の課題と展望」
26

N 川嶋四郎「法律サービス（特に、民事裁判）における ICT の活用に向けた実証研究について――「正義・司法へのアクセス」の展開のための実証研究に関する若干の紹介等」
（『民事手続の現代的使命 伊藤眞先生古稀祝賀論文集』1325〔2015（平成 27）年、有斐閣〕）**26**

O 上田竹志「民事訴訟手続の ICT 化」
（法時 83(7)-32〔2011（平成 23）年〕）**26**

P 松長一太「米国ノースカロライナ州における裁判所の情報システムの紹介㊤」
（判タ 1332-36〔2010（平成 22）年〕）**31**

Q 「日本弁護士連合会コンピュータ委員会 2006 年海外調査報告書――E-Courts 2006 & San Francisco」
（日弁連のホームページで公表〈http://www.nichibenren.or.jp/activity/improvement/computer.html〉〔2007（平成 19）年〕）**33**

R 「日本弁護士連合会コンピュータ委員会 2009 年海外調査報告書 Seattle」
（論文等 Q と同じ日弁連ホームページで公表〔2009（平成 21）年〕）**34**

S 鈴木淳司「米国の e 裁判の実際について」
（NIBEN Frontier 2015(5)-25〔2015（平成 27）年〕）**34**

T 合田俊文「裁判所記録管理の電子化と訴訟記録公開のガイドライン」
（法時 76(3)-48〔2004（平成 16）年〕）**38**

U 笠原毅彦「サイバーコート――ICT を利用した裁判手続」
（人工知能学会誌 23(4)-513〔2008（平成 20）年〕）**41**

V 森下宏輝「司法の IT 化――ドイツの現状」
（法曹 800-35〔2017（平成 29）年〕）**47**

W 新皐直茂「韓国におけるe裁判の実施状況について」

（NIBEN Frontier 2015(5)-30〔2015（平成 27）年〕） **61**

X 川嶋四郎「「司法へのユビキタス・アクセス」の一潮流──シンガポール裁判所の 21 世紀──」

（『民事手続における法と実践　栂善夫先生・遠藤賢治先生古稀祝賀』21〔2014（平成 26）年、成文堂〕） **73**

Y 「日本弁護士連合会コンピュータ委員会　シンガポール調査報告書──シンガポールにおける電子ファイルシステム（EFS）の現状と問題点に関するレポート──（2008 年 11 月 25 日〜11 月 26 日実施)」

（論文等Qと同じ日弁連ホームページで公表〔2010（平成 22）年〕） **73**

Z 石本恵「民事訴訟の争点整理手続の充実に向けた取組について──新人弁護士でもできる書面上の工夫──」

（判タ 1435-55〔2017（平成 29）年〕） **151**

凡　例

○文献
※下記の文献については、略記した。

秋山ほか・コンメンタールⅠ～Ⅶ
秋山幹男＝伊藤眞＝加藤新太郎＝髙田裕成＝福田剛久＝山本和彦（Ⅲ〈第2版〉は以上のほか垣内秀介）『コンメンタール民事訴訟法Ⅰ～Ⅶ（日本評論社）』〔Ⅰ（第2版追補版）：2014年、Ⅱ（第2版）：2006年、Ⅲ（第2版）：2018年、Ⅳ：2010年、Ⅴ：2012年、Ⅵ：2014年、Ⅶ：2016年〕

現在位置
福田剛久『民事訴訟の現在位置　利用しやすい民事訴訟に向けた法・理論・制度・実務からの再確認』（日本評論社、2017年）

対談
福田剛久＝笠井正俊「HOT issue 対談　裁判手続等のIT化をめぐって」（ジュリスト1524号、2018年）

研究会・新民事訴訟法
竹下守夫＝青山善充＝伊藤眞編集代表『研究会新民事訴訟法』（ジュリスト増刊、1999年）

解体新書
ロン・ホワイト／著＝ティモシー・エドワード・ダウンズ／イラスト〔トップスタジオ訳〕『コンピューター＆テクノロジー解体新書』（SBクリエイティブ株式会社、2015年）

基本パソコン用語事典
秀和システム第一出版編集部『最新基本パソコン用語事典［第4版］』（株式会社秀和システム、2017年）

日経パソコン用語事典
『日経パソコン用語事典2011』（デジタル版）

マイペディア
日立ソリューションズ『百科事典マイペディア電子辞書版』（2012年）

ジュリ

ジュリスト

判タ

判例タイムズ

判時

判例時報

法時

法律時報

自正

自由と正義

民訴

民事訴訟雑誌

前章　本書の構成等

1　本書の構成

本書は、第1章から第6章までで構成されている。

第1章では、検討会まとめを個人的に要約したものを要旨として掲載している。

第2章では、検討会まとめ以外のIT化提言を、原則として公表年代順に取り上げ、その内容を検討している。

第3章では、民事訴訟のIT化の先行国であるアメリカ、ドイツ、韓国、シンガポールなどにおける民事訴訟のIT化の実状を、文献や条文にあたって紹介し、検討している。

第4章では、インターネットで公表されている特許庁の情報や電子出願制度に関する調査報告書に基づいて、特許庁の電子出願システムの状況、他の政府機関の電子申請システムの状況、海外知財庁の電子申請システムの状況などについて、紹介、検討している。

第5章では、第1章～第4章で見てきた民事訴訟手続や知財の出願手続のIT化のポイントを念頭において、日本の民事訴訟におけるIT化の現状を、法律・規則、運用、さらにはそれを取り巻く環境も含めて多角的に俯瞰し、検討している。

第6章では、第5章までの検討を基礎にして、検討会まとめが掲げる各フェーズにおいて生じると考えられる論点について考察し、最後に、検討会まとめが課題としていることにも触れている。

2　Forschung 等

(1)　【Forschung】

第1章～第5章まで、各所で、【Forschung】（フォルシュング–研究、探求、調査）として、関連する情報や筆者の検討、意見等を記載した。そして、後の引

2 前章　本書の構成等

用、検討の便宜のため、後の引用の有無を問わず、すべての【Forschung】に「Nr.」（番号）を付した。【Forschung】の中で、［Punkt］（プンクト−論点、問題点）として記載した事項は、民事訴訟の IT 化において、重要と考えたものである（いずれもドイツ語である。これは、IT 化に関係する多数の英語の用語と区別する趣旨もあるが、多分に筆者の趣味的なものである）。

　【Forschung】については、検索の便宜のためページ数を付した目次を作成した。

⑵　**論文等**

　参考とした論文や調査結果などの多くは、後の引用の便宜のため、「論文等」として A 〜 Z までの符号を付した。

　論文等についても、検索の便宜のため、ページ数を付した目次を作成した。

第1章　IT 化検討会の提言

1　IT 化の基本的方向性

　検討会まとめは、IT 化の基本的方向性について、「裁判手続等の IT 化は、適正・迅速で国民にとって利用しやすい裁判を実現するため、現代社会における情報通信技術の発展、浸透の度合い等を適切に反映しつつ、国民の司法アクセス向上、裁判手続の迅速化・充実化に資することを目的として、目指すべきものである。また、裁判手続の利用者には、当事者本人、代理人のほか、証人等の関係者も広く含まれ、さらには、潜在的な紛争当事者にとって裁判手続の予測可能性を高める意義もあることから、裁判手続等の IT 化は、紛争解決インフラの国際競争力強化、裁判に関わる事務負担の合理化、費用対効果等の総合的な観点からも、推進されるべきもの」とし、「裁判手続等の IT 化の基本的方向性として、利用者目線に立ったうえで、訴訟記録の全面的な電子化を前提とする「裁判手続等の全面 IT 化」を目指すべきである」とする。

　そして、その民事訴訟の IT 化について、e 提出（e-Filing）、e 事件管理（e-Case Management）、e 法廷（e-Court）の「3 つの e」をフェーズ 1 からフェーズ 3 までの 3 段階に分けて実現することを提言している。いずれも可及的早期に実現されることが望ましいとしたうえで、フェーズ 1 は法改正を要することなく現行法の下で IT 機器の整備等により実現可能になるもので、2019 年度からにも特定庁で試行、フェーズ 2、フェーズ 3 は 2019 年度中の法制審議会への諮問を視野に入れ、フェーズ 2 については 2022 年度から開始することを目指すとしている。

　この提言を受けて、商事法務研究会において、2018（平成 30）年 7 月から、IT 化検討会の座長であった山本和彦教授を座長とする「民事裁判手続等 IT 化研究会」が開かれており、その資料、議事要旨がインターネットで公表されている（https://www.shojihomu.or.jp/kenkyuu/saiban-it）。

　同研究会で取り上げられている事項は、本書の内容と重なる部分が多いが、

4　第1章　IT化検討会の提言

開始時期が数年後となると思われるフェーズ3まで念頭においた立法事実の議論なので、今年から試行が始まるフェーズ1からのIT化の段階的検討（実務に与える影響を念頭に置いたもの）を行った本書とは視点の異なるところもある。同研究会の議論は、本書脱稿時にはいわゆる一読中であり、まだ方向性が定まっているわけではないので、これに触れるのは控えることとした。

　なお、IT化検討会の議論を受けて、裁判のIT化に伴う民事訴訟における実践を検討する模擬裁判が各地で行われており、そのうち、2017（平成29）年12月から2018（平成30）年3月までの間、最高裁事務総局の企画により行われたものの内容は、福市航介「IT化模擬裁判について」（自正69（11）21〔2018（平成30）年〕）に記載されている。

　また、矢野領司会「座談会　民事裁判手続等のIT化の検討状況」（第一東京弁護士会会報ICHIBEN Bulletin552-7〔2019（平成31）年〕）では、上記「民事裁判手続等IT化研究会」での議論、日弁連から各単位会に対して行われたIT化に関する意見照会の内容、東京地裁民事8部、40部と東京三会所属弁護士の事務所とをつないだIT模擬裁判の状況などが紹介されている。

2　3つのeの要旨

⑴　e-Filing（フェーズ3）

　e-Filingで実現しようとしているのは、紙記録から電子記録への完全な移行（紙記録は残さない）を図ることである。具体的には、次のとおりである。

　ア　現在、当事者が裁判所に書面で提出しているもの、つまり、訴状、答弁書、準備書面、訴えの変更申立書・参加申立書等の各種申立書、書証の写し等の提出をオンラインでの提出に移行する。

　イ　現在、裁判所が書面で作成しているもの、つまり、判決・決定・命令や調書等を電子化する。

　ウ　現在、裁判所が当事者に送達または送付している訴状、決定、判決等については、電子的な送達・送付方法による（裁判所の専用システムへのアップロード、その旨の当事者への通知など）。

　エ　現在、当事者相互間、当事者と裁判所相互間において、書面、電話、ファクシミリ等で行われている準備書面や書証の写しの直送、求釈明、事務連

絡等に IT ツール（裁判所の専用システムへのアップロードと相手方のダウンロード〈過渡的には電子メール〉、Web 会議や Web 上のチャットのようなもの）を活用することを検討する。

(2) e-Case Management（フェーズ 3）

e-Case Management で実現しようとしているのは、オンラインによる電子記録へのアクセスを前提とした手続の透明化・迅速化・計画化、当事者の負担軽減を図ることである。具体的には、次のとおりである。

ア 当事者本人及び訴訟代理人（以下「当事者」というときは、どちらも含む）がオンラインで電子記録に随時かつ容易にアクセスすることができる仕組みを構築することによって、期日において当事者が電子記録を利用することを可能とし、期日外においても当事者が記録の内容と期日の進捗状況等を確認することを可能とする。

イ 訴状の受付、審査、補正に IT ツールを活用する。

ウ 裁判所は両当事者と期日の進行予定も調整したうえで第 1 回口頭弁論期日を指定する。

エ 準備書面等の裁判書類の提出期限が守られたかどうかも含め、争点整理手続期日で確認された進行計画やその履践状況を、裁判所と双方当事者がオンラインで容易に確認し、共有することができるようにし、複数期日の一括指定、期日間隔の短縮化を図り、争点整理手続を計画的・集中的に進行させることを可能にする。

オ 人証調べの予定やその結果、判決言渡し期日等の情報についても当事者が容易かつ随時に確認できるようにする。

(3) e-Court（フェーズ 1、フェーズ 2）

e-Court で実現しようとしているのは、IT ツール、特に Web 会議やテレビ会議（以下「Web 会議等」という）を活用して、当事者や証人が裁判所に出頭せず、Web 会議等で審理に参加する手続を拡張し、手続の迅速化・効率化・充実化、当事者の負担軽減を図ることである。具体的には、次のとおりである。

ア 第 1 回口頭弁論期日について

裁判所は両当事者と期日の進行予定も調整したうえで第 1 回口頭弁論期日を指定し、①請求内容に争いのない場合や被告の応訴がない場合には、事案によ

6 第1章　IT化検討会の提言

り、Web会議等による審理を行い、判決や和解につなげることを可能にし、②請求内容に争いがある場合も、事案により、当事者の一方または双方が弁護士事務所等の適切な場所でWeb会議等による審理に参加し、第1回口頭弁論期日から実質的な審理を行う。

イ　争点整理手続について

①　当事者等のニーズに応じて、当事者の一方だけでなく、双方が、弁護士事務所等の適当な場所でWeb会議等で争点整理に参加することを可能にする。

②　争点整理手続における主張及び証拠の整理は、フェーズ3で記録が電子化されたものになることにより、期日の記録に対する当事者からのアクセスが容易になるほか、電子ファイル、クラウド技術等のITツールを広く活用して、効果的・効率的に争点整理を進め、その結果の整理をするという方法の検討が求められることになる。

ウ　和解協議について

争点整理手続と同様にWeb会議等の利用を可能とする。

エ　人証の取調べについて

a　事案によっては、一方または双方の当事者や証人等の関係者が、弁護士事務所等の適当な場所に所在して、Web会議等で当事者尋問・証人尋問を実施することを可能とする。

b　人証調べは、電子情報やITツールを活用した尋問方法の工夫等により、メリハリの付いた効率的・効果的な尋問を行い、その結果の記録化も、AI等を活用した音声の自動認識技術等を活かして効率的に行う。

オ　判決の言渡しについて

a　判決の在り方として、一定の様式は維持しつつ、争点整理の結果として確定した最終成果物がある場合には、それを効果的に活用し、争点を中心にメリハリの付いた利用者目線で分かりやすい判決になるようにプラクティスの見直しの検討が期待される。

b　判決言渡し期日について、裁判の公開原則等に留意しつつ、当事者のニーズに対応した方法を検討することが考えられる。

c　判決情報の一般公開の拡大の是非等について検討することが望まれる。

3　IT 化に向けた課題

　IT 化に向けた課題として、本人訴訟と情報セキュリティ対策が挙げられている。

【ForschungNr.1】

[Punkt] テレビ会議と Web 会議

　後記**第 5 章 1**(1)、(2)記載のとおり、現行民訴法の立法作業の当初から、テレビ会議システムによる尋問が、提案され、立法化された。このとき導入されたテレビ会議システムは、専用のテレビ会議装置で ISDN 回線を使用するものであったが、裁判所は、2013（平成 25）年 1 月以降、家事事件手続法の施行に伴う家庭裁判所へのテレビ会議システムの導入（【ForschungNr.62】参照）に併せて専用の IP ネットワークを新たに敷設した（高田裕成＝三木浩一＝山本克己＝山本和彦編『注釈民事訴訟法第 4 巻』389（町村泰貴執筆部分〔2017（平成 29）年、有斐閣〕））。このようにテレビ会議は、専用のテレビ会議装置で専用の回線を使用するのに対して、Web 会議は、パソコンやスマートフォンでインターネット回線を使用する。

　現行法施行時から、テレビ会議装置には書画カメラを備え付けていたが、Web 会議でも同様に書画カメラを使用できるし、ホワイトボードを使用することもでき、何よりも、パソコンからパソコンへのデジタルデータ（ファイル）のやり取りができるようである。ネット上には、様々な業者の Web 会議の情報が溢れているが、書籍として刊行されたものはあまり見当たらず、田原真人『Zoom オンライン革命！』（2017〔平成 29〕年、秀和システム）を目にしたので、これによると、① 100 人が Web 会議に集まっても、安定した接続が確保できること（25）、②参加者全員が書き込めるホワイトボードが実装されていること（48）、③録画は、サーバーでの録画と参加者のパソコンでの録画があり、ホストは、参加者の録画許可、禁止を求める権限を持つこと（48 ～ 50）、④パワーポイントも画面共有することができること（50）、⑤ミーティング中にテキストでやり取り（チャット）をすることができること（76 ～ 77）、⑥スマートフォンからも参加できること（74）、⑦近い将来、音声のテキスト化、自動

8 第1章 IT化検討会の提言

翻訳などの機能が搭載される可能性があること（54）などの記載がある。

第 2 章　多様な IT 化提言

　民事訴訟の IT 化については、以前から様々な提言がされてきた。検討会まとめの位置付けを把握するためにも、IT 化を国民にとっても司法にとっても有意義なものにするためにも、検討会まとめ以外の IT 化提言の内容を知ることは不可欠である。そこで、今後、民事訴訟の IT 化を進めるうえで重要と思われる提言を、原則として公表年代順に取り上げ、その内容を検討する。なお、各論文等において、個人的に重要と考えるポイントを冒頭に記載し、後の引用の便宜のため、論文等にアルファベットの符号を付した。

1　技術革新が裁判に与える影響

論文等 A：夏井高人「電子技術の進歩と司法の将来 (上) (下)」(判タ 711–42 以
　　　　下、同 712–20 以下〔1990（平成 2）年〕。この論文は、夏井高人『裁判
　　　　実務とコンピュータ』〔1993（平成 5）年、日本評論社〕218 以下にも収
　　　　録されている）

　この論文の著者は、当時千葉家裁判事補である。この論文が公表された1990（平成 2）年（執筆されたのは 1989（平成元）年）は、法制審議会民事訴訟法部会において、旧民訴法の全面改正作業（現行民訴法の制定作業）が開始された年であり（現在位置213）、同作業においては、民事訴訟の OA 化も検討対象とされ、後記のとおり、1991（平成 3）年 12 月に法務省から公表された「民事訴訟手続に関する検討事項」においては、弁論の準備における OA 機器（電話会議システムやファクシミリ）の利用、テレビ会議システムによる尋問、少額訴訟についての電話会議システムによる尋問、電子情報処理システムを利用した督促手続の処理などが掲げられた。

　この論文の中で、検討会まとめとの関係で筆者が重要な指摘だと考えたのは次のとおりである。

10 第2章　多様なIT化提言

(1) 外国に比べて日本の司法の電子化対応が遅れているとの指摘

　この論文では、アメリカ合衆国、西ドイツ、フランスの裁判事務の電子化について触れられており、西ドイツではバーデン・ビュルテンブルグ州で大規模な督促事件の自動処理システムが導入されていることや、フランスではパリ地区裁判所刑事配点部システム、破毀院での記録検索及び配点支援システム等が導入されていることなどが記載されているが、その中でも、アメリカに関する記述は興味深い。

　アメリカでは、CATシステムと呼ばれる速記自動翻訳システムを中心とした未来の法廷計画と呼ばれるものがあり、速記データから自動的にデータベース化される事件情報をもとに統合的に事件進行管理を実行するシステムの導入が計画されていることや、ウィスコンシン州において、遠隔地にある証人をあたかも陪審法廷で尋問するごとく証拠調べをするための試みとして拡声器を接続した電話による証人尋問を合法であるとして、実際に民事陪審法廷で実施した例があること（これについては、証人や当事者に認められた合衆国憲法上の保障との関連で様々な議論があるとされている）などが記載されている。

(2) 技術革新が裁判に与える影響の指摘

　重要な指摘がいくつもされているが、①エキスパートシステム（専門分野の知識を取り込んで、専門家のような推論や意思決定を行うプログラムのこと──基本パソコン用語事典41）の利用や大規模データベースへのアクセス等を含めた広い意味での武器の利用可能性の有無によって当事者の武器対等のバランスが崩れることになるという指摘、②裁判記録の電子化は裁判の公開原則に影響するという指摘、③裁判事務の電子化は、裁判情報の集中管理をもたらすので、セキュリティを確保しやすいシステム構築が行われるべきであるとの指摘などは現在でも通用するものである。

【ForschungNr.2】

　インターネットによる通信が一般に認知されたのは、最初のモデムが販売された1981（昭和56）年であるが（解体新書251）、急激に普及したのは1990年代に入ってからなので（基本パソコン用語事典26）、この論文は、今日のようなインターネットの普及と進歩を想定したうえでのものではない。しかし、それでも、コンピュータ技術の利用可能性の有無によって当事者の武器対等のバラ

ンスが崩れることになるなど、その内容は、今回の検討会まとめ、さらにはその先まで予見するような先見性があり、しかも、民事訴訟あるいは司法についての深い思索に満ちている。

技術革新によって武器対等のバランスが崩れるとの指摘については、IT化後の訴訟運営がどのようになるか（当事者主導型か、裁判官主導型か。釈明義務、真実義務、完全陳述義務、事案解明義務、手続保障をどう考えるか）ということと密接に関連する問題であり、この点は【ForschungNr.70】で検討している。

また、裁判記録の電子化は裁判の公開原則に影響するという指摘も、重要な指摘であり、この点は後記**第5章2(5)エ**並びに後記**第6章2(9)及び3(3)ク**で検討している。

2　パソコン実験部の試行内容とIT化

論文等B：吉川愼一＝星野充広「情報技術（IT）革命時代の民事裁判実務
　　　　　──大阪地方裁判所第三民事部C係における協働体制の実践報告
　　　　　──」（判タ1029-56〔2000（平成12）年〕）

論文等Bは、パソコン実験部として、裁判官のパソコンと書記官・事務官のパソコンをLAN回線で接続し、期日進行管理プログラムを民事訴訟の事件処理に活用した内容を報告したものである。

それによると、具体的な事件処理プロセスは、①係に事件が配てんされると、事務官が、期日進行管理プログラム（事件番号、当事者名、代理人名等の基礎的データのほか、次回期日の日時、期日の種類等の情報が蓄積されるもので、進行管理メモも記入できるようになっている。当該係は、様々な定型書面や調書の作成もできるようにカスタマイズした）に事件管理情報を入力する、②次に、書記官が、訴状の必要的記載事項（当事者の表示、請求の趣旨、原因、別紙物件目録等）を新様式の民事判決書の定型書式に沿って、入力する作業（新件入力作業）を行い、これによって作成された文書が、基本文書となり、LAN回線で結ばれたネットワーク上での裁判官との共用フォルダ中の新件フォルダに事件番号を付して保存される、③訴状審査は書記官と裁判官とが協働して行われ、書記官は当事者に対して補正の示唆や釈明等を行い、電子文書（フレキシブルディスク）による情報の提出も求める、④書記官は、この基本文書の情報を、共用

フォルダ中の定型書式フォルダに保存されている調書判決や和解調書の定型書式にカットアンドペーストし、適宜の加工を加えて、債務名義を作成する、⑤裁判官は、共用フォルダ中の新件フォルダに保存されている基本文書を共用フォルダ中の争点整理フォルダにコピーし、それを争点整理や判決起案の下書きに利用する、というものである。

　そして、争点整理段階の裁判官と書記官の協働作業として、書記官が当事者に準備書面を電子文書で提出させ、これに記載された主張を、主張とその認否、反論とその認否というような関係箇所に貼り付けるということも考えられるとしている。

【ForschungNr.3】

[Punkt] IT化による協働

　この報告は、民事訴訟の運営改善の時代から、現行民訴法・民訴規則へと引き継がれてきた裁判官と書記官との協働（協同）（現在位置184、186、221、256参照）を民事訴訟のIT化によってさらに進めようとする点で現在においても変わらぬ意義を有するとともに、LAN回線を通じての裁判官と書記官の協働作業は、インターネットによってつながったこれからのIT化における裁判所（裁判官・書記官）と当事者（代理人）との協働作業（裁判所と当事者との協働（協同）については、現在位置183、221、258参照）を考える際にとても参考になる。訴状受理後の裁判所の手続については、オンライン申立てとAIを導入した訴状審査によって自動化することができる部分も大きいと思われるので、今後のシステム開発においても参考となろう。これらの点については後記**第6章3**(3)**カ**で検討している。

3　改革審意見書と司法のIT化

司法制度改革審議会意見書〔2001（平成13）年〕

　1999（平成11）年7月に司法制度改革審議会が内閣に設置され、同審議会は、2001（平成13）年6月に意見書を内閣に提出し、これを受けて、2002（平成14）年3月に「司法制度改革推進計画」が閣議決定された（現在位置348～360）。

　上記意見書では、「(3)　裁判所の利便性の向上」の項目において、「ア　司法

の利用相談窓口・情報提供」として、「司法の利用相談窓口（アクセス・ポイント）を裁判所、弁護士会、地方公共団体等において充実させ、ホームページ等を活用したネットワーク化の促進により、各種の裁判外紛争解決手段（ADR）、法律相談、法律扶助制度を含む司法に関する総合的な情報提供を強化すべきである。」と記載され、「イ　裁判所等への情報通信技術（IT）の導入」として、「裁判所の訴訟手続（訴訟関係書類の電子的提出・交換を含む。）、事務処理、情報提供などの各側面での情報通信技術（IT）の積極的導入を推進するため、最高裁判所は、情報通信技術を導入するための計画を策定・公表すべきである。」と記載されていた。

しかし、上記推進計画では、上記意見書のアは残っているが、イには裁判所の配置に関する記載がされ、情報通信技術の導入についての記載はない。

なお、最高裁は、2002（平成 14）年に、「司法制度改革推進計画要綱〜着実な改革推進のためのプログラム」を策定し、その中の「(エ)　裁判所の利便性の向上」の項目に、「ホームページ等を活用したネットワーク化の促進により、ADR、法律相談、法律扶助制度を含む総合的な情報提供を強化するなど、司法の利用相談窓口を充実させるための方策について、関係機関と連携を図りつつ検討し、所要の措置を講ずる。」「裁判所の訴訟手続、事務処理、情報提供などの各側面での情報通信技術（IT）の積極的導入を推進する計画を策定・公表するための所要の措置を講ずる。」と記載している。

このように、司法制度改革では、裁判所の利便性の向上という観点から、裁判所等のホームページ等を活用したネットワーク化の促進、訴訟手続等へのIT の導入が求められていた。

4　書面による準備手続のオンライン化

論文等 C：「21 世紀の民事訴訟の構想」研究会裁判所チーム「21 世紀の民事訴訟」（判タ 1063-39〔2001（平成 13）年〕）

この論文は、21 世紀（2020 年）における裁判所および弁護士の民事訴訟実務や制度の姿を描いたものであるが、IT 技術の手続法への影響として、①裁判記録の電磁化、②手続のオンライン化、③通信型巡回裁判所の登場を挙げている。

14 第 2 章 多様な IT 化提言

　この中で、特に重要と思われるのは、②の中で、書面による準備手続で利用される準備書面について、(ア)オンラインで提出されたメールによって書面性を満たすことにすれば、争点整理手続をオンラインで行うことが可能となるし、当事者が遠隔に居住することというこの手続を利用する制約を緩和すれば、利用が拡大する、(イ)書面による準備手続は、書面だけでなく電話会議等の通信手段を併用する手続となっており、オンライン化には最も良く適応するとの指摘をする部分である。このような書面による準備手続の利用の仕方は、書面による準備手続を弁論準備手続に近づけるものであり、後記**第 5 章 2 (3)イ**並びに後記**第 6 章 1 (3)及び 2 (4)**で検討しているとおり、IT 化は、書面による準備手続と弁論準備手続との関係の見直しも含めた争点整理手続全体の見直しを求めることになると思われる。この問題については、後記 5 の座談会でも少し触れられている（判タ 1063-25〔古閑裕二裁判官意見〕参照）。

【ForschungNr.4】

［Punkt］通信型巡回裁判所構想

　③で提案されている通信型巡回裁判所構想は、争点整理はオンラインで行い、人証の取調べは当事者の所在場所に近い裁判所に裁判官が赴いて（巡回して）行うというもののようであり、とても興味深いが、オンラインによる争点整理に適している事件ばかりとは限らないし、当事者がオンラインで裁判所に出頭しても人証の取調べができる事件もあると思われるので、事件によってそのような方策を採ることも可能とする法律にしておくことは考えられるが、固定した制度として設けることには疑問がある。

5　裁判情報への一般市民のアクセス

論文等 D：高橋宏志ほか「座談会　21 世紀の民事訴訟の構想」（判タ 1063-4
　　　〔2001（平成 13）年〕）

　この座談会は、21 世紀の民事訴訟のあり方に関する日弁連法務研究財団の研究報告を兼ねたシンポジウムを受けたもので、前記 4 の論文も議論の対象となっている。

　この中で、IT 化との関係で重要と思われるのは、公開主義についての議論（上掲判タ 24、25）である。学者側から、オンラインで争点整理をし、証人尋

問まで IT 化するということになれば、一般公開される場面は全くなくなるのではないか〔三木浩一教授、畑瑞穂助教授〕とか、公開主義の原則とサイバー・サーキットの構想をドッキングさせた場合は、ネット上の情報に一般市民が自由にアクセスできるような形をとることが公開主義の原則にマッチしているが、それではまずいのか〔三木教授〕という問題提起がされ、これに対して一般市民のアクセスを肯定する意見もある（阿部泰久経団連経済本部税制グループ長兼経済法制グループ副長、西口元裁判官）。

【ForschungNr.5】

[Punkt] サイバー・サーキットにおける公開

　この座談会での公開主義についての議論は、IT 化時代の裁判の公開は、従前のように裁判官の在廷する法廷で、誰でも傍聴席から直に裁判を傍聴する機会が与えられるという環境から、誰でもオンラインで裁判を視聴できる機会が与えられるという環境への移行を考えざるを得ないことを示唆するものである。問題は、完全に移行しなければならないか、それとも両者の中間的な環境にとどめることで公開要請を満たせるかであり、この点は、IT 化検討会でも議論になったことであり、後記**第 5 章 2 (5) エ**及び後記**第 6 章 2 (5)**で検討している。

6　IT 化がもたらす民事訴訟の変化

論文等 E：町村泰貴「コンピュータ時代の民事訴訟」（法学教室 244-34〔2001（平成 13）年〕）[関連論文等／論文等 F：町村泰貴「IT の発展と民事手続」（情報法制研究 2-38〔2017（平成 29）年〕）]

(1)　論文等 E について

　この論文では、オンライン申立てを含む IT 化が実現した近未来 2015（平成27）年の訴訟として、①訴状の送達や第 1 回期日指定の通知はメーリングリストによって行われ、第 1 回期日前に、当事者双方、当事者と裁判所間で相互にオンラインによるやり取り（当事者間での相互の当事者照会、裁判所の求釈明と回答など）を行って、三者共同で、争点整理ワークファイルを作成する（訴状、答弁書それぞれのデータを時系列ソートと要件事実エキスパートシステムとによって対比し、双方の主張の一致不一致を整理して自動生成し、それをもとに双方代理

16　第2章　多様なIT化提言

人と裁判所がオンラインでウィザードを操作して作成する）、②第1回期日には争
点整理案が完成し、人証候補も挙がる、③第2回期日にはネットワーク会議シ
ステムを利用して受訴裁判所、証人の出頭裁判所、両代理人の弁護士事務所を
結んだ証人尋問が行われ、この内容は、裁判所サーバーからウェブで一般傍聴
人にも公開される、④その後もオンラインで和解のやり取りなどが行われ、和
解が成立しなければ、裁判所は、争点整理ワークファイルをもとに作成された
判決ファイルを用いて判決を作成する、⑤判決の言渡しはネットワークを通じ
て行われ、判決の送達はメーリングリストによって行われるというものを想定
し、このような訴訟を実現するに当たって考慮すべき点を指摘している。

　特に重要だと思えたのは、①（争点整理ワークファイルの作成作業に関して）
法律エキスパートシステムの実用化を待つまでもなく、要件事実レベルでの主
張整理を当事者が行うための支援プログラムは比較的容易にできよう、②（書
証のデジタル化に関して）紙媒体の文書であれ、デジタル媒体の（準）文書であ
れ、証拠方法は有体物たる媒体なので、記載内容そのものをオンラインで提出
した場合には、あくまで写しとして扱われることとなるが、文書原本や有体物
の検証についても、当事者に争いがない限り、映像メディアを介しての取調べ
が許される余地がある、③（人証の取調べに関して）音声認識ソフトと電子速
記は、実用的なレベルに達しているということができ、特に電子速記について
はアメリカなどで日常的に使われている、④訴状、答弁書、判決書の作成に文
書作成支援ソフトを用いることは、比較的容易に実現できよう、⑤ネットワー
ク化は、距離や時間のロスを最小化するというメリットが認められる反面、証
人や相手方当事者の態度や顔色といった微妙な情報や存在感などの心理的要
素、その場の事態を把握しているという確信、ひいては主体性の意識につなが
る諸要素を切り捨ててしまうことにもなるので、コンピュータやネットワーク
技術活用のための法改正、例えばテレビ会議システム利用のための規定を設け
る作業の中では、既存の法原則やルールが保障している手続的公正さなどを実
質的に損なわないような配慮や運用上の工夫が必要である、⑥オンライン技術
の導入によって国内の土地管轄については、その重要性がかなり減殺される、
⑦訴訟記録がオンラインベースとして共通利用されるようになると、裁判デー
タベースを検索することによって他の事件における同一当事者の主張立証等が

裁判所に顕著となるなど、裁判所に顕著な事実の範囲が飛躍的に増大する可能性がある、⑧事実および証拠の開示義務や争点整理については、訴訟の両当事者が互いに相手の出方をうかがい、有利な事実や証拠のみを提出し、不利なものを隠すことが認められている制度では、オンラインメディアを隔てての審理方式になると余計に審理を停滞させることになるので、当事者がイニシアティブをとって、相互に事実および証拠を開示し、期日間に互いの主張を突き合わせて争点を絞っていく必要がある、などの指摘である。

【ForschungNr.6】

[Punkt] 要件事実支援プログラム・土地管轄緩和・訴訟記録の共通利用

この論文で指摘されている①裁判所サーバーからウェブでの裁判公開、②要件事実レベルでの主張整理を当事者が行うための支援プログラムの作成、③文書原本や有体物についての映像メディアを介しての取調べ、④国内の土地管轄の重要性の減殺、⑤オンラインによる訴訟記録の共通利用による裁判所に顕著な事実の拡大、⑥当事者主導型の争点整理の必要性などは、いずれも、IT 化の内容や IT 化に伴う立法、運用を検討するうえで参考になる的確な指摘である。①については、後記**第 5 章 2(5)エ**及び後記**第 6 章 2(5)**で、②については、後記**第 6 章 3(3)カ**で、③については、**同章 3(3)ウ**で、④については、**同章 2(8)**で、⑤については、**同章 3(3)ク(イ)**で、⑥については、【**ForschungNr.61**】[Punkt1] 及び【**ForschungNr.69**】で、それぞれ検討している。

なお、要件事実支援プログラムについては、国立情報学研究所の佐藤健教授が、要件事実論のコンピュータ上の実装を行っており、現在、民法条文及び最高裁判例からルールを抽出し、1 万ルールを実装している（これにより訴状の主要事実の欠缺のチェック、当事者の準備書面、答弁書の提出の効率化を図ることができる）との情報をインターネット上で目にした（https://www.nii.ac.jp/seeds/2018/satoh.html）。

(2)　論文等 F について

論文等 F は、2017（平成 29）年 6 月 9 日に、政府が「未来投資戦略 2017 —— Society5.0 の実現に向けた改革——」を閣議決定し、その中に裁判手続等の IT 化の推進が含まれていた（これによって裁判手続等の IT 化検討会が設けられた）ことを契機に、司法制度改革審議会意見書の IT 化提言以来の日本にお

18 第2章 多様なIT化提言

ける司法のIT化の動きについて記述するとともに、IT化の目的について、ヨーロッパ諸国やアメリカでは、司法の過重負担を解消するために、IT技術の活用によって訴訟手続の効率化をするという目的が挙げられるが、日本では、司法が過重負担にあえいでいるわけではなく、IT化は、司法制度改革審議会意見書のスローガンである分かりやすく、利用しやすい司法手続という文脈で捉えられるとする。そして、当事者の裁判へのアクセスを向上させることが第1の目的となり、裁判の情報公開が第2の目的となり、裁判のコストの最小化と効率化（利用しやすさを高めることにもなる）が最後の目的となるとする。

そのうえで、アメリカやフランスの司法のIT化についても言及し、司法のIT化を実務で運用する機はすでに熟しているとしている。

【ForschungNr.7】

[Punkt] IT化の目的

ヨーロッパやアメリカではIT化の目的は司法の過重負担を解消するためであったことは、後記論文等Qなどからもうかがわれる。日本においては、改革審意見書も検討会まとめも、国民に利用しやすい司法・民事訴訟をIT化の目的としているが、IT化の効果として、手続が効率化し、コストが削減されることは当然想定されていると思われる。

IT化に伴う情報公開、つまり、オンラインによる裁判傍聴、オンラインによる記録の閲覧等の情報公開については、セキュリティやプライバシー・営業秘密の保護との調整が必要となる場面も生じる。この点は後記**第5章2(5)エ**並びに後記**第6章2(9)及び3(3)ク**で検討している。

7　ファクシミリ送信文書の電子メールによる送信許容性

論文等G：小田敬美「司法における情報化と民事訴訟手続の未来――新たな
　　　　　技術的訴訟改革の方向性と問題点――」（民訴47-220〔2001（平成
　　　　　13）年〕）

この論文は、アメリカの実例などを参考に、日本におけるITの導入について検討したものであるが、特に重要と思われたのは、現行民訴法・民訴規則のもとで、ファクシミリによる提出に代えて電子メールによる提出ができないかという指摘である。

具体的には、現行法の解釈上は、電子メールの利用を不可能とするのが一般的であろうとしたうえで、書類の送付について、①コンピュータの中にはソフトウェアによってファクシミリ送受信機能を備えたものもあり、これにより書類を送付することも規則47条の「ファクシミリを利用しての送信」と解することができる、②①が認められるのであれば、ファクシミリ機能を有するコンピュータを用いて送信し同機能を有するコンピュータによって受信された書類も「ファクシミリを利用しての送信」と解することができる、③同様の結果は、送信者が電子メールを用いて書類を送信した場合でも得ることができ、ファクシミリの場合との差異は、電話番号に代えて電子メールアドレスを用いることであり、送信文書と受信文書との間で文書の内容が同一であることはもちろん、文書の体裁も同一のものである場合には、電子メールによる文書の送信を解釈上ファクシミリによる送信と取り扱って差し支えないと考えられるとする。

【ForschungNr.8】

[Punkt] ファクシミリからメール、メールからファイル交換へ

検討会まとめによれば、前記のとおり、Web会議等を活用するe-Courtのうち、法改正を要せず現行法の下でIT機器の整備等により実現可能になるものについては、2019年度からにも特定庁で試行することが予定されているが、そこでは、Web会議システムによる文書データのやり取りが行われることになるのではないかと考えられる。その場合に、Web会議機器とは別のファクシミリ機器を利用した文書データのやり取りはいかにも迂遠であり、この論文の指摘するとおり、コンピュータのファクシミリ機能を利用した送受信、電子メールによる送受信、Web会議システムのファイル共有機能を利用した文書のやり取りなどが許容される必要がある。民訴法・民訴規則の解釈としてそれが可能かどうかについては、後記**第6章1**(4)で検討している。

8 サイバーコート実験が示唆するIT化の課題

論文等H：笠原毅彦「サイバーコートの課題と到達点」（判タ1114-22〔2003（平成15）年〕）[関連論文等①／論文等I：笠原毅彦「民事裁判のIT化とその課題」（判タ1127-82〔2003（平成15）年〕）、関連論文等②

20 第2章 多様なIT化提言

／論文等J：笠原毅彦「民事裁判のIT化」（小島武司先生古稀祝賀
〈続〉『権利実効化のための法政策と司法改革』961〔2009（平成21）年、
商事法務〕)）〕

(1) **論文等Hについて**

この論文は、桐蔭横浜大学法学部において、2002（平成14）年に行われたサ
イバーコート実験について記述したものである。実験は、同大学の2つの模擬
法廷、離れた場所にある遠隔同時通訳ブースをネットワークで結び、さらに
ネットワークを通じてリアルタイムで教室に放映できるようにして行われ、デ
ジタルデータを隔地当事者間で共有するために、パワーポイントで同時に同じ
画面を共有するシステムや遠隔で送信される複数の動画データをサーバーに記
録可能なデジタルファイル化し、これを記録、圧縮し、さらにそれぞれの動画
の同期を取り、インターネット配信ができるシステムが導入されたとしてい
る。

そして、動画、静止画を問わず、デジタル化されたデータは、コピーによっ
て同じものができ、コピーとオリジナルの区別がなくなるので、データ自体を
認証機関により「原本」と定める制度が必要になるとしている。

【ForschungNr.9】

ここで指摘されているデジタルデータの共有、証拠としての取扱い（デジタ
ル化されたデータはコピーとオリジナルの区別がなくなる）は、IT化の重要な課
題となるので、【ForschungNr.38】並びに後記**第6章2(7)及び3(3)ウ**で検討し
ている。

(2) **論文等Iについて**

論文等Iは、前記3記載の司法制度改革審議会意見書を契機とする日本にお
ける司法のIT化の動きや、ドイツやアメリカのミシガン州における民事訴訟
のIT化の動きについて記述したうえで、日本の検討課題を指摘している。

その中には、「口頭弁論へのITの応用」は、サイバーコートを代表とする遠
隔裁判を意味しているが、サイバーコートは、単なるテレビ（ビデオ）会議シ
ステムを導入した遠隔裁判ではなく、E-Filing（裁判所と裁判所以外の裁判関係
者の電子的な情報交換）を前提としたネットワーク上の法廷であり、そのよう
なサイバーコートが作られれば、究極の形は、裁判所という物理的な存在も不

要ならしめる可能性もあるという指摘がある。

【ForschungNr.10】

[Punkt] 裁判所のヴァーチャル化と裁判の公開

　裁判所が物理的な存在からヴァーチャル（仮想）化する方向にあることは、現行民訴法下のテレビ会議による証人尋問からすでに始まっており、証人は映像と音声で裁判官の在廷する法廷に出頭しているのであるから、ヴァーチャルな存在ということもできる。今後、e-Court が広がれば、法廷には裁判官だけがいて、両当事者も代理人も証人も映像と音声で法廷に出頭するということがあり得るので、そうなれば、裁判官も必ずしも法廷にいる必要はないし、傍聴人も法廷で傍聴する必要はない（法廷にいてもモニターを通して傍聴するだけなので、適当な場所でモニターを通して傍聴すれば足りる）ので、確かに裁判所はヴァーチャル（仮想）化しているという言い方もできるかも知れない。

　この問題は、すでに現実味を帯びているので、後記**第6章2**(5)で検討している。

(3) 論文等 J について

　論文等 J は、日本における司法の IT 化の動きやアメリカやドイツにおける民事訴訟の IT 化などについて記述するとともに、アメリカにおけるサイバーコートの実例や、桐蔭横浜大学におけるサイバーコートの実証実験に基づいて、サイバーコートを支える諸技術に関する指摘をしている。

　今後の IT 化のために特に重要と思われたのは、次のような指摘である。

　まず、本人確認、本人認証の問題について、これは、個人の公的認証制度による住基ネットカード（現在ではマイナンバーカードも存在する）の普及と、法人の電子認証の普及、電子署名の利用の拡大により解決する問題であるとする。そして、ドイツとアメリカの実例を紹介し、①ドイツにおいては、PINコードと IC カードの組み合わせによる電子署名（適格電子署名＜後記**第3章2**(2)イ(ア)、**【Forschung28】**[Punkt2] 参照＞）が行われているが、将来的には、指紋・声紋等のバイオメトリクス認証などが必要になるだろうといわれている、②アメリカの連邦裁判所では、CM/ECF（Case Management/ Electronic Case Filing）というシステム（裁判所内部での事件管理や裁判所への電子申請を目的とするもの）と PACER（Public Access to Court Electronic Records）というシステム（裁判情報の

22　第 2 章　多様な IT 化提言

電子閲覧を目的とするもの）が使われているが、前者については、各裁判所によって許可された弁護士、破産申請人だけが利用でき、各裁判所がログインID とパスワードを発行（裁判所ごとにログイン ID とパスワードが必要）し、後者については、弁護士を含む一般市民が利用でき、米国司法部が ID とパスワードを発行することになっており、電子署名や PKI（公的個人認証）は利用されていないし、利用する予定もないといわれている（個人に関しては社会保障番号があるため認証がしやすいし、法人については法人税番号が活用されている）としている。

　次に、申立て、送達について、電子メールで暗号化して送るのではなく、ウェブページにアクセスする形で行うという動きが出ていると指摘する。そして、アメリカの南ニューヨーク地区破産裁判所やミネソタの破産裁判所では、裁判所がおいたウェブページにアクセスして申立て等を書き込む形を採っているが、これは、原本は裁判所のウェブページに全部置いて、それをコピーして配るのではなく、各自が自らの権限に基づいてネットワーク上でアクセスするもので、これによって送達は必ずしも必要ではなくなるとしている。

【ForschungNr.11】

［Punkt］本人確認

　この論文で触れられている本人確認、本人認証の問題は、利便性とセキュリティとの調和をどこに求めるかという IT 化の難問の一つである。ドイツでは適格電子署名（その生成の時点で、有効な資格証明書に基づいており、安全な署名作成ユニットによって作成された電子署名（【ForschungNr.28】［Punkt2］参照）が必要とされ、将来的には、指紋・声紋等のバイオメトリクス認証などが必要になるだろうといわれているのに対し、アメリカでは ID、パスワードだけで利用されている（ただし、その交付には個人情報の届出が必要）というのは、大きな違いである。この点については【ForschungNr.51】［Punkt3］及び後記第 6章 3(3)オで検討している。

　ウェブページにアクセスする形で行う申立て、送達も、IT 化検討会で議論になったので、後記第 6 章 3(3)イで検討している。

9　正義へのユビキタス・アクセスと IT 化

論文等 K：川嶋四郎「「民事訴訟の IT 化」のための基本的視座に関する覚書
　　　(1)──「先端テクノロジー」の民事訴訟改革への貢献可能性を中
　　　心として」（法政研究 72 (2)–299〔2005（平成 17）年〕）〔関連論文等／
　　　論文等 L：早野貴文「正義へのユビキタス・アクセス　その理念と
　　　技術的基盤」（自正 55（10）18〔2004（平成 16）年〕）〕

(1)　論文等 K について

　この論文は、日本における公的局面での IT 化の推進の基盤となったのは、
政府の考え方として 2001（平成 13）年 1 月 22 日に公表された「e-Japan 戦略」
であり、そこでは、「すべての国民が情報通信技術（IT）を積極的に活用し、
その恩恵を最大限に享受できる知識創発型社会の実現に向け、早急に革命的か
つ現実的な対応を行わなければならない」「市場原理に基づき民間が最大限に
活力を発揮できる環境を整備し、5 年以内に世界最先端の IT 国家となること
を目指す」とされていたとする。そして、その後に続く前記 3 記載の司法制
度改革審議会意見書における IT 化の記載とその後の民事訴訟の IT 化について
記述したうえで、同意見書の趣旨を敷衍する形で 2003（平成 15）年 12 月 5 日
に司法制度改革推進本部（現在位置 348）顧問会議において「司法ネット」構
築に関する法律を立案する際の基本理念として呈示された「正義へのユビキタ
ス・アクセス」の考え方について記述している。

　その記述によれば、「ユビキタス社会」とは、誰でも、いつでも、どこでも、
何でも、簡単にネットワークにつなぐことができる「ユビキタス・ネット社会」
のことを指し、「正義へのユビキタス・アクセス」は、正義へのアクセスの第
1 の波である「貧困者のためのリーガル・エイドの拡充」、第 2 の波である「公
害・環境被害や消費者被害などといった社会問題としての拡散少額多数被害の
救済」、第 3 の波である「従前のすべてのアプローチを包含し、かつ、ADR（裁
判外紛争処理制度）をも包含した、訴訟制度を中核とする正義の総合システム
の構築」に続く第 4 の波であり、このアクセスが完全に保障され実現された場
合には、その可及的な実質化のみが課題となり、以後の新たな類型のアクセス
論が不要になる究極のアクセス論であるとする。そして、従前の司法（裁判所）
へのアクセス論が、裁判所を中心としたアクセスの対象を、アクセス主体の外

部に存在するものと措定し論じてきたのに対して、新しいアクセス論は、アクセスの対象自体をアクセス主体とほぼ一体化することにより、司法（裁判所）は、裁判所のものでも、弁護士のものでもなく、国民すべてのもの、自分たち利用者のものであるということの実質化とその高質化とを、可能にすると考えられるとしている。

　そして、民事訴訟の IT 化の目標とその正統性の基盤は、国民の裁判を受ける権利（憲法 32 条）、適正手続の保障（同 22 条）および公開裁判を求める権利（同 82 条）の実質化とその利便性の向上、そして、民事訴訟過程自体の高質化に存在しなければならず、しかも、単なる手続関与者の利便性を超えて、さらに、民事訴訟審理の充実化と迅速化に寄与することによって、「国民に分かりやすく利用しやすく頼りがいのある民事訴訟」を具体的に実現できる道具とならなければならないとする。

【ForschungNr.12】

　【ForschungNr.7】でも触れたが、民事訴訟の IT 化によって民事訴訟をより国民に利用しやすく分かりやすいものにすることについては、IT 化検討会でも異論はなかった。問題は、具体的な訴訟手続の中で、どのようにこれを実現するかであり、①当事者主義と職権主義、釈明義務、法的観点指摘義務、真実義務、完全陳述義務、事案解明義務、さらには手続保障と IT 化がどのように関係してくるか、②ヴァーチャル化していく裁判所における裁判の公開をどのように考えたらよいか、③ IT 化の中でプライバシーや営業秘密をどのように守ったらよいかという個別具体的な問題に取り組む必要がある。そこで①については、【ForschungNr.69】で、②については、後記**第 6 章 2⑸**で、③については、後記**第 5 章 2⑸エ**並びに後記**第 6 章 2⑼**及び **3⑶ク**で、それぞれ検討している。

⑵　論文等 L について

　論文等 L は、技術的基盤の改革としての情報技術の導入・活用は、人びとの自律的な法実践を支えるユビキタスなアクセス環境を整える一環として、司法の場におけるコミュニケーションを豊かで質の高いものにすることがその目的であるとしたうえで、情報技術は、距離その他の障害を超えて対話の場を設けること、誰でも自由で効果的な語りができるようにすること、効率的に記録

化することなどによって、口頭コミュニケーションの充実・活性化に多大な貢献をすることができるとする。

【ForschungNr.13】

　司法の場における口頭コミュニケーションの充実・活性化の問題は、システムの構築の問題であるとともに、民事訴訟の運営の問題であり、争点整理の現状（現在位置 282）を考えると、IT 化とともに、裁判官、当事者の意識改革がされない限り十分に目的を達成することはできないのではないかと思われる。この問題については【ForschungNr.55、60、61】で検討している。

10　IT 化後の民事訴訟の全体像

論文等 M：川嶋四郎（司会）＝上田竹志＝笠原毅彦＝園田賢治「シンポジウム「『e- 裁判所』の創造的構想──民事訴訟を中心として」の概要」（九州法学会会報 2005 年号 20〔2006（平成 18）年〕。インターネットで公表されているもの）

　このシンポジウム概要に記載された報告のうち、上田竹志「裁判手続における「e- ファイリング」の課題と展望」（論文等 M–1）は、理想とする IT 化の全体像を示すものであるが、①電子データ化された訴状、答弁書、準備書面等の書面や、証拠およびそれらの書面や証拠に付加された情報（メタ情報）を活用し、事実認定、法の適用・証拠評価・法的判断など情報処理業務を IT システムの支援によって、効率的かつ適正に進める、②テキスト・音声・画像・映像等の情報を複合的に関連させた訴訟資料・訴訟記録を考える、③デジタル情報として生成された訴訟記録は、ネット上で閲覧可能な情報と、裁判所で閲覧可能な情報の線引きを行い、訴訟記録のメタ情報を手がかりとして、プライバシー情報・営業秘密等、一部のデータ変形（伏字処理）を行った後、オンライン閲覧可能なデータとする、④デジタル情報の作成時に、様々なメタ情報を背後に付加することによって、データ属性の決定・構造化を行うことができ（XML 等の技術を念頭におく）、構造化されたデータは、訴訟内の情報処理を決定的に効率化・適正化することが期待できるなどの指摘は、示唆に富むものである。

26　第2章　多様なIT化提言

【ForschungNr.14】

［Punkt］テレビ会議の録画と肖像権

　論文等M中にある園田賢治「民事訴訟における『テレビ会議システム』の課題と展望」（論文等M-2）は、日本の民訴法のテレビ会議室システムの利用に関する規定とドイツのそれとを比較検討するものであるが、ドイツではテレビ会議の記録が禁じられており、それは人格権（肖像権）の保護のためであるとの説明がされているとの指摘は興味深いものであった。確かに、仮にテレビ会議の録画を一般人がインターネットで見ることができるという制度にするとすれば、証人等の人格権（肖像権）の問題は検討する必要があるかもしれない。

11　インターネット裁判の実証研究が示唆するIT化の課題

論文等N：川嶋四郎「法律サービス（特に、民事裁判）におけるICTの活用に向けた実証研究について──「正義・司法へのアクセス」の展開のための実証研究に関する若干の紹介等」（『民事手続の現代的使命伊藤眞先生古稀祝賀論文集』1325〔2015（平成27）年、有斐閣〕）〔関連論文等／論文等O：上田竹志「民事訴訟手続のICT化」（法時83（7）-32〔2011（平成23）年〕）〕

⑴　論文等Nについて

　この論文は、主として、「サイバー法廷空間の創造に基づくインターネット裁判」に関する実証研究について記述したものである。本文および1329頁（注5）、1330頁（注7）によれば、前記3記載の司法制度改革審議会意見書のIT化に関する意見を契機に、川嶋四郎教授（責任者）、早野貴文弁護士、山口毅彦教授、笠原毅彦教授、横田雅善裁判所書記官、上田竹志助教授、宇都義和氏などを構成員とする「e-ファイリング研究会」が九州大学にできて、司法のICT化（IT化を超えてコミュニケーションの活性化を包含するものと捉える）に関する研究が始まり、その研究を前提として行われたのが上記実証研究である（その報告書は未公刊であるが、2010〔平成22〕年6月に総務省に提出された）とされている。そして、その目的は、ICTの活用を通じた法廷内外におけるコミュニケーションの活性化（特に、口頭コミュニケーションの活性化）により、形骸化した「審理期日の活性化」を目指し、審理期日における口頭主義・直接主義

を蘇生させ、自由心証主義を実質化し、より利用しやすく、より分かりやすく、より頼りがいのある民事裁判を実現することであるとする。

　実験内容は、仮想空間としてe-サポート裁判所（「オンライン訴訟・システム」と「サイバーコート・システム」を有する電子裁判所）を創設し、遠隔3地点間の公的施設を結んで、法曹関係者が、民事裁判（2件の民事訴訟事件と1件の労働審判事件）の全手続過程について実証実験を行うというもので、具体的には、①裁判手続のオンライン化に関する実験（インターネットを経由して訴訟手続・労働審判手続に必要な書類のやりとりを行い、かつ、訴訟記録や労働審判記録の閲覧などを行う）、②事件記録のデジタル化に関する実験（訴訟記録や労働審判記録などの情報を電子データでデジタル管理し、裁判所内部で集積し共有するとともに、訴訟手続や労働審判手続などで、それらのデータを活用）、③インターネットを介した法廷空間の拡張に関する実験（遠隔地にいる当事者・証人・通訳人などが、インターネットを介して、近隣の公民館などの公共施設から、裁判所で行われる審理期日に出席し、弁論、和解、陳述、証言、通訳などを行う）を行い、遠隔地に住む住民が、近隣の公民館などの公共施設から、インターネットを介して裁判を傍聴したとされている（1336〜1337。論文等Oによれば、2009年度の総務省の委託研究「法律サービスにおけるICT利活用推進に向けた調査研究」の一環だったということである）。

　そして、実験結果から得られた技術面の課題等について、「オンライン訴訟・システム」と「サイバーコート・システム」を統合した「e-サポート裁判システム」を構築すべきことが明らかになったとし、そのようなシステムが完成した場合には、「①映像を見ながらオンラインで書面をやりとりすることがより円滑化し、②文書と映像の統合が可能になり、ひいては、③口頭主義・直接主義といった民事訴訟の本来の姿を実現するために活性弁論を実現できるフォーラムが、創造可能となるであろう。」とする（1347）。そして、「そのためには、①さらに実証実験を行うことも不可欠であり、②デジタル記録の活用のために、目次付けのためのソフト（サムネイルソフト）や動画への注釈（いわば付箋貼り）を行うためのソフト（アノテーションソフト）の組込みや、ひいては、③セキュリティを確保するためのソフト（セキュリティ・ソフト）などを組み込むための本格的な実証実験も、不可欠となるであろう。特に、④先に検

28 第 2 章 多様な IT 化提言

討したデジタル訴訟記録と裁判映像とを一括して編綴できるように、リーガル
XML を構築し、⑤上訴などで記録を閲覧するさいの便宜を図るために、サム
ネイルソフト（目次付けソフト）やアノテーションソフト（動画解析ソフト）の
組込みを行うことを可能にするシステムの創造なども、不可欠となることもま
た、本実証研究の結果明らかになった。」としている（1347）。

　話者の交替を自動認識し、同時に目次を作成するためのシステムの開発も進
行しているので、そのようなシステムの組込みや、公開・非公開形式、対席審
理方式と交互面接方式などに迅速に対応できるようなシステム切替えの可能性
も探究すべきであり、システム開発のためには、広く民間参入を認め、公共
サービス領域における民間活力の積極的かつ公正な活用の可能性も、探究すべ
きであるという提言もしている（1348）。

【ForschungNr.15】

[Punkt] e-Filing ソフト

　今後、民事訴訟の IT 化を進めるに当たっては、このような実証実験が必要
であることはいうまでもなく、実証実験の結果を踏まえた法律や規則の見直し
が必要となる可能性もある。

　目次付けのためのソフト（サムネイルソフト）や動画への注釈（いわば付箋貼
り）を行うためのソフト（アノテーションソフト）をシステムに組み込み、デジ
タル訴訟記録と裁判映像とを一括して編綴できるように、リーガル XML を構
築するという提案については、テレビ会議や Web 会議によって行われた口頭
弁論や人証の取調べについて映像を記録化するか否かということと、密接に関
連する。

　ドイツのように肖像権の問題を考慮してテレビ会議の映像は記録化しない
（論文等 M–2）という選択肢もある。音声認識ソフトの正確性が高まれば、テ
キスト化して記録にすれば足りるという考え方もあるからである。

　⑵　**論文等 O について**

　論文等 O でも、上記インターネット裁判の実証研究について詳しく触れら
れているので、上記⑴を補足する意味で、重要と思われる指摘（36 〜 37）を
挙げておく。

　①文書の電子化に際して改ざんのおそれがある場合、文書の原本があればそ

の取調べを個別事後的に行えば足り、そうでない場合には、当該デジタルデータが検証や鑑定の対象となり、最終的には証拠価値の問題に帰する、②準備書面等の改ざんも、提出後の口頭弁論や弁論準備手続の場で当事者に質問すれば足り、なりすまし（実験的に発生させた）もその後の手続で当事者に確認が可能である、③したがって、デジタル情報の改ざん等を防止するためのセキュリティと当事者の利便性を比較衡量しなければならない局面が生じた場合、多くの局面で後者を優先させることができる、④テレビ会議で遠隔地の証人や当事者本人に対して尋問（特に反対尋問）をした弁護士からは、遠隔地で証人がどのような様子か把握しづらい、敵性証人を追い詰めるような尋問が困難である等意見が出た（そうだとすると、テレビ会議システムを用いた尋問に当事者の同意を要しない現行法の規律には問題が生じる）、⑤しかし、争点整理手続におけるテレビ会議システムの使用には特段の違和感が表明されなかった。

【ForschungNr.16】

実証実験をもとにしたデジタルデータの改ざんのおそれや、なりすましの問題についての指摘は、継続的な手続である民事訴訟手続の特性をよく示している。テレビ会議による証人尋問のやりにくさも指摘されているが、機器の性能の問題、やり方の問題、馴れの問題もあるのではないかと思われる。民訴法204条2号では、「事案の性質、証人の年齢又は心身の状態、証人と当事者本人又はその法定代理人との関係その他の事情により、証人が裁判長及び当事者が証人を尋問するために在席する場所において陳述するときは圧迫を受け精神の平穏を著しく害されるおそれがあると認める場合であって、相当と認めるとき」にはテレビ会議による尋問（いわゆるビデオリンク方式）が認められており、証人の状態によれば、テレビ会議による尋問にならざるを得ない場合があることを考えると、テレビ会議による尋問技術を磨く必要も生じてこよう。

第3章　IT 化先行国の実状

　民事訴訟の IT 化を検討するに当たっては、IT 化において先行する諸外国の実状を知ることは不可欠であり、IT 化検討会でも、アメリカ、シンガポール、ドイツ、スペイン、韓国の実状が紹介され、直接シンガポールの最高裁判事の話をうかがう機会も設けられた。

　諸外国の IT 化の実状については、すでに多数の論文、資料等で紹介されているが、そのうち、検討会まとめと関連するものを取り上げてその内容を確認し、後の検討において適宜引用することとする。

1　アメリカ

　アメリカ法は、旧民訴法（大正 15 年改正後の旧旧民訴法）の昭和 23 年改正に大きな影響を与え（現在位置 76 頁以下参照。交互尋問制度などが採用された）、現行民訴法の立法においても、アメリカ法の影響を受けて、少額訴訟制度、当事者照会制度、インカメラ制度などが採用された（現在位置 257）。そして、現在も、アメリカ法の立法や運用は、両国間の経済活動等を通して、日本の民事訴訟に影響を与え続けている。

　アメリカにおける裁判の電子化については、つとに論文等 A で触れられていたことであるが、その後、連邦、州ともに IT 化が急速に進んだようである。上記のような日本の民訴法の改正経緯からしても、アメリカにおける民事訴訟の IT 化を知ることは重要な意味を有する。IT 化検討会でも杉本純子委員から説明をうかがう機会があった（その資料はインターネットで公表されている）。

(1)　ノースカロライナ州

　論文等 P：松長一太「米国ノースカロライナ州における裁判所の情報システムの紹介（上）」（判タ 1332–36〔2010（平成 22）年〕。〔下〕は判タ 1334–51〔2011（平成 23）年〕で、刑事手続に関するもの）によれば、2010 年当時、ノースカロライナ州では、100 ある郡のうち、2 つの郡の上位裁判所の民事訴訟及び抵当権

実行手続で、試験的に「eFiling システム」が運用されており、その概要は、①ノースカロライナ州で弁護士資格を有する弁護士だけが利用でき、本人訴訟の当事者は利用できない、②裁判官や代理人など、eFiling システムのユーザーとなろうとする者はあらかじめ eFiling システムにユーザーの情報を登録してアカウントを作成する、③ユーザーはアカウントを作成した際に発行される ID とパスワードを使って eFiling システム中の各ユーザーのホームページにアクセスし、事件の選択をして、書面の提出等の操作をする、④訴状、申立書、準備書面等の書面は、ワープロソフトを使って作成し、PDF ファイルにして提出する、⑤書証もスキャナーを用いて PDF ファイルにして提出する、⑥宣誓供述書その他サインそのものが重要な意味を持つ書証は、オリジナルのサインが分かるようにして PDF ファイルとして提出しなければならないが、それ以外の書面は、従来の紙媒体の書面であればサインをしていた場所に、住所、電話番号、電子メールアドレス、弁護士の登録番号とともに、「／S／」の記号の後に氏名を記載することとされ、これが州法の要求するサインにあたるものとみなされる、⑦書面の提出は、アカウント保有者の eFiling システム上のホームページから行い、PDF ファイルで提出された書面に対しては、当該 PDF ファイルに対して直接タイムスタンプが押される、⑧提出された書面は、裁判所職員によってファイルの形式面についてチェックされ、問題がなければ、これを受理してプリントアウトして訴訟記録として綴り、問題があれば、eFiling システムを通じて理由を付して提出者に連絡する、⑨アカウントの保有者が関係している事件について書面の提出があった場合、提出者が誰であるかにかかわらず、当該アカウント保有者は eFiling システムを通じて書面の提出があったことの通知を受けられるほか、アカウント作成時に登録した電子メールアドレス宛の電子メールによっても通知を受けることができる（2010 年時点では事実上の連絡であり、法的効果は伴わない）、⑩アカウントの保有者であれば誰でも、事件に関係しているか否かにかかわらず、eFiling システムを通じて提出された事件記録の要約を閲覧することができ、アカウントの保有者で個別事件に登録された者は、自ら提出した書面であるか否かにかかわらず、事件記録をダウンロードすることができる、⑪判決書、決定書等裁判官及び裁判所書記官が発行する書面も eFiling システムを通じて発行され、判決書、決定

書等は、裁判官又は書記官名の記名と日付が付されたものが eFiling システム
にアップロードされ、その後合理的期間内に裁判官又は裁判所書記官のサイン
が付されたものを裁判所書記官がスキャンし、(PDF で) eFiling システムにアッ
プロードするというものである。

【ForschungNr.17】
[Punkt] 電子署名によらない署名（サイン）方法

　この論文は、手続の細部にわたって詳細に記述されており、連邦や他の州の
民事訴訟の IT 化を理解するうえでも、とても参考になる。eFiling システムで
は基本的に PDF が用いられていることや、住所、電話番号、電子メールアド
レス、弁護士の登録番号とともに、「／S／」の記号の後に氏名を記載するこ
とでサインにあたるとみなされること、サインそのものが重要な意味を持つ書
証は、オリジナルのサインが分かるようにして PDF ファイルとして提出する
（判決書、決定書も、裁判官又は裁判所書記官のサインが付されたものを PDF にして
システムにアップロードする）という方法があることは、電子署名によらないサ
インとして日本の現在及び将来の IT の運用にも応用できる可能性があるので、
【ForschungNr.51】[Punkt3] 及び後記**第 6 章 3 (3)オ**で検討している。

　なお、この論文を最初に目にしたとき、とても刺激を受けるとともに、やが
て日本でもインターネットを用いた情報システムの裁判手続への導入を検討し
なければならないときが来ると強く思ったことを思い出す（拙稿「21 世紀仕様
の民事訴訟」（『門口正人判事退官記念　新しい時代の民事司法』491〔2011（平成
23）年、商事法務〕））。なお、この論文に先駆けて、吉岡大地「アメリカ民事訴
訟における電子化の状況について」（判タ 1247-109〔2007（平成 19）年〕）が、
E-Filing 及び E-Discovery の概要について報告している。

(2)　連邦及びその他の州

　これについては、2011（平成 23）年 5 月まで活動していた日弁連コンピュー
タ委員会の海外調査報告書が存在するので、次のとおり、論文等 Q、論文等 R
として適宜引用することにする。

　論文等 Q：「日本弁護士連合会コンピュータ委員会　2006 年海外調査報告書
　　　　── E-Courts 2006 & San Francisco」（日弁連のホームページで公表
　　　　〈http://www.nichibenren.or.jp/activity/improvement/computer.html〉〔2007（平

34 第 3 章　IT 化先行国の実状

成 19）年〕）（日弁連コンピュータ委員会の委員が、アメリカ合衆国の州
裁判所全国センター（National Center for State Courts : NCSC）が主催する
E-Courts（電子裁判所）2006 という会議に参加するとともに、サンフラン
シスコの裁判所等における IT の活用状況を調査した結果の報告書）

　論文等 R：「日本弁護士連合会コンピュータ委員会　2009 年海外調査報告書
　　　Seattle」（論文等 Q と同じ日弁連ホームページで公表〔2009（平成 21）
　　　年〕）（日弁連コンピュータ委員会の委員が、ワシントン州で裁判所等に
　　　おける IT の活用状況を調査した報告書）

ア　連邦

　CM／ECF（Case Management/ Electronic Case Filing）というシステム（裁判所内
部での事件管理や裁判所への電子申請を目的とするもの）と PACER（Public Access
to Court Electronic Records）というシステム（裁判情報の電子閲覧を目的とするもの）
が、2007（平成 19）年には、すべての連邦地方裁判所において使用されるよう
になった（論文等 F、論文等 J、指宿信『法情報学の世界』315〔2010（平成 22）年、
第一法規〕、論文等 S：鈴木淳司「米国の e 裁判の実際について」（NIBEN Frontier
2015（5）-25〔2015（平成 27）年〕）。

　㋐　CM／ECF

　a　CM／ECF は、連邦の地方裁判所、控訴裁判所及び破産裁判所への申立
てから事件処理一般を扱うもので（論文等 F45）、その利用義務付けについては、
破産事件を除き、連邦地方裁判所の統一規則にはなく、各裁判所又は各裁判官
のローカルルールによる（論文等 S27）。

　b　論文等 S27 頁は、連邦地方裁判所カリフォルニア北部地区では、① CM
／ECF を利用するには、事前に裁判所の利用許可を得て、ユーザー名及びパス
ワードを入手する（論文等 J は、前記のとおり、裁判所ごとにログイン ID とパス
ワードを発行するとしている）、②原則として弁護士であれば、裁判所から包括
したアクセス権を得ることができ、当事者であれば、関係事件担当の裁判官の
利用許可を得て、その事件限りのアクセス権を得ることができる、③ CM／
ECF のアクセス権を得れば、訴え提起もウェブサイトを通して行うことがで
き、訴えの提起後、書面の提出などの事件管理、裁判所からの決定、一般的な
通知などもウェブサイトを通して行われる（前記のとおり、論文等 J は、電子署

名や PKI は利用されていないとしている）、④ CM/ECF の使用は原則無料で、CM/ECF 上にある書面の閲覧は、事件関係者であれば 1 度目は無料、2 度目からも 1 頁 10 セントで最高 1 書面につき 3 ドル支払えば閲覧可能となっているとする。

　c　論文等 F45 ～ 46 頁は、①訴えの提起は、登録した ID に基づいて、クレジットカードによる手数料納付とともにオンラインで行うことが可能であり、オンラインで申し立てられた訴えは、裁判所内部の電子的処理システムの中で、裁判官に配点される、②裁判官にとっては、日程管理、記録の管理、e-mail の送受信と管理、判決書作成支援、ワークフロー管理が可能であり、③裁判官は、裁判官室のコンピュータからアクセスできるのみならず、携帯端末や自宅のコンピュータなどにアプリケーションをインストールすることで、ほとんどの機能をリモートアクセスにより使うことができるとする。

　d　指宿・前掲『法情報学の世界』315 頁は、① CM/ECF は、24 時間稼働しているので、弁護士は事務所からでも自宅からでも意見書や答弁書を提出することができる、②いかなるワープロソフトを利用しても、提出は PDF 形式で行われる、③書面が電子提出されると、相手方に自動的にメールで通知される、④書面の入手はオンラインのダウンロードで行い、PC 上で管理でき、コピーして配布する必要もキャビネットに保管する必要もないとする。

　e　論文等 R7 頁以下には、シアトルにあるワシントン州西地区米国地方裁判所での調査結果が記載されている。コンピュータ委員会の委員は、Ms. Balerie Barber から、① 2004（平成 16）年から E ファイリングは弁護士に強制されているが、本人訴訟での本人には強制ではない、② E ファイリングをするためには、弁護士は、E ファイリングシステムのための弁護士登録申請書（名前、社会保障番号の下 4 桁、弁護士番号及び州、事務所名、住所、電話番号、E メールアドレス欄がある）を記載し、裁判所にファックスする、③（裁判所の）処理は素早くなされ、電子メールでログイン名とパスワードを通知する、④（ECF でファイリングするには）ログイン名とパスワードでログインして、事件番号、申立の種類（ドロップダウンメニューで選択）などを入れ、自分のパソコンの中の提出する PDF ファイルを選択して提出する、⑤提出すると、この事件の相手弁護士に E メールで通知がされる、⑥ E メールが届かなかったら電

話連絡をする、⑦Eメールには提出されたファイルへのリンクが記載されており、相手弁護士はそのリンクをクリックして1回は無料でファイルを見ることができる、⑧判事もこのシステムにログインして使用する、⑨ECFは本人訴訟での本人も使用することができるなどの説明を受けたとされている。

【ForschungNr.18】

[Punkt1] IDとパスワードによる利用

上記各論文等（調査結果）によれば、連邦裁判所のe事件管理（e-Case Management）・e提出（e-Filing）システムであるCM/ECFについては、①裁判所から発行されたIDとパスワードで裁判所のWebサイトにログインして利用でき、電子署名は求められていないが、IDとパスワードの発行を受けるためには、名前、社会保障番号の下4桁、弁護士番号及び州、事務所名、住所、電話番号、Eメールアドレスなどを裁判所に届け出て登録する必要があること、②当事者から裁判所への書面の提出は、論文等Pに記載されたノースカロライナ州の場合と同じく、PDFファイルで行われること、③書面の提出などの事件管理、裁判所からの決定、一般的な通知などはWebサイトを通して行われることなどが読み取れる。

[Punkt2] アメリカの連邦裁判所のホームページでのCM/ECFの紹介

アメリカの連邦裁判所のホームページ（UNITED STATES COURTS〈http://www.uscourts.gov/about-federal-courts/court-role-and-structure〉）には、Elektronic Filing（CM/ECF）の紹介（http://www.uscourts.gov/courtrecords/electronic-filing-cmecf）やCM/ECFについての質問・回答（FAQs:CM/ECF）（http://www.uscourts.gov/courtrecords/electronic-filing-cmecf/faqs-case-management-electronic-case-files-cmecf）が掲載されている。それには、上記各論文等に記載されているようなことが書かれているが、次のような技術的な記載もある。

①　文書をCM/ECFシステムに提出するのに必要なハードウェアとソフトウェア

○　WindowsやMac OS Xなどの標準プラットフォームを実行するパーソナルコンピュータ

○　Corel WordPerfect又はMicrosoft WordのようなPDF互換のワープロ

○　インターネットサービス

○　Web ブラウザ　CM/ECF には、Mozilla Firefox 又は Microsoft Internet Explorer の最新バージョンを勧める。これらは CM/ECF との互換性のためにテストされ、認定されている。

○　Appellate　CM/ECF では、Java 1.6 プラグインが必要である。プラグインは無料でダウンロードできる。

○　文書をワープロ形式からポータブル文書形式（PDF）に変換するソフトウェア　Corel WordPerfect と Microsoft Word は、文書を PDF に変換することも、Adobe Acrobat のような追加製品を使用することもできる。

○　PDF 文書の閲覧には、無料で入手できる Adobe Acrobat Reader が必要である。

○　訴訟当事者が CM/ECF を使用して提出する文書の PDF 画像を作成する必要がある場合は文書スキャナー

②　PDF による提出

CM/ECF システムは、PDF 形式の文書のみを受け入れるように設計されている。この形式は、文書を見たり、印刷するのに使用されているコンピュータの種類にかかわらず、ページ付け、書式設定、およびフォントを保持できるため選択されている。オープンスタンダード形式である。Adobe はこのフォーマットを開発し、ほとんどのワープロシステムで作成された文書を PDF に変換するソフトウェアを提供している。いくつかのワープロやその他のプログラムには、それらのプログラムで作成された文書を PDF に変換する機能がある（セキュリティとアーカイブ性能を向上させるため、すべてのファイラーが新しい PDF/A 形式を使用するように計画が進行中である）。

③　CM/ECF システムに提出された文書の安全性

文書を検証する 2 つのユーティリティプログラムがある。1 つのプログラムは、CM/ECF システムに提出された PDF 文書の完全性を検証するために使用され、別の第 2 のプログラムは、文書が提出されてから変更されていないことを確認するために、予め設定された時間に自動的に実行される。

（イ）　PACER

前記のとおり、論文等 J は、PACER は、裁判情報の電子閲覧を目的とするものであり、弁護士を含む一般市民が利用でき、米国司法部が ID とパスワー

ドを発行するとしている。

論文等 S27 〜 28 頁は、① PACER も、CM/ECF と同じく、各裁判所がローカルルールによって情報をメンテナンスしている、②原則として、裁判所の機密保持命令がない限り、裁判記録は公的記録として一般に公開されている、③記録閲覧のため登録するときは、クレジットカードの登録が推奨されている、④登録は、ウェブサイトを使って行う、⑤事件番号又は当事者名で検索が可能である、⑥原則として CM/ECF と同様の費用の支払が必要となり、該当する事件の書類を選んで閲覧又はダウンロードすると料金が発生するとしている。

そして、論文等 T：合田俊文「裁判所記録管理の電子化と訴訟記録公開のガイドライン」（法時 76（3）−48〔2004（平成 16）年〕）は、訴訟記録公開にあたっての連邦のガイドラインについて、①民事訴訟記録は、原則として裁判所での閲覧と同程度に PACER を通じたインターネットアクセスを可能とする、②社会保障訴訟は、裁判所の決定まで秘密を保持する必要があり、障害請求には医療記録などのセンシティブな情報が含まれるので、アクセスから除外される、③特定の個人識別データには変更を加え、社会保障番号と口座番号は最後の 4 文字のみ、生年月日は年のみ、未成年者の名前はイニシャルのみなどとするとしている（51）。

【ForschungNr.19】

これらの論文によれば、一般市民は、PACER を通じて、インターネットによる民事訴訟記録の閲覧をすることができる（秘密保持の必要があるものは除かれ、特定の個人識別データには変更が加えられる）が、そのためには、米国司法部に登録して、ID とパスワードの発行を受けなければならず、閲覧、ダウンロードには料金が発生するということが読み取れる。記録が電子化された場合に記録の閲覧、謄写をどのように規律するかは、裁判の公開の問題とも関連する難しい問題であり、アメリカの運用も参考にして検討する必要があろう。

(ウ) 電子ファイリングが連邦裁判所に与えた影響

論文等 Q は、コンピュータ委員会の委員がアメリカ合衆国の州裁判所全国センター（National Center for State Courts：NCSC）が主催する E-Courts（電子裁判所）2006 という会議に参加するとともに、サンフランシスコの裁判所等における IT の活用状況を調査した結果の報告書であるが、その中には、ペンシル

バニア州中部地区連邦地方裁判所の書記官の上記会議における報告内容が記載されている（篠島正幸コンピュータ委員会幹事作成部分）。

それによると、CM/ECF は、①書類整理とファイルアクセスの一体化が行われ、手続が簡略化された、②書類や記録の紛失がなくなった、③ファイルへの遠隔アクセスが可能となり、利便性が向上した、④事件管理・報告ツールが増強された、⑤自動通知・自動編纂により手間が減少した、⑥送達等に関する手紙や書類に関する事務処理が減少した、⑦公共サービス・公共アクセスの質が向上したなど、書記官にとってメリットをもたらす一方で、新規書記官の受入が激減する、裁判所執務室のスタッフの仕事が増加する、自動化の役割と管理の責務がより重くなるなどの組織構造の変化が生じるほか、①技術系と書記系の異なる技術を組み合わせ、人員を採用する必要が生じる、②技術的知識とトレーニング能力を持ったスタッフを探すことになる、③組織内プログラマーが必要となるなどの書記官やスタッフの役割の変化をもたらすことになるとしている（11 〜 12）。

また、CM/ECF 導入に伴うオフィス什器備品の変更について、①コピー機はスキャナに変化し、タイプライターはなくなる、②コンピュータ画面は大きいか、デュアル画面となる、③大容量メモリの高速コンピュータが必須であるが、ファイルキャビネットは減少する、④紙媒体はいったん増加し、それから減少する、⑤手紙関係の消耗品や送達費用は減少するとしている（12）。

【ForschungNr.20】

IT 化に伴う書記官やスタッフの役割の変化、オフィス什器備品の変更は、ある程度想定可能なものであるが、実際にどのような影響が出たかということは、日本における IT 化を考える際に参考になろう。

　㊥　法廷の IT 機器

論文等 R によると、シアトルにあるワシントン州西地区米国地方裁判所の法廷は、①判事席、陪審席、原告席、被告席、演壇にディスプレイがあり、傍聴席右側前に大きなディスプレイがある、②機器は 3 つあり、1 つ目は、演壇の横の文書カメラであり、弁護士は文書カメラで文書をディスプレイに映すことができるが、弁護士は自分でパソコンを持ち込むことが多い、③機器の 2 つ目は、演壇に VCR と DVD がある、④機器の 3 つ目は、ディスプレイであり、

40　第3章　IT化先行国の実状

証人席（傍聴席から見て判事席の左）のディスプレイはタッチパネルになっており、証人がタッチパネル上を指で触りその部分を赤で示すことができる、⑤スピーカーは法廷の上にあり、法廷の後ろにはビデオカメラもあり、ビデオ会議もできる、⑥大きな事件の審理の際、法廷に人が溢れたときにも他の部屋にこのシステムで音声と映像を送れる、⑦電話会議システムもあり、デジタル録音機により自動的に録音し、弁護士が記録をほしい場合、CD-ROMを要求することもできるというものであったとされている。

【ForschungNr.21】

　上記の法廷機器はある程度想定可能なものであるが、法廷に人が溢れたときに他の部屋にシステムを使って音声と映像を送るという点は、日本におけるIT化後の公開の問題を考えるときのヒントとなるものである。電話会議システムも併用されている点については、論文等S29頁にも電話会議システムによる出廷の記載があり、IT化の進んでいるアメリカでもなお電話会議システムの需要があることを示すもので興味深い。

　イ　州

　㋐　カリフォルニア州（上級裁判所）

　論文等S28頁によれば、(i)サンフランシスコ郡では、①アスベスト関連訴訟、相続関連訴訟、複雑訴訟については、当事者訴訟を除き、訴えの提起以降の書面提出は電子ファイリングが強制されている、②電子ファイリングは、裁判所から指定された外注業者のウェブサイトを通して行うことが義務付けられている、③書面の電子的提出の料金は、1件7ドル、電子的提出がされた書類の送達の料金は、送達先の数にかかわらず1件8ドルとなっている、④電子ファイリングされた書類も含め、サンフランシスコ郡の上級裁判所に係属している事件は、一般に無料で裁判資料の閲覧が可能となっている、(ii)オレンジ郡（ロスアンゼルス近郊）では、①弁護士が代理して訴えを提起する場合には、原則として電子ファイリングが強制されている、②電子ファイリングは、裁判所から指定された外注業者のウェブサイトを通して行うことが義務付けられている、③書面の電子的提出の料金は、15頁までだと約40ドル、50頁だと約85ドルとなっている、④一度業者を通して提出された書面は裁判所のサイトにおいて有料で閲覧が可能となっており、料金は数十ドル単位になるとされてい

る。

【ForschungNr.22】

　この論文等は、電子ファイリングが外注業者のウェブサイトを通して行われ
ること、電子提出や送達には料金の支払が求められ、その金額はかなり高額に
なる可能性もあることを指摘するもので、日本におけるIT化を考える際には
これらの点についてどのように対応するかが検討課題の一つとなろう。

　㈡　ミシガン州

　論文等U：笠原毅彦「サイバーコート——ICTを利用した裁判手続」（人工
　　　　知能学会誌23（4）−513〔2008（平成20）年〕）

　この論文は、2002（平成14）年に、ミシガン裁判所法に「第80章サイバー
コート」を追加する法律（すべての審理手続を電子的通信手段によって行うもの）
が議会を通過し、ミシガン州最高裁判所は、サイバーコートのために、「民事
訴訟法規則と証拠法規則の改正案」を2000（平成12）年に公表し、裁判所規
則の民事訴訟にサブチャプター2700「電子的手続（electronic practice）」を置く
ことを中心とする改正を提案したとして、その内容について紹介している。そ
れによると、①さまざまな概念をサイバーコートのために定義し直す（書面や
文書、記録には電子文書を含む、法廷への出席にはビデオ会議システムによる出席
を含むなど）、②2万5,000ドルを超える民事・商事紛争が対象となる、③裁判
官が物理的に在廷しているところを主たる場所とし、遠隔地で利用するところ
を従たる場所とする、④場所に関しては特に制限がなく、裁判長が技術的な要
件を満たしているとして指定したいかなる場所においても開廷しなければなら
ない、⑤サイバーコートへの申立ては、認可され、登録された電子的申立人だ
けが行うことができる、⑥被告は、サイバーコートで応訴する義務があるわけ
ではなく、訴状に対する答弁書の提出期限後14日以内に移送の申立てを行う
ことにより、通常裁判へ移送させることができる、⑦裁判がサイバーコートで
なされた場合、当事者又は証人は、証拠開示手続及び予審を含む手続に、裁判
所の許可を得て、送受信兼用の、双方向的ビデオ技術、ビデオ会議技術又はイ
ンターネット放送技術（internet broadcast）の利用を通じて出頭することができ
る、⑧審理の公開は、裁判の主たる場所・従たる場所への参加、ケーブルテレ
ビの放送及び「可能な限り」インターネット上の動画配信によるなどの定めが

42 第3章 IT化先行国の実状

置かれているとされている（516〜517）。

【ForschungNr.23】

　この論文で紹介されているミシガン州のサイバーコートの手続は、検討会まとめにおけるe法廷（e-Court）の手続であり、日本においても、現行法のもとで、テレビ会議システムや電話会議システムを利用した証人・本人尋問や、電話会議システムを利用した弁論準備手続としてすでに実現している部分もあるが、サイバーコートでの裁判を通常の訴訟手続とは異なるものとみて、被告の通常手続への移行申立権を認める点、双方当事者がビデオ会議システムによって出席することを認める点、ケーブルテレビやインターネットでの動画配信による審理の公開を定める点などで日本とは異なっており、これらの点は、これから日本で民事訴訟のIT化を進めるにあたっての検討課題となろう。

　㈡　ワシントン州キング郡、アリゾナ州マリコーパ郡、デラウェア州

　a　ワシントン州キング郡

　まず、論文等Qによれば、前記E-Courts（電子裁判所）2006で、同郡司法行政部プログラム＆プロジェクト・マネージャーが、同郡の電子ファイリングシステムについて、①電子ファイリングは、1990（平成2）年から裁判所職員の視点で構想・開発したもので、ワシントン州のオンラインの標準とリーガルXMLに合致させ、ベンダーのシステムに依存しなかった、②電子訴訟記録は、電子書類（PDFやTIFFでの画像データを含む）の管理、裁判所書記官業務、ブラウザによる電子閲覧、事務局での公衆の閲覧を含む概念である、③電子ファイリングのためのオンライン書式が用意されており、近く電子送達が加わる予定である、④ユーザーIDを取得すれば、ワシントン州全域で利用でき、オンラインで訴えを提起することができる、⑤裁判費用をオンラインで支払うこともできる、⑥電子訴訟記録は、人員削減、マイクロフィルム作成費用の削減、保管倉庫や人の作業空間の増加、作業時間の短縮化、セキュリティや秘匿特権の管理の容易化などの効果をもたらしたなどの報告をしたとのことである（7〜8。日野修男コンピュータ委員会副委員長作成部分）。

　次に、論文等Rには、キング郡裁判所の電子ファイリングについて、①Core ECRという電子的裁判記録（Electronic court record）マネジメントシステムがあり、スキャンなどにより電子的に作成された書類が、提出され、インデッ

クス付けされ、処理され、保存される、②提出された書類をもとに一連の処理がなされるが、その処理は、アクティビティ・ログによって記録される、③具体的には、(i)書類が電子的に提出されると、申立費用がかかるので、他のアプリケーションが動いてクレジットカード・インターネットチェックの認証などを行う、(ii)民事だと、事件を登録した段階で自動的に担当判事がきまる、(iii)事件の登録がなされると、処理用のアプリにおけるステータスのところに掲載される、(iv)この後は、判事がログインして処理することも多い、(v)判事のアプリのログイン画面は、シンプルにできており、ケース番号を入れるとファイルを見ることができる、(vi)一定の動作をすると、判事の命令等の一覧が出てくる、(vii)その中で、命令を選択すると、デジタル署名が必要になるので、ジャッジの署名（プリント）が出て、その下にハッシュ値が掲載されることになる、(viii)命令が出された場合、e サービスを利用していると、自動的にメールが送付され、当事者に通知される（裁判所は、命令を当事者に届ける義務はなく、ファイルすればよい）というような手順を踏むことになる、④電子ファイリングは、弁護士にとっては強制であり、ドキュメントを PDF もしくは TIFF 形式で提出する、⑤署名などについては、GR30 という裁判規則が 2003（平成 15）年に採用されている、⑥この電子ファイリングによって、裁判官、事件番号、事件スケジュール、事件情報カバーシートが自動的に生成される、⑦書類の送達に関しては、電子送達（e サービス）という制度があり、これは、電子ファイルされたドキュメントを、利用を希望する当事者に電子的に送達するものであり、事件ごとにこのサービスを利用するかどうかを選択できるなどの調査結果が記載されている（13 〜 14。高橋郁夫コンピュータ委員会副委員長作成部分）。

【ForschungNr.24】

[Punkt] PDF・TIFF・XML・リーガル XML

　これらの論文等（調査結果）からは、①キング郡の電子ファイリングシステムは、リーガル XML に合致させたものであること、②当事者からの書面の提出は、PDF ファイルだけでなく、TIFF ファイルによることもできること、③裁判官の命令にはデジタル署名が必要であること、④命令は、当事者に送る必要はなく、ファイルすれば足り、当事者には命令が出たことを伝えるメールが自動的に送付されること、⑤書類の送達については電子送達という制度がある

44 第3章 IT化先行国の実状

ことなど、これまで見てきた論文等からはうかがえなかったIT化の情報を知ることができた。判決、決定、命令等をファイルし、これを当事者のメールで伝える方法による送達、告知についてはIT化検討会でも議論になったところであり、キング郡の運用は参考となろう。

なお、XMLは、W3C（World Wide Web Consortium）で標準化が進められている拡張可能なマークアップ言語（タグと呼ばれる注釈記号を文書に埋め込むことにより、文書に構造や意味を与える手法の言語）である（基本パソコン用語事典435）。テキスト情報に、文書の作成日、作成者等の任意のメタ情報を付与することができ、特に法的情報につきXMLを用いて設計された情報規格をリーガルXMLと呼ぶ（上田竹志「司法アクセスとLegal XML」（法政研究83（1・2）－255）。前記のとおり、論文等M-1でも、論文等Nでも、日本におけるIT化（e-Filing）にあたってXMLあるいはリーガルXMLを使用することを提言されており、IT化検討会においてもそのような発言があった。もっとも、論文等M-1は、コンピュータが解釈しやすいように構造化されたデータは人間には見づらいので、この構造化されたデータを分かりやすくプレゼンテーションするインターフェースが常にセットで必要になるとしている（27）。

b　アリゾナ州マリコーパ郡

論文等Qによれば、前記E-Courts（電子裁判所）2006で、同郡裁判所判事が、① 2000（平成12）年から民事裁判において電子化手続が採用され、当初は裁判所事務局にて書類をスキャンすることから始まった、②原告は電子手続で訴訟を提起することは義務付けられなかったが、アリゾナ州では、現在は電子ファイリングが義務付けられている（アリゾナ州全域ではなくマリコーパ郡裁判所管内を意味している可能性があるとの作成者の注が付されている）③ 2003（平成15）年にはレクシスネクシス（LexisNexis）社のシステムが採用され、現在は、ウェブベースのICJIS（Integrated Criminal Justice Information System：刑事司法情報統合システム）が採用されている、④弁護士は、ウェブ上で書類を提出でき、事件に関係する裁判官、弁護士はどこからでも、ウェブ上で書類を見ることができる、⑤マリコーパ郡では、電子ファイリング・システムの採用にあたって、候補となった3社のうちから1社のシステムを採用した、⑥ Lexisのシステムの採用により、裁判官の仕事の効率が上がったなどの報告をしたというこ

とである（8。日野修男コンピュータ委員会副委員長作成部分）。

　c　デラウェア州

　論文等 Q によれば、前記 E-Courts（電子裁判所）2006 で、同州最高裁判所判事が、①2003（平成 15）年 10 月から、デラウェア州全域で電子ファイリング・システムが採用され、②2005（平成 17）年 10 月からは上訴審でも電子ファイリング・システムが採用され、③2006（平成 18）年 12 月には上訴審での電子ファイリングが義務付けられた、④電子ファイリング・システムの採用によって変化が起こり、当初はそれへの対応が負担であるが、時間の節約、費用の節約、保管スペースの節約、資料の取り出しの容易さ、資料保管のセキュリティの増大、全世界からのアクセスが可能となることなど、便益が顕著であるなどの報告をしたということである（8〜9。日野修男コンピュータ委員会副委員長作成部分）。

　ウ　民間の e ファイリングシステム

　論文等 R には、シアトルにある判例検索で有名なレクシスネクシス社における調査結果（担当者から受けた説明）も記載されており、①「File&Serve」は裁判を担当する法律事務所や弁護士が代理人に付かない当事者における e ファイリングサービスを提供するものであり、コロラド州とデラウェア州の裁判所が、これを使用している、②セキュリティの確保されたシステムの中に、e ファイリングされたデータが保管され、このサービスを受ける顧客は、ウェブベースでサーバにアクセスしてログインし、データの送受信を行うことになる、③本人訴訟の場合、ウェブ・ブラウザを利用できなくても、裁判所内に設置されるパブリック・アクセス・ターミナルというものを利用できる、④物理的にデータが保管されるサーバはレクシスネクシス社が管理しており、裁判所のデータもこのサーバに保管されることになる、⑤裁判所も同様にサーバにログインして利用する、⑥e ファイリングサービスの利点は、膨大な紙の書類の裁判所への提出や、相手方法律事務所への送付から解放される点にある、⑦レクシスネクシス社の競争相手は、裁判所自身、すなわち、裁判所自らが e ファイリングシステムを開発して導入することである、⑧相手に書類を届ける方法として、このシステムは、書類を印刷して郵便システムで送付することもできる、⑨訴訟が継続中、当事者は、e サービス機能を利用して、裁判所に最初に

46 第3章　IT化先行国の実状

送信しなくても、直接、他方当事者に対して、書類（ディスカバリー要求、応答など）を送信することができる、⑩裁判所での保管及び使用の基準となる電子ファイルはPDFであり、使用する電子ファイルとしてPDFファイルが最も優れていると考えている、⑪「File&Serve」は、多くのファイル形式を受け入れることができ、これら元ファイルを点検のために保管することに加え、現在、これらのファイルをシステムを通じて送信する前にPDFに変換しているなどとされている（23～24。藤原宏髙コンピュータ委員会委員作成部分）。

【ForschungNr.25】

　上記調査結果は、民間業者の訴訟のIT化への参入の状況を伝えるものとして意義があり、日本では、本人訴訟についてIT化にどう対応するかが課題となっているので、その対応策を考える際の一つのヒントとなる。

2　ドイツ

　日本は、1890（明治23）年に、1887（明治20）年に成立したドイツ民訴法にならって民訴法（旧旧民訴法）を制定した（現在位置2）。それ以来、現行民訴法に至るまで、立法、運用、理論の全面にわたって、ドイツの民事訴訟から大きな影響を受けてきた。例えば、シュトゥットガルト方式は弁論兼和解という審理方式が生まれるきっかけとなった（現在位置164）し、現行法の立法においても、当時のドイツ民訴法の影響を受けて、書面による準備手続制度、損害額の認定の制度、審理の現状に基づく判決の制度、上告受理・許可抗告制度、電子情報処理組織を用いて取り扱う督促手続の制度など、多数の制度が採用された（現在位置257）。

　日本で現行民訴法が制定された1996（平成8）年ころには、IT化（当時はOA化といわれていた）については、特にe-Courtの点で、ドイツの立法は日本よりも遅れた状態にあったが、その後、ドイツでは、e-Court、e-Filingのいずれについても日本よりも大きく先行する法改正がされ、運用がされようとしているようである。

　日本で民事訴訟のIT化を進めるにあたっては、日本の民訴法の母法国であるドイツにおける民事訴訟のIT化について知ることが、立法、運用、理論のいずれの面でも、重要な意義を有する。IT化検討会でも、桐蔭横浜大学笠原

毅彦教授からドイツの現状について説明をうかがった（その資料はインターネットで公表されている）。

(1) 訴訟記録の全面電子化

論文等 V：森下宏輝「司法の IT 化——ドイツの現状」（法曹 800-35〔2017（平成 29）年〕）

　この論文（在外研究中の裁判官の報告）には、① 2013 年 10 月に成立した eJustice 法（Das Gesetz zur Förderung des elektronischen Rechtsverkehrs mit den Gerichten）は、民事手続において、弁護士及び官公庁等から裁判所に提出される書面は、遅くとも 2022 年 1 月 1 日までに電子化されなければならない（電子書類の利用義務化）と定めている（同法により民訴法が改正され、130 条 d が設けられた）、②同法は、訴訟記録の全面的な電子化を図るものである、③訴訟記録の電子化を実現するためには、(a)裁判所と弁護士の間の電子的な法的交通手段（Elektronischer Rechtsverkehr）の確保と、(b)裁判所内部における電子情報管理プログラムの整備を行う必要がある、④(a)については、従来、弁護士と裁判所との電子書類のやり取りに用いられていた EGVP（Elektronischen Gerichts- und Verwaltungspostfach）と呼ばれる電子私書箱に代わり、beA（Das besondere elektronische Anwaltspostfach）と呼ばれる弁護士専用の電子私書箱が新たに設けられ、2016 年 11 月 28 日から運用が開始され、弁護士は、専用の ID カードと読み取り機を用いて本人認証を行い、電子文書に認証付電子署名を施したうえで裁判所に送信することとなる、⑤(b)については、ブレーメン、ヘッセン、ニーダーザクセン、ノルドライン・ヴェストファーレン、ザールラント及びザクセン・アンハルトの各州が共同して、e^2（ergonomisch-elektronisch）と呼ばれるソフトウェアの開発が行われており、これは、裁判所内部の訴訟手続に関するプログラムを統一・刷新しようというものであり、訴訟手続に関するプログラムを 5 つ（電子記録の管理システム、文書管理システム、電子書類の送受信及び分類等の管理システム、開廷票の公示システム、訴訟手続情報の管理システム）に分割した上でそれぞれの担当州を決めて試験運用を行い、将来的にこれらを統合して各裁判所で使用するという計画であるなどの記載がある。

48 第3章 IT化先行国の実状

【ForschungNr.26】

[Punkt] 裁判官の仕事の変化

論文等V（報告）には、ほかにも、ニーダーザクセン州では、①各裁判官には、複数の事務作業を並行して行えるように、2台の液晶ディスプレイが与えられており、執務に必要な限度でのインターネット接続も認められていて、2つの優れた情報データベースを利用でき、法令及び判例だけでなく、ドイツ国内の主要なコンメンタール及び法律雑誌を全て閲覧することができる、②多くの裁判官は、文書作成ソフトを用いてキーボード入力により判決起案を行う方法とヘッドセットを装着し、音声認識システムを用いて判決内容を口頭入力し、出力された文章を確認・修正する方法のいずれかを用いて判決起案を行っており、音声認識システムを用いた作業効率及び認識の精度は非常に高く、誤りはほとんど見られなかったなどの興味深い記載がある。

ずいぶん前のことになるが、ドイツで民事訴訟実務を見聞する機会を与えられた際（現在位置243、391）、ドイツの裁判官や弁護士が、しばしば法廷にコンメンタールを持ち込んで、同じ頁を開きながら議論をしているのを見て、ドイツの実務家が定評のあるコンメンタールをとても重視していることを実感したので、情報データベースでコンメンタールを利用できるようになっていることはよく理解できる。また、ドイツの裁判官は一般に、判決内容を録音機で録音してそれを職員にわたしてテキスト化（反訳）してもらっていたので、それが音声認識システムに移行したのもよく理解できる。つまり、これらは、ドイツの裁判官の仕事を効率化するものではあるが、仕事の中身を変えるものではないということであろう。

(2) IT化に関係するドイツ民訴法の内容

ドイツ民訴法（Zivilprozessordnung）の条文のうち、IT化に関係すると思われる条文を概観しておく。条文は、ドイツ連邦司法・消費者保護省（Bundesministerium der Justiz und für Verbraucherschutz）のホームページに掲載されている法律の条文（https://www.gesetze-im-internet.de/aktuell.html 参照）によったが、翻訳にあたっては、法務大臣官房司法法制部編（春日偉知郎＝三上威彦訳）『ドイツ民事訴訟法典―― 2011年12月22日現在――』〔2012（平成24）年、法曹会〕及びIT化検討会における参考資料（桐蔭横浜大学笠原毅彦教授作成）を参

考にした。十分なドイツ語能力を有しているわけではないが、日本における民事訴訟の IT 化について検討する必要から、ひとまず翻訳を試みた仮訳であり、正確には上記ドイツ連邦司法・消費者保護省のホームページに掲載された原文を確認していただきたい。なお、ドイツのコンメンタールの内容について記述した部分もあるが、同様に筆者の仮訳に基づくものであり、正確には原著を確認していただきたい。

ア e-Court に関するもの

● 128a 条　映像と音声の中継（Übertragung）による弁論

(1) 裁判所は、申立てにより、または職権で、当事者、代理人及び補佐人に対し、口頭弁論中に別の場所にいて、そこで手続を行うことを許可することができる。弁論は、映像と音声でその場所と法廷に同時に中継される。

(2) 裁判所は、申立てにより、証人、鑑定人又は当事者が、尋問中に別の場所にいることを許可することができる。尋問は、映像と音声でその場所と法廷に同時に中継される。

当事者、代理人及び補佐人が 1 項 1 文に従って別の場所にいることを許可されている場合、尋問はその場所にも中継されるものとする。

(3) 中継は録画されないものとする。1 項 1 文及び 2 項 1 文による裁判には不服申立てできない。

【ForschungNr.27】

［Punkt1］ 日本法との比較

1 項は、日本では認められていない口頭弁論における e-Court（遠隔裁判）を認めるものであり、しかも、日本の弁論準備手続のように、一方当事者が裁判所に出頭することを求める（法 170 条 3 項）ものではなく、双方が映像と音声によって手続に参加することを認めるものである。

2 項は、人証の尋問を e-Court で行うことを認めるものであり、日本のテレビ会議システムによる尋問（鑑定人については質問）のように両当事者は法廷にいて、尋問（質問）を受ける証人等だけが e-Court により手続に参加する（法 204 条、210 条、215 条の 3、規則 123 条、127 条、132 条の 5）ものではなく、両当事者も、e-Court によって手続に参加することを認めるものである。

日本のテレビ会議システムによる尋問においては、①証人（本人）が遠隔地

50 第3章 IT化先行国の実状

に居住するとき、②証人（本人）が圧迫を受け精神の平穏を著しく害されるお
それがあると認めるときに限ってこれを認めることとされている（法204条、
210条。鑑定人については、「鑑定人が遠隔の地に居住しているときその他相当と認
めるとき」〈215条の3〉）が、1項（弁論）にも2項（尋問）にもそのような限定
はない。もっとも、日本では、テレビ会議室システムによる尋問（質問）の採
用は、当事者の意見を聞いたうえで裁判所の裁量で判断できることになってい
る（規則123条、127条、132条の5）が、2項（尋問）は当事者の申立てによる
ことにしている。

　そして、1項（弁論）においても2項（尋問）においても、e-Courtによって
手続に参加する者がいる場所でも、法廷でも中継されることになっている。

　3項では、中継を録画しないことになっているが、これは、インターネット
上の動画配信まで認めようとする（動画配信のためには録画が必要になると考え
られる）アメリカのミシガン州のサイバーコートの考え方（前掲論文等Sの記載
参照）とは異なるものである。この点については、論文等M-2がドイツでは
人格権（肖像権）保護の観点から録画が認められていないと指摘していること
は前記のとおりである。

　なお、ドイツには、日本の弁論準備手続のような口頭弁論以外の口頭による
争点整理手続は存在せず、シュトゥットガルト方式に影響を受けて簡素化法
（Vereinfachungsnovelle）で設けられた（現在位置166）書面による事前手続
（Schriftliches Vorverfahren）が存在する（ドイツ民訴法276条）だけである。そし
て、書面による事前手続においては、日本の書面による準備手続（法176条）
のように電話会議による協議の日時の規定（法176条3項、規則91条）は存在
しない。書面による準備手続の制度は、ドイツの書面による事前手続にならっ
て現行民訴法で設けられたものである（現在位置218、257）が、ドイツと異な
り、書面手続だけでは十分な争点整理ができない可能性があることを考慮して
電話会議による協議の日時の規定が設けられたものである。したがって、ドイ
ツでは、128a条に定められているように、e-Courtは専ら口頭弁論期日（人証
の取調べ期日を含む）に利用されることになる。

[Punkt2] 128a条の運用

　128a条の運用については把握していないが、コンメンタールには次のよう

なことが書かれている。

Baumbach/Lauterbach/Albers/Hartmann "Zivilprozess-ordnung"（75.Auflage, 2017, C.H.BECK）685 〜 686 頁では、一方の訴訟代理人はミュンヘンに、他方の訴訟代理人はベルリンに、証人はフランクフルトにそれぞれ所在し、裁判所はハンブルクにあるという場合が想定されている。そして、ビデオ会議による審理が有効であるための前提条件は、参加している各場所からお互いへの常時ライブ中継が行われるということなので、これらの経路の一部の中継及び／又は決定的な瞬間（entscheidende Sekunden）の中継が妨害された場合、すぐに修復ができないときは、裁判所はこの手続を中止し、後に、改めて同じ方法で、又は裁判所において旧来の方法で継続しなければならないなどと記述されている。

また、Thomas/Putzo "ZPO"（39.Auflage, 2018, C.H.BECK）339 〜 340 頁では、ビデオ会議の方法による証拠調べは、証人の供述態様（Verhalten）の直接の個人的な印象が重要である場合には行われるべきではないなどと記述している。

　イ　e-Filing に関するもの

　㋐　e 提出

● 130a 条　電子文書

⑴　準備書面及び添付書類、当事者の書面による申立て及び陳述並びに書面で提出される情報（Auskünfte）、証言、鑑定、翻訳及び第三者の陳述は、以下の項に従って電子文書として裁判所に提出することができる。

⑵　電子文書は裁判所の取扱い（Bearbeitung）に適していなければならない。連邦政府は、連邦参議院（Bundesrat）の同意を得て、法規命令によって送信及び取扱いに適した技術的基本条件（technische Rahmenbedingungen）を決定する。

⑶　電子文書には、責任者の適格電子署名が付されているか、責任者が署名し、安全な送信ルート（Übermittlungsweg）によって提出されなければならない。

⑷　安全な送信ルートは

1．送信者がメッセージ（Nachricht）の送信において De-Mail 法の 4 条 1 項 2 文の意味において安全に登録され、かつ、De-Mail 法の 5 条 5 項に従って安全な登録と証明された場合の De-Mail アカウント（De-Mail-Konto）の私書箱（メールボックス）・送信サービス（Postfach- und Versanddienst）

52　第3章　IT化先行国の実状

2．連邦弁護士法（Bundesrechtsanwaltsordnung）31a条に基づく特別な電子弁護士私書箱又は法的な基礎に基づく電子私書箱と裁判所の電子郵便局（elektronische Poststelle）との間の送信ルート

3．身元確認手続（Identifizierungsverfahren）の実施後に作られた官庁又は公法上の法人の電子私書箱と裁判所の電子郵便局との間の送信ルート。詳細は、2項2文に基づく命令（Verordnung）により規制。

4．連邦参議院の同意を得て連邦政府の法規命令で定められたその他の連邦内で統一された送信ルート。それについては、データの信頼性と完全性、バリアフリーであること（Barrierefreiheit）が保障されていなければならない。

⑸　電子文書は、裁判所の定められた受信設備に記録される（gespeichert）とともに到達したものとみなす。送信者には到達時刻の自動確認が送信されなければならない。

⑹　電子文書が裁判所の取扱いに適さない場合は、（裁判所は）到達の無効を指摘して、有効な技術的基本条件について、遅滞なく送信者に通知しなければならない。送信者が、遅滞なく裁判所が取り扱うのに適した形式にして文書を再送し、それが最初に提出された文書の内容と一致することについて疎明したときは、その文書は先の提出時に到達したものとして効力を有する。

【ForschungNr.28】

［Punkt1］De-Mailについて

　この条文は、ドイツにおけるe-Filingの基礎となるオンライン提出（e提出）について定めたものである。ここでは、アメリカにおけるIT化の方向性として顕著になってきた裁判所のシステムに提出文書のファイルをアップロードする方法ではなく、De-Mailを中心とした安全な送信ルートによる送信という方向性が打ち出されている。

　これは、安全性の確保されたDe-Mailがドイツの中で普及してきたことを反映したものと考えられる。

　De-Mail法（De-Mail-Gesetz）によれば、De-Mailサービスは、①誰に対しても、インターネット上で、安全で、秘密が保護され、検証可能な商業活動を確保する電子通信プラットホーム上のサービスであり（同法1条1項）、②安全な登録、安全な電子郵便のための電子私書箱（メールボックス）・送信サービスの

利用、ディレクトリ・サービスの利用ができ、追加的に身元確認・文書ファイリングサービスも可能となるもので（同条 2 項）、③ De-Mail 法に基づいて認定されたサービスプロバイダーによって運営されている。

　ユーザーは、サービスプロバイダーとの間の De-Mail アカウント契約によって、サービスプロバイダーから De-Mail アカウントの提供を受ける（同法 3 条 1 項）が、サービスプロバイダーはユーザーからその身元に関する情報（自然人であれば名前、出生地、生年月日、住所）の提供を受けてこれを保管し（同条 2 項）、写真入りの公的な身分証明書などによってその情報を確認した後にユーザーのアカウントを有効にする（同条 3 項）。

　認定サービスプロバイダーは、送信者の申請によってメッセージの送信を証明するが、その証明には、①送信者と受信者の De-Mail アドレス、②送信者の De-Mail 私書箱（メールボックス）からメッセージが送信された日時、③送信証明をした認定サービスプロバイダーの姓と名前又は会社名、④メッセージの証明のためのチェックサム（Prüfsumme）の 4 つの情報を含んでいなければならない（同法 5 条 7 項）。

　送信者の申請によって受信者の De-Mail 私書箱（メールボックス）へのメッセージの送達が証明されるが、この場合は、送信者の認定サービスプロバイダーと受信者の認定サービスプロバイダーが連携して作業する。受信者の認定サービスプロバイダーは、送達証明を作成するが、送達証明には、①送信者と受信者の De-Mail アドレス、②受信者の De-Mail 私書箱（メールボックス）にメッセージが到達した日時、③送達証明をした認定サービスプロバイダーの姓と名前又は会社名、④メッセージの証明のためのチェックサムの 4 つの情報を含んでいなければならない。受信者の認定サービスプロバイダーは、送達証明に適格電子署名を付さなければならず、受信者にも送達証明を送信する。（以上、同条 8 項）

［Punkt2］適格電子署名について

　ドイツ民訴法 130a 条も、De-Mail 法も、適格電子署名（qualifizierte elektronische Signatur）を求める箇所があるが、適格電子署名については、署名法（Signaturgesetz〈Gesetz über Rahmenbedingungen für elektronische Signaturen〉）に定められている。

54　第 3 章　IT 化先行国の実状

　同法 2 条には同法で使用される用語の定義が定められており、それによると、①電子署名とは、他の電子データに添付され又は論理的にリンクされ、そして、真正であることの証明に使用される電子形式のデータを意味し、②進歩した電子署名（fortgeschrittene elektronische Signaturen）とは、(i)専ら署名鍵（Signaturschlüssel）の保持者にのみ割り当てられ、(ii)署名鍵の保持者の同定を可能にし、(iii)電子鍵の保持者が単独の管理下に置くことができる方法で作成され、(iv)後からのデータの変更が見分けられるように、関連するデータとリンクされた上記①の電子署名を意味し、③適格電子署名とは、(i)その生成の時点で、有効な資格証明書に基づいており、(ii)安全な署名作成ユニット（Signaturerstellungseinheit）によって作成された上記②の進歩した電子署名を意味するとされている。そして、署名鍵とは、秘密の（private）暗号鍵（kryptographische Schlüssel）のような一度きりの電子データを意味し、署名検証鍵（Signaturprüfschlüssel）とは、電子署名を検証するために使用される公開された暗号鍵のような電子データを意味するとしている。

　署名法で定められた適格電子署名の使用は、上記のように民訴法に定められているだけでなく、民法など他の法律でも定められている。

　例えば、民法 126a 条は、次のように定めている。

● 126a 条　電子形式

　(1)　法律に定められた文書形式を電子形式に置き換えるときは、その意思表示をした者は、電子書面にその名前を付記し、適格電子署名を付さなければならない。

　(2)　契約の場合は、両当事者は、契約の都度、1 項に規定された方法で類似の文書に電子署名をしなければならない。

（イ）　e 送達

● 174 条　受領書又は自動的な送達通知と引換えの送達

　(1)　文書は、弁護士、公証人、執行官、税理士又はその職業によって高い信頼性が付与されている他の人物、官庁、公共団体または公共機関に対して受領書と引換えに送達することができる。

　(2)　第 1 項に規定する文書は、ファクシミリでも送達することができる。その送信（Übermittlung）は、「受領書と引換えの送達」という指摘をして、受取

人の名前及び住所並びに文書を送信した法務職員の名前を明らかにしてしなければならない。

(3) 1項で言及した者に対しては、電子文書を送信することができる。電子文書の送信に明示的に同意した他の手続関係者も同様である。文書は、130a条4項で定義されている安全な送信ルートで送信され、第三者による不正アクセスから保護されなければならない。1項で言及した者は、電子文書の送達のための安全な送信ルートを開かなければならない。

(4) 1項及び2項による送達証明のために、受取人の日付及び署名が付された受領書が裁判所に返送されるものとする。受領書は、書面で、ファクシミリで、または電子文書として返送することができる（130a条）。3項に規定する送達は、電子受領書によって証明されるものとする。電子受領書は、構造化された機械可読形式で送信されなければならない。これについては、裁判所が送達のために提供する構造化レコードを使用しなければならない。

【ForschungNr.29】

［Punkt］電子文書の送達

ドイツでは、弁護士等に対しては郵便だけでなく、ファクシミリを用いた受領書と引換えの送達が行われてきた（本条1、2項）が、これを電子文書の送達にまで広げたのが3項、4項である。弁護士等は、130a条4項で規定されているDe-Mailなどの安全な送信ルートを開いたうえで、電子文書の送達を受けることになる。そして、前記のとおり、De-Mailの場合は、その送達証明は、認定サービスプロバイダーなどから送信されることになる。

日本の民訴法にも、準備書面や書証の写し等の提出については、当事者間の直送の規定があり（規則83条、137条2項等）、直送された場合は、これを受領した相手方は受領書を直送者と裁判所に提出しなければならないとされている（規則47条5項）が、送付文書についての規定であり、送達を要する文書については、本条1、2項のような受領書と引換えによる郵便（ファクシミリ）送達の規定はない。電子文書の送達を検討する場合は、送達を要する文書についても、受領書と引換えの送達や当事者間送達（直送）の導入の是非について検討する必要が生じると思われる。De-Mailなどを利用した受領書と引換えの電子文書の送達は、確実性、信頼性が高く、判決の送達など、確実な送達が求めら

56　第3章　IT化先行国の実状

れているものに適しており、しかも、弁護士などの専門職や官公庁だけでなく一般市民にも広がるものなので、日本でもIT化社会が進展して、多くの人がDe-Mailアカウントのようなものを持つ時代になれば、本条の規律は参考となろう。

　㈡　e記録

● a　298条　記録の印刷

　298条は、電子文書から紙の記録を印刷する場合の規律を定めたものであり、①記録が紙形式で保管されている場合は、電子文書から記録を印刷する必要があるが、準備書面の添付書類でこれを行うことができない場合、または過度の出費を必要とする場合は、印刷を省略することができる、②この場合、データは保管を継続する必要があり、その記憶場所は記録されなければならない、③電子文書が安全な送信ルートによって提出された場合は、これを記録しなければならない、④電子文書に適格電子署名が付されているが、安全な送信ルートによって提出されない場合には、その印刷には、署名検査は誰を署名の保持者として証明したかなどの記載が含まれていなければならない、⑤提出された電子文書は、6ヶ月経過すると消去されうるなどと定めている。

【ForschungNr.30】

[Punkt]　紙記録から電子記録への移行手続

　紙記録から電子記録への移行の問題は、日本でも起きることであり、移行期における取扱いはとても難しい。電子文書による書面の提出を先行させながら記録は紙のままという時期を作ると、この条文のようなものが必要になるであろう。

● b　298a条　電子記録／命令権限

　298a条は、電子記録とその実施に関する連邦政府と州政府の命令権限等について定めたものであり、①訴訟記録は電子的に処理することができる、②連邦政府と州政府は、その領域において、法規命令によって、電子記録を処理する時点を決定し、電子記録の作成、処理、保管のために適用可能な組織的・技術的枠組み条件（organisatorisch-technischen Rahmenbedingungen）を決定する、③電子記録の許可は、個々の裁判所又は手続に限定することができる（以上1項）、④訴訟記録は、2026年1月1日から電子的に処理される、⑤連邦政府と

州政府は、それぞれ、その領域において、法規命令で、アクセシビリティの要求が守られることも含む電子記録の作成、処理、保管のための組織的かつ技術水準に適合した技術的枠組み条件を決定する、⑥連邦政府と州政府は、それぞれ、その領域において、法規命令により、紙形式で作成された記録が紙形式での処理を継続されることを決定することができる（以上1a項）、⑦訴訟記録が電子的に処理される場合は、紙形式で提出された文書その他の書類は、技術水準に従い、原本から電子文書に転記されなければならない、⑧電子文書には、転記に使用された方法と視覚的・内容的一致とを明記した転記証明が付されなければならない、⑨紙形式で提出された文書その他の書類は、返還義務を負わない限り、提出から6ヶ月経過すると破棄されうる（以上2項）などと定められている。

【ForschungNr.31】

［Punkt］段階的電子化移行

　この条文は、記録の電子化、少なくとも連邦制を採用しているドイツにおける記録の電子化が容易なものではないことを示しているものといえよう。ドイツでは、高裁までの下級審は州の裁判所であり、基本的にその運営は州に委ねられているので、民事訴訟のIT化についても、置かれた状況は、アメリカほどではないとしても、州によってかなり違いがあるのではないかと思われる。

　日本の場合は、統一的にIT化を進めることができるだけ、ドイツに比べてやりやすい面があると思われる。そうはいっても、この条文が示しているような特定の裁判所、特定の手続での先行実施という選択肢も検討しておく必要はあろう。

● c　299条　記録の閲覧、謄本

　⑴　当事者は、訴訟記録を閲覧し、裁判所の事務課を通じて、その正本、抄本、謄本の交付を受けることができる。

　⑵　第三者については、裁判所の長は、法的利益が疎明された場合にのみ、当事者の同意なしに記録を閲覧することを許可することができる。

　⑶　訴訟記録が電子的に処理されている場合には、裁判所の事務課は、記録の内容へのアクセス（データの呼出し）による閲覧を許可する。特別な申立てがあれば、事務室内で記録の閲覧をすることが許可される。印刷（プリントア

ウト）された記録又は記録の内容を含む記憶媒体は、申立人が正当な（berechtigt）利益を説明した場合にのみ、特に理由を付した申立てに基づき、送付される。1文に定められている形式の記録閲覧が重大な理由に基づく場合、2文及び3文に定められている形式の記録閲覧も、申立てなく許可されうる。3文に基づいた申立てに対する裁判は不服申立てできない。

　(4)　判決、決定及び命令の草案、その準備のために配られた作業物や評決に関連する書類は、提示も写しの提供もされない。

【ForschungNr.32】

［Punkt］電子記録の閲覧と複写（ダウンロード）

　Thomas/Putzo "ZPO"（39. Auflage, 2018, C.H.BECK）619 〜 620 頁には、①記録が電子化されている場合には、記録の閲覧は、通常は、公共の電気通信ネットワーク（特にインターネット）を介した安全な接続を利用したデータへのアクセス（データの呼出し）によって提供されることになる、②この場合、電子記録のフォーマット以外のフォーマットでの記録の提供も可能で、その際は、データへのアクセス（データの呼出し）はデータパケットをダウンロードすることを含む、③申立てがあれば、データの呼出しによる記録の内容の提供に代えて、事務室で、適切に装備された裁判所の閲覧端末などを介して、電子記録の電子的閲覧をすることもできる、④印刷（プリントアウト）された記録と記憶媒体の送付は、別の形式による記録の閲覧であり、正当な利益（申立人が技術的に電子文書を複製することができず、複製のために事務室を訪れるのも無理であるなど）を明らかにした申立てによってのみ行われるなどの記述がされている。

　民事訴訟が IT 化された場合、記録の閲覧・謄写をどのように規律するかは困難な問題であることはこれまでも記述してきたところであるが、日本の民訴法と基礎を同じくするドイツ民訴法の記録の閲覧、謄本に関する定めは、日本における e-Filing を検討するにあたっても参考となろう。この条文の規定も含めて、電子記録の閲覧・謄写の問題については後記**第 5 章 2 エ(エ)**及び後記**第 6 章 3 (3)ク**で検討している。

　(エ)　その他の e-Filing に関する条文

● a　130b 条、130c 条、299a 条

130b 条は、裁判所の電子文書について定めたもので、民訴法が裁判官等の裁判所職員に自筆の署名を求めているものについては、責任者が文書の末尾に氏名を付記し、適格電子署名を付せば、電子文書の記録として十分であるなどと規定しており、130c 条は、連邦司法・消費者保護省が連邦参議院の同意を得て、法規命令で電子書式（elektronische Formulare）を導入することができるとしたうえで、法規命令で定められる電子書式の内容等についても規定している。299a 条は、紙の記録から電子記録への転記が正しく行われたときは、記録の正本、抄本、謄本は、画像又は記憶媒体から付与することができるなどと規定している。

● b　371a 条、416a 条

371a 条は、電子文書の証明力（Beweiskraft）について定めたもので、①適格電子署名の付された私人の電子文書、② De-Mail によって送信された電子メッセージ、③官公庁が職務権限内で作成した電子文書などについて、強い証明力を認めている。416a 条は、上記③の電子文書の印刷物について認証された公文書謄本と同じ証明力を認めるものである。

(3)　裁判の IT 化に関係する論文等

米丸恒治「ドイツにおける裁判手続の電子化」（判タ 1127-66〔2003（平成15）年〕）は、1999（平成 11）年のハンブルク財政裁判所（Finanzgericht）での実証実験以来のドイツにおける訴訟 IT 化の経緯を詳細に記述している。その中では、電子署名法制や電子的送達が整備された経緯や、2001（平成 13）年に開始された連邦通常裁判所（Bundesgerichtshof;BGH）における裁判所と当事者（弁護士）間の電子的な文書交換の試行プロジェクトについても触れられており、同プロジェクトでは、データ交換に XML 技術が用いられ、電子メールの送受信による文書提出だけでなく、BGH の用意したウェブページへのアップロード方式による文書提出も認められているとされている。また、同「ドイツDe-Mail サービス法の概要と EU への波及――安全で信頼性ある次世代通信基盤法制に向かう独欧――」（日本データ通信 190-18〔2013（平成 25）年〕）では、De-Mail について詳しい説明がされている。さらに、同「ドイツにおける電子証拠の取扱い」（町村泰貴＝白井幸夫編『電子証拠の理論と実務　収集・保全・立証』75〔2016（平成 28）年、民事法研究会〕）では、電子署名法や適格電子署名

60 第3章 IT化先行国の実状

について詳しい説明がされている。

　論文等J977頁以下にも、テレビ会議による遠隔裁判を含むドイツにおける民事訴訟のIT化の経緯が記載されており、PINコードとICカードの組み合わせによる電子署名（適格電子署名）が行われているとされていることは先に記述したとおりである。

3　韓国

　韓国の民訴法は、日本の民訴法と同じくドイツ民訴法を母法とするものなので、韓国六法編集委員会編集『現行韓国六法』（加除式、平成30年1月10日現在、ぎょうせい。以下単に「現行韓国六法」という）に記載されている韓国民訴法を見ても、その内容は日本の民訴法とよく似ている。その韓国においては、早くから民事訴訟のIT化が実現しているということであり、その内容を知ることは、日本における民事訴訟のIT化を検討するうえで欠かすことができない。

⑴　韓国の電子訴訟の内容

ア　IT化検討会における説明

　IT化検討会における平岡敦委員からの説明（その資料はインターネットで公表されている）によると、①e-Filingの対象は、2010年から特許法院（審決取消訴訟のみ）、2011年から民事通常事件、2013年から家事事件・行政事件、2014年から破産・再生事件、2015年から執行事件・非訟事件と次第に拡大されてきた、②e-Filingの方法は、書面（Word、アレアハングル、PDF）や証拠（PDF、JPG等）を裁判所サイトにアップロードする方法による、③e-Courtについては、(i)電子機器を備えた「テクノロジーコート」という趣旨のe-Courtは、韓国内の各裁判所の一部法廷に設置されており、(ii)ネットワーク経由のテレビ会議等で期日参加するという趣旨のe-Courtについては、映像による遠隔裁判に関する特例法（1995年制定）があるが、利用率は低い、④e-Case Managementについては、ポータルサイト形式で自分が関連する事件の情報（提起した事件の一覧・各事件の進行状況・自分に送達された文書の一覧・お知らせサービス・事件の検索・その他お知らせ）を確認することができ、書面の提出期限等のアラートを受け取ることもできる、⑤電子訴訟導入の効果については、法律新聞（韓

国）2015年12月28日号によれば、電子訴訟率は約60%であり、訴状受付から第1回口頭弁論までの所要期間が短縮し、上訴率も低下したという文献もあり、裁判官及び弁護士の主観的意見は、非常に便利になった、口頭弁論が実質化されたというものである、⑥電子訴訟は、同意がない限り強制されないのが原則であるが、政府・地方自治体は強制される、⑦一方が電子訴訟、他方が紙訴訟の場合、裁判所がデジタル化作業を行い、電子訴訟を行う、⑧公認認証書によるログインや文書認証によってなりすましや改ざんに対する対策を行い、多重防御・暗号化によって外部からの攻撃防御を行っているということであった。

【ForschungNr.33】

[Punkt] 本人訴訟の取扱い

この説明によると、韓国のIT化の方法は、本人訴訟の本人には電子訴訟が強制されていないことも含めて、基本的にアメリカにおけるIT化の方法と同一であるが、アメリカにおいては電子署名を求めない方向でIT化が進んだが（論文等P、論文等J参照）、韓国においては公認認証書を備えた電子署名を求める方向でIT化が進んだことが分かる。この点は、ドイツと方向性を同じくするといってよい。一方が電子訴訟、他方が紙訴訟の場合に裁判所がデジタル化作業を行うことによって電子訴訟を行っていても、電子訴訟率が約60%ということは、本人訴訟の多い日本（地裁事件の半数以上が少なくとも一方は本人訴訟）における電子訴訟化が容易ではないことをうかがわせるものである。AIやロボット技術を活用して、誰でも簡単に紙の訴訟資料を電子化し、自動的に裁判所のコンピュータにアップロードできるシステムが構築されないと、紙訴訟から電子訴訟への移行はいつまでも人力に頼ることになろう。

イ　論文等による紹介

論文等W：新阜直茂「韓国におけるe裁判の実施状況について」（NIBEN Frontier 2015（5）−30〔2015（平成27）年〕）は、比較的最近の韓国における電子訴訟の実状を伝えるものであり、それによると、多くはアの説明と重なるが、より詳細な部分もあるので、参考になる。具体的には、まず、訴え提起段階の手続について、①e裁判システムを利用するにはユーザー登録をする必要がある（電子訴訟サイトを通じて電子的に行うことができる）が、そのためには、日

62 第3章 IT化先行国の実状

本の電子証明書のような公認認証書が必要とされる、②公認認証書は電子ファイルとして発行され、利用者はハードディスクやUSBメモリに保存し、独自にパスワードを設定する、③訴状を提出するためには、e裁判システムの提供するフォーマットに従って、事件名、当事者・代理人等のほか、請求の趣旨・原因等を入力するが、これについては、e裁判システムに設けられた入力画面に直接入力する方法と、ワープロなどで作成した文書ファイルを登録する方法がある、④そのいずれの方法による場合も、正式に提出される段階で、システム上でPDFファイルに変換される、⑤書証はスキャナー等で電子化してアップロードする、⑥訴状委任状は、書証と同様に、スキャナー等で電子化したものを提出する、⑦最終的に訴状や証拠書類等を提出するためには、これらの文書ファイルに提出者である代理人（本人訴訟の場合には本人）の公認認証書による認証処理を行う、⑧訴訟費用は、振込、クレジットカードなどにより電子的に納付することができる、⑨訴状の送達は、電子的方法で行うことができる場合（被告が事前包括同意をしている場合や、国等の同意義務者が被告となる場合）以外は、裁判所が訴状をプリントアウトし、紙による送達がされる、⑩訴訟係属後の送達については、電子訴訟に同意した当事者には、電子的方法により行われ、その場合は、あらかじめ登録したメールアドレス等に通知が届き、e裁判システムにアクセスして記録を閲覧することにより完了し、受領書の返信は不要である、⑪当該通知がされてから1週間が経つと、記録を閲覧しなくても、送達がされたものとみなされるなどと記載されている。

　次に、訴え提起後の訴訟進行について、①答弁書や準備書面、書証等の文書はe裁判システムに登録しなければ提出の効力が生じない、②e裁判システムに登録された文書は、裁判官及び当事者・代理人が自由に閲覧することができる、③電子記録にはそのユーザーにしか見えない付せんやメモ等を付けることもできる、④記録の閲覧は365日24時間可能であり、閲覧及びプリントアウトはいずれも無料である、⑤電子記録は、事件の終了後も永久保存される、⑥口頭弁論法廷には裁判官・当事者毎にパソコンが設置されており、そのパソコンでe裁判システムに登録された記録を閲覧しながら弁論を行う、⑦判決文も、訴状や準備書面と同様に、電子ファイルとして作成され、裁判官による電子認証がされたファイルが判決文の原本となる、⑧判決文はe裁判システムに

登録され、当事者及び代理人は、自由に判決を閲覧できるが、当事者以外の一般国民を対象とした判決公開システムは、e 裁判システムとは別のシステムであるなどと記載されている。

なお、この論文と同じ著者による新しい論文（新皐直茂「韓国における裁判手続等の IT 化の実情について」〔自正 69 (11) 26〔2018（平成 30）年〕）には、2016（平成 28）年の電子訴訟率が 65.9%であることや、インターネット回線を使用した Web 会議が実施されていないことも記載されている。

【ForschungNr.34】

[Punkt1] 提出書面の PDF 化について

この論文で指摘されている、訴状は、e 裁判システムに設けられた入力画面に直接入力しても、ワープロなどで作成した文書ファイルを登録しても、正式に提出される段階で、システム上で PDF ファイルに変換されるという訴状の作成方法は、アメリカで行われている書面の提出方法と同様であり（論文等 F、P、R）、使用する電子ファイルは PDF ファイルが最も優れているというレクシスネクシス社の指摘（論文等 R）とも一致する。なお、この PDF ファイルは、アメリカやヨーロッパにおいて特許の電子出願に用いられているテキストベースのもの（画像としてのスキャンファイルではなく、ファイルに含まれるテキスト及びイメージが読み取り可能な形式。後記【ForschungNr.46】[Punkt] 参照）ではないかと考えられる。

[Punkt2] 記録の閲覧について

当事者・代理人は、365 日 24 時間、インターネットによる記録の閲覧が可能であり、閲覧及びプリントアウトはいずれも無料という取扱いは、日本においても十分考えられることである。IT 化検討会で議論されていたように、インターネットで記録を閲覧した場合、その保存を防ぐことは困難だとすると、当事者・代理人にオンラインによる記録の閲覧を認める限り、無料でプリントアウトすることも認めることになるのではないかと考えられるからである。

⑵ IT 化に関係する韓国民訴法の内容

現行韓国六法によると、韓国民訴法の IT 化に関係する規定としては、次のような条文がある。

64　第 3 章　IT 化先行国の実状

ア　訴訟記録の閲覧等

　記録が電子化された後の記録の閲覧・謄写の方法については、後記(3)エ記載のとおり、民事訴訟等における電子文書等に関する規則（大法院規則）に定められているが、その規定は、民訴法の記録の閲覧等の規定を引用しているので、インターネットによる判決の閲覧等について定めた 163 条の 2 だけでなく、記録の閲覧等について定めた一般規定である 162 条、163 条も掲げておく。

● 　162 条（訴訟記録の閲覧及び証明書の交付請求）

　(1)　当事者又は利害関係を疎明した第三者は、大法院規則が定めるところにより、訴訟記録の閲覧・複写、裁判書・調書の正本・謄本・抄本の交付又は訴訟に関する事項の証明書の交付を法院事務官等に申し立てることができる。

　(2)　何人も権利救済・学術研究又は公益目的で大法院規則で定めるところにより裁判所事務官等に裁判が確定した訴訟記録の閲覧を申請することができる。ただし、公開を禁止した弁論に関連する訴訟記録に対しては、この限りではない。

　(3)　裁判所は、前項の規定による閲覧申請時、当該訴訟関係人が同意しない場合には、閲覧させてはならない。この場合、当該訴訟関係人の範囲及び同意等に関して必要な事項は、大法院規則で定める。

　(4)　訴訟記録を閲覧・複写した者は、閲覧・複写によって知ることになった事項を利用して公共の秩序若しくは善良な風俗を害し、又は関係者の名誉若しくは生活の平穏を害する行為をしてはならない。

　(5)　第 1 項及び第 2 項の申請に対しては、大法院規則が定める手数料を支払わなければならない。

　(6)　裁判書・調書の正本・謄本・抄本には、その趣旨を記載し、法院事務官等が記名捺印又は署名しなければならない。

● 　163 条（秘密保護のための閲覧等の制限）

　(1)　次の各号のいずれかに該当するという疎明がある場合には、法院は、当事者の申立てにより決定で訴訟記録のうち秘密が記載されている部分の閲覧、複写、及び裁判書、調書のうち秘密が記載されている部分の正本、謄本、抄本の交付（以下「秘密記載部分の閲覧等」という。）を申し立てることができる者を当事者に限定することができる。

一　訴訟記録のうちに当事者の私生活に関する重大な秘密が記載されており、第三者に秘密記載部分の閲覧等を許すときは、当事者の社会生活に重大な支障を及ぼすおそれがあるとき。

二　訴訟記録中に当事者が有する営業秘密（不正競争防止法及び営業秘密保護に関する法律第2条第2号に規定された営業秘密をいう。）が記載されているとき。

(2)　前項の申立てがある場合には、その申立てに関する裁判が確定するまで第三者は、秘密記載部分の閲覧等を申し立てることができない。

(3)　訴訟記録を保管している法院は、利害関係を疎明した第三者の申立てにより第1項各号の事由が存在せず、又は消滅したことを理由として第1項の決定を取り消すことができる。

(4)　第1項の申立てを棄却した決定又は前項の申立てに関する決定に対しては、即時抗告をすることができる。

(5)　第3項の取消決定は、確定しなければ効力を有しない。

● 　163条の2（確定判決の閲覧・複写）

(1)　何人も判決が確定した事件の判決書をインターネットその他の電算情報処理システムを通した電子的方法等で閲覧及び複写することができる。ただし弁論の公開を禁止した事件の判決書であって大法院規則で定める場合には閲覧及び複写を全部又は一部制限することができる。

(2)　法務事務官等その他の法院公務員は前項の規定による閲覧及び複写に先立ち判決書に記載された姓名等個人情報が公開されないように大法院規則で定める保護措置を執らなければならない。

(3)　前項の規定による個人情報保護措置を執った法院事務官等その他の公務員は、故意又は重大な過失によるものでない限り、第1項の規定による閲覧及び複写と関連して民事上・刑事上責任を負わない。

(4)　第1項の閲覧及び複写には、第162条第4項・第5項及び第163条の規定を準用する。

(5)　判決書の閲覧及び複写の方法及び手順、個人情報保護措置の方法及び手続、その他必要な事項は、大法院規則で定める。

　イ　e-Court

● 　327条の2（ビデオ等中継装置による証人尋問）

66   第3章 IT化先行国の実状

(1)　法院は、次の各号のいずれかに該当する者を証人として尋問する場合、相当であると認めるときは、当事者の意見を聞いてビデオ等中継装置による中継施設を通じて尋問することができる。

一　証人が遠く離れた場所若しくは交通が不便な場所に住み、又はその者の事情により法廷に直接出席が困難である場合

二　証人が年齢、心身状態、当事者又は法定代理人との関係、尋問事項の内容、その他の事情により法廷で当事者と対面して陳述するときは心理的な負担で精神の平穏を顕著に失うおそれがある場合

(2)　前項の規定による証人尋問は、証人が法廷に出席して行った証人尋問とみなす。

(3)　第1項の規定による証人尋問の手続及び方法、その他必要な事項は、大法院規則で定める。

● 　339条の3（ビデオ等中継装置等による鑑定人尋問）

(1)　法院は、次の各号のいずれかに該当する者を鑑定人として尋問する場合、相当であると認めるときは、当事者の意見を聞き、ビデオ等中継装置による中継施設を通じて尋問し、又はインターネット画像装置を利用して尋問することができる。

一　鑑定人が法廷に直接出席することが困難な特別の事情がある場合

二　鑑定人が外国に居住する場合

(2)　前項の規定による鑑定人尋問に関しては、第327条の2第2項及び第3項の規定を準用する。

【ForschungNr.35】
［Punkt］確定判決のインターネット公開

　上記のとおり、韓国では、IT化によって、確定判決は、弁論公開禁止事件を除き、個人情報の保護措置を執ったうえで、一般国民がインターネットで閲覧・複写できる規律になっているが、日本でも、原則として、確定判決はすべてインターネットで公開してほしいという要望があり、IT化検討会でもそのような指摘があった。記録の閲覧・謄写の問題と連動する問題であり、韓国の運用は参考になろう。

　e-Courtについては、日本の現行民訴法のテレビ会議による尋問の規定と同

様なものである（後記第5章1⑵エ、⑷イ(イ)、オ参照）が、外国に居住する鑑定人に対してビデオ等中継装置による尋問が可能であることが明記されていることは注目に値する。日本でも、e-Court を広げるに当たっては、外国に居住する証人・本人の尋問、鑑定人の質問を可能とする条文を置くことを検討する必要があろう。

なお、前記 (1) ア記載のとおり、IT 化検討会における平岡委員の説明では、映像による遠隔裁判に関する特例法が存在するようであるが、その内容は確認できていない。

⑶　民事訴訟等における電子文書利用等に関する法律・規則

前記のとおり、ドイツでは、民事訴訟の IT 化に関する規定は、基本的に民訴法に定められているが、韓国では、民訴法に規定されているのは、上記⑵記載のとおり、主として e-Court に関係する部分であり、e-Filing に関する部分は、民事訴訟等における電子文書等に関する法律と同規則（大法院規則）において他の手続の IT 化とともに民訴法の IT 化が定められているようである。

金炳学『大韓民国民事訴訟等における電子文書利用等に関する法律・規則邦語試訳』（福島大学行政社会学会 27 (1) 111〔2014（平成 26）年〕）にその訳文が掲載されており、とても参考になる。そこで、IT 化検討会での議論などから、重要だと考えられる規定を概観しておく。

ア　電子的な送達・通知（法 11 条、規則 25 条、26 条）

法 11 条は、電子的送達又は通知の規定であり、同条 1 項は、電子情報システムによって電子的に送達し又は通知をすることができる者は、①あらかじめ電算情報処理システムを利用した民事訴訟等の進行に同意した登録使用者として大法院規則が定める者、②電子文書を出力した書面又はその他の書類の送達を受けた後、登録使用者として電算情報処理システムを利用した民事訴訟等の進行に同意した者、③登録使用者が、国家、地方自治体、その他これに準ずるものとして大法院規則が定める者としている。このうち、③については、規則 25 条 1 項で、国家、地方自治体、行政事件・特許事件と関連した行政庁、家事事件・非訟事件と関連した検事、家事事件と関連した地方自治体の長、「公共機関の運営に関する法律」により指定された公共機関及び「地方公企業法」により設立された地方公社のうち法院行政處長が指定して電子訴訟ホームペー

68 第3章 IT化先行国の実状

ジに公告した機関と定め、同2項で、それらの者はあらかじめ電子的送達又は通知を受けられるように使用者登録をしなければならないと定め、同3項で、使用者登録をしなかった1項各号の者を相手に訴えが提起された場合には、裁判長等は使用者登録をすることを命じることができると定めている。

法11条2項は、①訴訟代理人がいる場合には、1項の送達又は通知は、訴訟代理人に行わなければならないと定め、②同3項・4項は、1項による送達は、法院事務官等が送達する電子文書を電算情報処理システムに登載して、その事実を送達を受ける者に電子的に通知する方法で行い（3項）、送達を受ける者が登載された電子文書を確認したときに送達されたものと看做すが、その登載事実を通知した日から1週間以内に確認しないときには、登載事実を通知した日から1週間が過ぎた日に送達されたものと看做す（4項）と定め、③5項は、電算情報処理システムの障害によって送達を受ける者が電子文書を確認することができない期間は、4項ただし書の期間に算入しない、この場合には、電子文書を確認することができない期間の計算は、大法院規則が定めるところに従うと定めている。

そして、規則26条は、①上記の電子文書登載事実の通知は、登録使用者が電子訴訟システムに入力した電子メールアドレスに電子メールを送って、携帯電話番号で文字メッセージを送る方法で行うが、文字メッセージは登録使用者の要請により送らないこともある（1項）、②①の通知は、電子メールが電子メールアドレスに転送されたとき又は文字メッセージが携帯電話番号に転送されたときに効力が生じる（2項）、③登録使用者が責任を負うことはできない事由によって、電子訴訟システムに登載された電子文書を法11条4項の期間中に確認することができない場合には、民訴法173条により怠った訴訟行為を補完することができる（3項）、④①の通知を受けた登録使用者は、電子訴訟システムに接続して登載された電子文書を確認又は出力することができる（4項）、⑤電子訴訟システムを利用して、送達した電子文書正本によって出力した書面は、正本の効力を有する（5項）などの定めを置いている。

【ForschungNr.36】

IT化検討会でも、この韓国の方式（システムへのアップロードとメールによるその通知）による送達を念頭に置いて、通知の確実性の問題が議論されていた

ので、日本における IT 化にあたっては、上記規則 26 条のような規律を採用することも検討の対象となろう。

　イ　電子文書による弁論（規則 30 条）

　規則 30 条は、電子文書による弁論等の方法について、①訴状、答弁書、準備書面その他これに準ずる書類が、電子文書で登載されている場合には、それによる弁論は当事者が言葉で重要な事実上又は法律上の事項に対し陳述し又は法院が当事者に言葉で該当事項を確認する方式で行う（1 項）、②①による弁論は、コンピュータ等情報処理能力を備えた装置によって、電子文書を現出した画面で、必要な事項を指摘しながら行うことができる（2 項）、③規則 13 条によって提出されたマルチメディア方式の資料による弁論は、①の方式とともにコンピュータ等情報処理能力を備えた装置によって再生する音声又は映像のうち必要な部分を聴取又は視聴する方法で行う（3 項）、④弁論準備期日において、当事者が弁論の準備に必要な主張と証拠を整理する場合、弁論期日において弁論準備期日の結果を陳述する場合又は控訴審において 1 審弁論結果を陳述する場合に、①～③を準用する（4 項）と定めている。

　③の規則 13 条は、①登録使用者は、主張又は攻撃防御方法に関する音声・映像等、マルチメディア方式の資料を電子訴訟システムを利用して、提出することができ、このときは、民事訴訟規則 69 条の 3 が定める適当な時期に、電子訴訟ホームページで要求する方式により提出するものとし、該当資料の主要内容、提出趣旨及び容量を明らかにしなければならない（1 項）、②①のマルチメディア資料は、裁判長等が許可した場合にのみ、電子記録に編入し又は期日において陳述することができる（2 項）、③②の許可を受けたマルチメディア資料は、相手方に相当すると認められる方法で送達することができ、法院は、このためにマルチメディア資料を提出した者に該当資料を磁気ディスク等に入れて、提出し又はその出力物を提出させることができる（3 項）などと定めている（さらに 4 項、5 項がある）。

【ForschungNr.37】

［Punkt］準備書面中の音声・画像・映像データ

　記録が電子化されれば、モニターに映し出された記録を確認しながら弁論を行うことになるのは当然のこととともいえるが、上記規則 30 条のような基本的

70 第3章 IT化先行国の実状

な規定は必要かもしれない。また、マルチメディア資料については、現在でも証拠としては提出されているが、記録が電子化され、準備書面の内容の一部として添付されるようになれば（前記のとおり、論文等 M-1 は、テキスト・音声・画像・映像等の情報を複合的に関連させた訴訟資料・訴訟記録を提言している）、上記規則 13 条のように、その方式や容量について一定の規律は必要になるかもしれない。

　ウ　電子文書（文字情報）に対する証拠調べ（法 13 条、規則 32 条）

　音声や映像の証拠調べは、日本でも準文書の証拠調べとして行われていて、特に問題は生じていないが、問題は文字情報が電子化された場合の証拠調べをどうするかということである。

　これについて、法 13 条 1 項 1 号は、文字、その他の記号、図面・写真等に関する情報に対する証拠調べは電子文書をモニター、スクリーン等を利用して閲覧する方法で行うことができると定め、規則 32 条は、①文字等情報に該当する電子文書に対する証拠調べは、法 13 条 1 項 1 号の方法以外に必要がある場合には、職権又は当事者の申請により、検証又は鑑定人方法で行うことができる、②電子文書に変換して提出された証拠に対して、原本の存在又は内容に対して異議があるときには、原本を閲覧する方法による、③コンピュータ等情報処理能力を備えた装置を利用して、証拠調べをすることが困難な事由があるときには、その出力文書で証拠調べをすることができる、このときには民訴規則 120 条 2 項を準用すると定めている。

【ForschungNr.38】

[Punkt] 書証の原本提出主義の見直し

　e-Filing になれば、書証は電子化して提出されるので、基本的には原本ではなく、写しの性質を有するものが提出されることになる。法 13 条 1 項 1 号は、それをモニター、スクリーン等を利用して閲覧することを書証の取調べと認めるものである。日本の民訴法・民訴規則は、書証について、原本提出主義を採っており（法 219 条、規則 143 条 1 項）、その取調べは、その閲読によって行われる（秋山ほか・コンメンタールIV 360 頁以下参照）が、日本でも e-Court とともに e-Filing が実現すれば、この規定のように、電子化された写しの提出をもって書証の提出と認め、モニター等によるその閲読をもって書証の取調べと

認めることになろう。

原本の存在、成立が争われた場合は、当事者が現実に法廷に出頭していると
きは上記規則に定められているように原本を確認することになろうが、双方当
事者が Web 会議で参加する e-Court で手続が行われているときはどうするかは
問題である。当事者が現実に法廷に出頭する手続を実施してこれを確認する前
に、ひとまず書画カメラで原本確認をするという方法もあるかもしれない。

エ　電子記録の閲覧等（規則 38 条）

電子記録の閲覧、謄写については、規則 38 条に論文等 U に記載されている
ような定めがあり、①電子訴訟の同意をした当事者、訴訟代理人等が民訴法
162 条 1 項により電子記録を閲覧、出力又は複製する場合には、電子訴訟シス
テムに接続した後、電子訴訟ホームページでその内容を確認して、これを書面
で出力し又は該当事項を自身の磁気ディスク等にダウンロードする方式で行う
（規則 38 条 1 項）、②民訴法 162 条により民事訴訟等の電子記録を閲覧しようと
する者が、法院に出席して当該事件の電子記録閲覧を申請したときには、法院
事務官等は、法院に置かれたコンピュータ端末機を利用して、該当内容を閲覧
するようにすることができ、この場合、当事者又は利害関係を疎明した第三者
の申請により、該当事項を複製させ出力した書面を交付することもできる（同
条 2 項）などと規定されている（同条は 5 項まである）。

4　シンガポール

シンガポールは早くから裁判の IT 化が進んだ国として有名で、IT 化検討会
でも、杉本純子委員からシンガポールの裁判手続等の IT 化について説明が
あったし、シンガポールの最高裁判事から直接説明をうかがう機会もあった。

(1) IT 化検討会における説明

IT 化検討会における杉本純子委員からの説明（その資料はインターネットで
公表されている）によると、①シンガポールにおいては、1998（平成 10）年か
ら 2012（平成 24）年の間に Electronic Filing System（EFS）が、2013（平成 25）
年から Electronic Litigation System（eLit）が導入される形で裁判手続の IT 化が
進行した、② EFS によって、(i)書面の準備、申立て、受領等すべてが電子化、
(ii)記録の電子化による記録保管のための物理的なスペースの削減、(iii)EFS の

利用による裁判記録の円滑な提出、(iv) LawNet を利用した訴訟検索、(v) SMS を利用したヒアリング情報の受領、(vi)裁判官が自宅で仕事ができるようになるなどのカルチャー変化がもたらされた、③現在は、eLit が利用されており、それによって、e-Filing、e-Case Management、ビデオ会議、自動録音（Digital Transcription System:DTS）、統計データの作成が行われている、④ e 提出（e-Filing）は、(i) eLit に SingPass あるいは CorpPass を使用してログイン、(ii)申立ての内容ごとにプラットフォームに沿って必要情報を記入、(iii)相手方代理人は、事前に eLit に登録されている法律事務所一覧からプルダウンで選択、(iv)申立費用や手続費用は、申立代理人の登録銀行口座からの引落としという方法で行われ、事件ごとの手続費用が一覧で確認でき、クライアントにも報告できる、⑤ e 事件管理（e-Case Management）では、事件記録の一括管理・共有、スケジュール管理、ヒアリング期日のオンライン申込みが可能となっている、⑥ e 法廷（e-Court）は、(i)法廷での自動録音が行われ（録音データは公的裁判記録になる）、(ii)テレビ会議システムを使用したヒアリングが可能であるほか、(iii)モニター・スクリーン等が完備された IT 法廷となっており、(iv)移動式モニター装置が設置され、(v)開廷表が電子化され、(vi) SMS によるヒアリング時間の告知がされる、⑦本人訴訟については、(i)民事裁判において本人訴訟は可能であるが、裁判所は弁護士の選任を推奨している、(ii)その理由として、書面の電子的提出が挙げられている、(iii)本人訴訟で民事裁判を行う場合、書面を地方裁判所のサービス事務局に持参し、費用を負担して電子化してもらうことが可能となっている、(iv)通常、裁判になるのは紛争の最終段階である場合が多いので、弁護士が選任されないケースは稀ということであった。

【ForschungNr.39】

［Punkt］本人訴訟における電子訴訟の強制

　この説明によれば、シンガポールの IT 化の方法は、韓国と同じく、基本的にアメリカにおける IT 化の方法と同一と考えられるが、本人訴訟についても、書面の電子的提出が求められていて、費用を支払ってでも電子化しなければならない点はアメリカとは異なっているし、韓国とも異なっているようである。日本でも本人訴訟への対応をどうするかは、そのサポート態勢の整備も含めて重要な検討課題となっているが、シンガポールのように費用を支払ってでも電

子化することを求めることについては、慎重な検討が必要となろう。

(2) 論文等による紹介

論文等 X：川嶋四郎「「司法へのユビキタス・アクセス」の一潮流──シンガポール裁判所の 21 世紀──」（『民事手続における法と実践　栂善夫先生・遠藤賢治先生古稀祝賀』21〔2014（平成 26）年、成文堂〕）及び論文等 Y（報告書）：「日本弁護士連合会コンピュータ委員会　シンガポール調査報告書──シンガポールにおける電子ファイルシステム（EFS）の現状と問題点に関するレポート──（2008 年 11 月 25 日～11 月 26 日実施）」（論文等 Q と同じ日弁連ホームページで公表〔2010（平成 22）年〕）の中にも、日本で IT 化を進めるうえで参考となる指摘がある。

例えば、論文等 X には、シンガポールにおける司法の IT 化の経過、特に裁判官や弁護士等が機器に慣れるためにどのような実地練習をしてきたかが記載されており、参考になる。

これによると、e-Filing システム（内容からして EFS の時代のものと思われる）は、①ウェブ上における裁判所・法律事務所連絡システム、② VAN オペレーター・ファイリング処理システム（書面送付と費用請求のアプリケーションから成り、電子郵便局としての機能を果たす。法律事務所から受け取った電子ファイルは、宛先その他の重要な情報を確認するために開披され、その情報は、その書面を適切な又は他の受取人に送付するために用いられる。裁判費用、手続費用、期日にかかる費用処理についても用いられ、司法府に代わって、法律事務所からの費用徴収業務も取り扱う）、③サービス事務所システム（紙による書面の提出を電子的に処理して、書面の電子提出をサポートする目的で 2 つのサービス事務所が設置されている。同事務所は、提出される書面をコンピュータに取り込み、当事者の求めに応じて、それを裁判所に電子的に送る作業を行う）、④裁判所のワークフロー・システム（裁判所が受け取った事件関係書面の追跡・管理を簡易化するもの）、⑤キー管理システム（スマートカードと電子証明書の発行及び管理に携わるもの。e-Filing システムのユーザーに登録されたすべての弁護士には、固有の ID とパスワードが付されたスマートカードが発行される。スマートカードは電子署名をするときに必要になる）、⑥宣誓管理官システムの 6 つの構成要素で構成されているとする。

また、同システムは、①電子的書面受付サービス、②電子的書面引出サービ

74 第3章 IT化先行国の実状

ス、③電子的書面送付サービス、④電子的情報提供サービスの4つのサービス
を提供するというものであるとする。

　論文等Yも、EFSの時代の調査報告であるが、参考となる指摘がある。例
えば、アレン＆グレッドヒル事務所（法律事務所）では、EFSのセキュリティ
について、「書面提出を電子化するには、電子メールなど違う方法もあり得る。
しかし、ハッキング等の攻撃、原本性の確認、本人確認というセキュリティ面
ではEFSが優位だと考えている。なお、現在までEFSでセキュリティの問題
が生じたことはない」という回答が得られている。

　また、シンガポール弁護士会では、EFSの発展について、「第3ステージに
入り、現在のシステムはPDFのファイルを使っているが、今後はXMLのファ
イルを使うことになり、更にアクセス等が改良されることになっている」「実
際にシステムの開発にあたった業者については、分野毎に異なった会社、具体
的には、レキシスネキシス、マイクロソフト等が開発した」「新しいシステム
ではスマートカードが廃止される。現在のEFSでは、3つのセキュリティがあ
り、それは、①アクセスIDとパスワード、②SSL、③スマートカードによる
ドキュメント自体の暗号化であるが、③については、誰も書類を盗んだりしな
いし、審問主義の下では、変な書類は代理人によってチェックされるので、必
要ないということになった」という回答が得られている。

　さらに、シンガポール最高裁では、ギャラリーにおいて、「EFSの利用は、
任意ではなく強制されている。IT機器のない弁護士や一般市民には、サービ
スビューローという窓口が用意されている。サービスビューローは、クリムソ
ンロジックという民間会社が運営するサービスで、そこには、EFSのプロセス
を知っている職員がいて、アドバイスを受けることができる。ただし、サービ
スビューローの職員は、法律について専門知識を持つ職員ではないので、法律
相談をすることはできない」という説明が得られている。

　なお、論文等Yに記載されている調査後、2015（平成27）年4月に日弁連
弁護士業務改革委員会ITプロジェクトチームがシンガポール調査を行ったと
のことであり、その概要が本田正男「シンガポールにおける司法のIT化事情」
（自正69（11）32〔2018（平成30）年〕）に記載されている。

　それによると、eLitのシステムは、大きく分けて弁護士の利用するFront

End と裁判所が利用する Back End から成り、弁護士が提出する文書は、Front End の Enterprise Service Bus（ESB）から Back End の ESB に送られ、Back End の ESB に取り込む際に、改ざん防止のため、システムのデジタル署名が付されるとされている。また、eLit では、ほとんどの記録がテキスト形式であるため、検索機能も使うことができ、Web からの入力なので、事務所外からもアクセスすることができる、ウェブサイトへの認証アクセスは SingPass（シンガポール人又はシンガポール永住権保持者、就労許可証保持者のための一般的な個体認証番号で、政府機関へのアクセスはすべて SingPass で行うことができる）を使って行う、認証に必要となるのは、SingPass とパスワードだけであるとされている。

【ForschungNr.40】
[Punkt1] EFS から eLit への進化

　シンガポールの最高裁（supremecourt）のホームページでのeLitigationの説明（https://www.supremecourt.gov.sg/services/services-for-the-legal-profession/elitigation）では、2000年にEFSが法廷文書を作成し電子的に提出できるようにすることで民事訴訟の手続（conduct）に革命をもたらしたが、2013年に開始されたeLitによりEFSの能力を拡張する次のステップを踏み出したとして、次のようなeLitの主な利点を掲げている。このホームページで、「dynamic electronic court forms」といわれているのが、PDFに代えてXMLを用い、テキスト形式の記録にしたものと思われる。

　○　SingPass 経由で Web ベースのサービスへの便利で安全なアクセス

　○　Filing はオンラインで完了するか、後で提出するために保存することができる。

　○　PDF の代わりに動的電子裁判フォーム（dynamic electronic court forms）を使用する。

　○　アクティブなままである限り、ケース内のすべての文書へのフルアクセス

　○　電子メールと SMS リマインダーアラートによるケースファイルの管理

　○　ヒアリング期日の選択の柔軟性を高めるためのカレンダーリングとヒアリング管理モジュール

76　第 3 章　IT 化先行国の実状

［Punkt2］トレーニング・SingPass・サービスビューロー

　論文等 V を読むと、IT 化に慣れるのは、裁判官にとっても弁護士にとってもそれほど容易なことではないことがよく分かる。日本においても、少なくとも、e-Filing が実施されるときまでに、裁判所と弁護士会が協力して、練習用の法廷で実際に機器と電子文書を用いた審理の練習ができるようにする必要があろう。

　論文等 Y に記載されたスマートカードによる電子署名ではなく、日本のマイナンバーのような SingPass とパスワードを利用するようになったという点は、カード利用のドイツ・韓国方式とも、ID、パスワードによるアメリカ方式とも異なるものといえよう。日本ではマイナンバーを使用することには抵抗がある可能性がある。IT 機器のない弁護士や一般市民をサポートするためのサービスビューローは、IT 化検討会で問題となった本人訴訟のサポートの一例として参考となろう。もっとも、論文等 V と併せ読むと、このサービスビューローは 2 つしかないようであるが、日本でははるかに多数のサービスビューローが必要になるし、民間会社の運営でよいかということも、その料金額も含めて問題となろう。

5　その他の国

　IT 化検討会では、上記 4 カ国以外にも、笠原毅彦教授からスペインにおいては、2,600 法廷（全国の 81 ％）、434 裁判所に ARCONTE と呼ばれる IT システムが導入されているという説明があった（資料はインターネットで公開されている）。それによると、このシステムは、ARCONTE-Master と呼ばれるセンターシステム（すべての法廷、すべての裁判所からのカタログデータの一元管理、マルチメディアの一括保存などを行う）、ARCONTE-Sala と呼ばれる裁判記録録画システム（裁判を録画し、秘書官が電子署名して記録化する）、ARCONTE-Gestion と呼ばれる裁判所管理システム（すべての法廷システムを管理しており、録画された裁判記録もここに送られて管理される）、ARCONTE-Copies と呼ばれるコピーシステム（原本を CD/DVD 等の記憶媒体に自動コピーする。利用者は ARCONTE-Gestion からウェブ経由でコピーの依頼が可能）、ARCONTE-Expendedor と呼ばれる KIOSK 端末（関係者は自身の関与するビデオに PIN コードで公判記録にアクセ

すし、USB や CD にダウンロード可能。ATM のような装置）などで構成されており、これによって、裁判内容記録のための速記が中心的な仕事である秘書官の作業を大幅に削減することができたとされているとのことである。

　そのほかにも、指宿・前掲『法情報学の世界』312 頁には、e-Filing について最も先駆的な国としてフィンランドが挙げられている。それによると、①フィンランドでは、民事事件では 1993（平成 5）年から、刑事事件では 1998（平成 10）年から電子ファイルを可能とする運用を行っている、②これは公的セクターの電子化を推進している立法によるもので、司法部を含む公的セクターは、電子データの提供、電子的サービスの提供、電子的アクセスの保障義務を負う（フィンランド憲法では、公的機関が保有する情報にアクセスする権利が市民権のひとつとして定められている）、③なりすましや虚偽文書提出の防止については電子署名が使われているなどと記載されている。

第4章　電子出願の実状

　訴えの提起手続に類似したものとして、特許等の知的財産権の出願手続がある。この手続は、日本では、30年も前に電子化が始まっており、外国でも、同様に、訴訟に先行して電子化が進んだようである。長期にわたる電子化手続の経験は、これから訴訟手続を電子化する際にとても参考になるのではないかと思われる。そこで、知的財産権の電子出願の実状について概観することにする。

1　特許庁の電子出願システム

　特許庁の庁舎は、1989（平成元）年3月に竣工したが、当時最新のインテリジェント・ビルであり、竣工間もない時期に見学させてもらったときの驚きは忘れることができない。裁判所ではワープロが裁判官に配付されたばかりだったのに、電子出願を処理するためのコンピュータが整備され、その配線のために床が二重になっていること、電子出願された場合、類似の特許の有無を予めコンピュータで事前チェックできるようになっていることなど、未来にタイムスリップしたような気持ちになった。民事訴訟のIT化を検討するときには、先行する特許庁の電子出願の状況を知ることは必須であろう。

(1)　電子出願の歴史

　特許庁のホームページで公表されている「特許庁業務・システム最適化計画」（2013〔平成25〕年3月15日経済産業省。以下「特許庁最適化計画」という）によると、特許庁の電子出願システムは、次のような変遷を辿ってきたようである。

　ア　1990（平成2）年12月、特許・実用新案関連手続のための電子出願システム（専用端末を利用）を導入。

　イ　1998（平成10）年4月、汎用パソコンを通じた電子出願を認める。

　ウ　2000（平成12）年1月、意匠、商標、査定系審判手続及び特許協力条約

（Patent Cooperation Treaty）に基づく国際出願（以下「PCT 出願」という）の国内段階手続を開始。

エ　2004（平成 16）年 4 月、PCT 出願の電子受付を開始。

オ　2005（平成 17）年 10 月、電子出願について 24 時間 365 日の受付を開始するとともに、ISDN 回線による電子出願（ISDN 出願）に加え、インターネットを利用した電子出願（インターネット出願）の受付（特許・実用新案、意匠、商標、審判、PCT 出願の国内段階）を開始。

カ　2007（平成 19）年 1 月、PCT 出願についてもインターネットでの受付を開始。

キ　2010（平成 22）年 4 月、ISDN 出願を廃止し、電子出願をインターネット出願に一本化。

【ForschungNr.41】

［Punkt］電子出願の方法

　現在の電子出願の方法については、電子出願ソフトサポートサイト（http://www.pcinfo.jpo.go.jp/site/）で説明されている。それによると、事前準備として、電子証明書の購入やインターネット出願ソフトのダウンロードのほか、申請人利用登録をして、特許庁長官から 9 桁のアラビア数字からなる識別番号の付与を受ける必要があるとされている。

　そして、申請書類の作成については、画面に入力するだけで簡単に電子出願用の書類を作成できる「簡単願書作成」というメニューも用意されており、これにより作成した書類を、出願ソフトを使い、特許庁へ電子出願することができる。

　申請書類は、出願ソフトではなく、Word や一太郎などのワープロソフトを使い、HTML（※）形式で作成する。これを出願ソフトに取り込み、同ソフトを使ってオンライン出願する。

　インターネットで公開されている「特許庁の情報システムの概要 2017 年 10 月特許庁」（https://www.kantei.go.jp/jp/singi/keizaisaisei/hojinsetsuritsu/dai2/siryou3-1.pdf）8 頁によれば、申請人が HTML 形式で作成した申請書類は、インターネット出願ソフトで自動的に XML 形式（特許の場合）に変換されて、特許庁に送信されるということであり、同 17 頁に XML 形式に変換された申請書の画像が掲

載されているが、コンピュータには読みやすいとしても、人間にはとても読みにくい。

　なお、手数料は電子現金納付が可能で、その場合は、申請人利用登録において、専用パスワードとカナ氏名の設定をすることが必要であり、料金の発生する手続書類を作成する度に、出願ソフトで納付番号を取得し、ペイジー（Pay-easy）で支払う（ATMか、インターネットバンキングか、モバイルバンキング）。

　　※HTMLとは、インターネットのページを作成するためのハイパーテキスト記述言語で、HTMLファイルそのものは簡単なテキスト形式であるが、タグ（1つのウィンドウ内に複数のページを分けて表示するGUIの部品で、紙の文書を保管するファイルやキャビネットの見出しの形をしている）を使って文字の大きさや色、貼り込む画像ファイル、リンク先のホームページなどを指定することができ、ブラウザソフトで読み込むとタグの指定どおりに表示される。情報と表示形式が混在していること、タグによって制御されている範囲が分かりにくいことからXMLの文法を厳密に適用したXHTMLへの移行が行われている。（すべて基本パソコン用語事典による）

　なお、XMLについては、【ForschungNr.24】参照。

(2)　特許庁システムの現状と刷新

　特許庁最適化計画では、特許庁システムについて、累次の個別システム構築に伴うシステム構造の複雑化、データの個別システムへの分散に伴う処理の迅速性低下という問題があるとし、第I期（2017〔平成29〕年度まで）と第II期（2022年度まで）に分けて刷新計画を立てている。民事訴訟のIT化の参考とするためには、いずれの期の刷新計画であるかはあまり重要ではないので、第I期、第II期を通じて、刷新計画の中から民事訴訟のIT化との関係で重要と思われる部分を挙げておく。

　ア　特許庁システムの構造を簡素化するため、システム構造の「定型化」と、データの「集中化」を進める。

　イ　特許庁情報セキュリティ戦略の推進に合わせて、情報管理を総合的に強化するため、例えば、特許審査等の業務を行うシステムと一般業務のシステムを仮想的に分離する等の方策を含め、脅威の増大、新たな技術革新への対応等を進める。システム上の迅速・的確な対策に加え、研修等を通じた職員へのセ

82　第4章　電子出願の実状

キュリティ対策の周知徹底といった人的な対応を組み合わせることにより、総合的な強化策を講じる。

　ウ　大規模災害時におけるユーザーの知的財産活動の停滞を最小限にとどめるべく、特許庁の業務継続力を向上させるため、地震などで庁舎が被害を受けても、外部のサーバを通じて検索業務継続を可能とするよう、公報等の公開可能なデータを蓄積する検索用のハードウェア等について、クラウドの活用を進める。

　エ　一部の手続（申請人登録手続等）は、証明力の確保等の理由から依然として紙による手続としているが、各種手続について電子化を進めることとし、まず、現行、紙による手続でのみ受付している出願人等からのPCT出願に係る中間書類を、XML等のコードデータ形式で電子的に提出できる手段を整える。

　オ　特許庁における料金納付に関し、出願人等の更なる利便性向上と制度調和に向けた環境整備を図るため、「クレジットカード決済」を利用した料金納付を可能とするシステムを整備する。

【ForschungNr.42】

［Punkt］セキュリティ・大規模災害時の対策等

　長い歴史を有する特許庁システムが、なお課題として、セキュリティの強化や大規模災害時の対策を掲げていることは、それらの問題が容易に解決できるものではなく、継続的な取り組みが必要であることを示すものといえよう。また、一部の手続がなお紙による手続となっていることは、完全な電子提出の実現は容易ではないことを示すものでもあろう。

　いずれも民事訴訟のIT化を検討するうえで参考となろう。

⑶　電子出願制度に関する調査

　一般社団法人日本国際知的財産保護協会「平成29年度　特許庁産業財産権制度問題調査研究報告書　電子出願制度に関する調査報告書」（2018（平成30）年2月）（以下「調査報告書」という。少なくとも国会図書館で一般の閲覧に供されている）

　この調査は、特許庁が、電子出願システムについてのユーザーニーズを調査し、電子出願制度の利用促進や利便性向上の検討に関する基礎資料とすること

を目的として行ったもので、①国内質問票調査（対象は、インターネット出願ソフトのユーザーである企業・特許事務所又は個人 1027 者で、回答は 577 者）、②国内ヒアリング調査（1．国内ユーザー：上記質問票回答者から 10 者　2．国内専門家：電子申請に関する専門家 4 者）、③国内外公開情報調査（1．日本国特許庁の電子出願　2．日本国特許庁以外の政府機関の電子申請システムに関するシステム環境等（10 システム）　3．海外知財庁の電子申請システムの環境等（22 の国又は地域（24 知財庁））、④海外質問票調査（1．海外知財庁　Web ブラウザ方式と専用ソフト方式のシステムを併用する知財庁及びその他の知財庁：7 者　2．海外申請人 Web ブラウザ方式と専用ソフト方式を併用する国の申請人：2 か国各 3 者）が行われ、委員 5 名によるアドバイザー会合から調査に関する助言を受けている（ⅰ頁記載の要約）。

2　政府機関の電子申請システム

同報告書の 40 頁には、特許庁及び特許庁以外の 10 の政府機関の電子申請システムについての調査結果が記載されており、とても参考になる。

調査報告書によると、特許庁システムを含む 11 の政府機関の電子申請システムは次のとおりである（便宜上、略称を付した）。

①特許庁システム（**特許**）、②登記・供託オンライン申請システム（**登記・供託申請**）、③登記情報提供システム（**登記情報**）、④海上・航空通関情報処理システム（NACCS）（輸入申告・輸出申告、入出港の届出等手続の窓口）（**通関**）、⑤国税電子申告・納税システム（e-Tax）（国税申告等手続の窓口）（**e-Tax**）、⑥電子政府の総合窓口（e-Gov）（社会保険・労働保険関係手続、概算・増加概算・確定保険料申告書の提出等手続の窓口）（**e-Gov**）、⑦自動車保有関係手続のワンストップサービス（自動車の新車新規登録等手続の窓口）（**新車登録**）、⑧総務省電波利用電子申請・届出システム（無線局免許申請等手続の窓口）（**電波利用申請**）、⑨漁獲管理情報処理システム（海洋生物資源の採捕数量等の報告等手続の窓口）（**漁獲等報告**）、⑩政府統計の総合窓口（e-Survey）（政府統計オンライン調査総合窓口）（**e-Survey**）、⑪特殊車両オンライン申請システム（特殊車両通行許可申請等手続の窓口）（**特殊車両申請**）

84　第4章　電子出願の実状

(1)　**電子申請率**（42 表 31）

　調査報告書によると、電子申請率は、①特許94.3％、②登記・供託申請66.2％、③登記情報100.0％、④通関（平成28年輸入許可99.1％、輸出許可98.2％）、⑤e-Tax52.7％、⑥e-Gov4.1％、⑦新車登録61.3％、⑧電波利用申請82.0％、⑨漁獲等報告99.8％、⑩e-Survey11.6％、⑪特殊車両申請89.2％である。また、このうち、個人・法人だけでなく専門職も利用するのは、特許（弁理士）、登記・供託申請（司法書士・行政書士・土地家屋調査士）、登記情報（司法書士・土地家屋調査士・宅地建物取引士等）、通関（通関士）、e-Tax（税理士）、e-Gov（社会保険労務士）、新車登録（行政書士）、特殊車両申請（行政書士）である。

【ForschungNr.43】

[Punkt]　電子申請率の差異

　11の電子申請システムの電子申請率には大きな差異がある。調査報告書の概要(v)に記載されているとおり、特定の業界や利用者を対象としているものは電子申請率が高いが、一般国民を対象としているもの（e-Gov、e-Survey、e-Tax、新車登録）は低いということがいえよう。本人訴訟が多い民事訴訟におけるオンライン申立ても利用しやすいものにしないと、利用率が上がらない可能性がある。

(2)　**電子申請時のユーザーインターフェース**（44〜45 表 33）

　調査報告書によると、各システムの、①Webブラウザ方式の有無（「Web」と略称）、②専用ソフトの有無（「ソフト」と略称）、③Webブラウザと専用ソフトの対応関係（「対応」と略称）については、次のとおりである。

　ア　特許

　①Web：無し、②ソフト：有り（インターネット出願ソフト）、③対応：専用ソフトのみ

　イ　登記・供託申請

　①Web：請求関係などに一部対応、②ソフト：有り（申請用総合ソフト）、③対応：専用ソフトですべて対応（Webは請求関係など一部のみ対応）

　ウ　登記情報

　①Web：すべてのオンライン手続に対応、②ソフト：なし、③対応：Web

のみ

エ　通関

① Web：ほとんどの手続で対応しているが、一部不可、②ソフト：有り（NACCS パッケージソフト）、③対応：Web、専用ソフト両方に対応（一部手続で Web と専用ソフトを棲み分けて対応）

オ　e-Tax

① Web：すべてのオンライン手続に対応、②ソフト：有り（e-Tax ソフト）、③対応：Web、専用ソフト両方に対応（全手続に Web と専用ソフトが対応）

カ　e-Gov

① Web：すべてのオンライン手続に対応、②ソフト：なし、③対応：Web のみ

キ　新車登録

① Web：すべてのオンライン手続に対応、②ソフト：なし、③対応：Web のみ

ク　電波利用申請

① Web：すべてのオンライン手続に対応、②ソフト：なし、③対応：Web のみ

ケ　漁獲等報告

すべて不明

コ　e-Survey

① Web：すべてのオンライン手続に対応、②ソフト：なし、③対応：Web のみ

サ　特殊車両申請

① Web：すべてのオンライン手続に対応、②ソフト：有り（オフラインでの申請書作成プログラム）、③対応：Web のみ（専用ソフトでは作成のみできる）

【ForschungNr.44】

[Punkt] Web ブラウザ方式

専用ソフトのみで、Web ブラウザ方式を一切採らないシステムは特許のみであり、他は何らかの形で Web ブラウザ方式を採用している。後記のとおり、米国特許商標庁のシステムも、欧州特許庁のシステムも Web ブラウザ方式を

86　第4章　電子出願の実状

採用しており、欧州特許庁では、2年後には専用システムを廃止しようとしている。

　民事訴訟のIT化を考える場合、特許庁システムのようにHTML形式で出願書類を作成し、専用ソフトを用いて出願する方式にするか、米国特許商標庁や欧州特許庁のように出願はすべてテキストベースのPDF（画像としてのスキャンファイルではなく、ファイルに含まれるテキスト及びイメージが読み取り可能な形式）をWebブラウザ方式でアップロードすることによって行うかは、利用者の使いやすさなどの点も考慮して検討する必要があろう。

(3)　**認証方法及び電子証明書の利用状況**

　調査報告書によると、①各システムの認証方法（「方法」と略称）、②電子証明書の要否（「要否」と略称）、③利用可能な電子証明書の発行機関（「発行機関」と略称）、④電子証明書の利用形態（「形態」と略称）は次のとおりである。

　ア　特許

　①方法：識別番号＋電子証明書、②要否：必要、③発行機関：i 公的個人認証サービス、ii 商業登記認証局、iii 株式会社帝国データバンク、iv 東北インフォメーション・システムズ株式会社、v 日本電子認証株式会社（AOSignサービス）、vi 株式会社NTTネオメイト（旧株式会社NTTアプリエ）、vii セコムトラストシステムズ株式会社（一般向け電子証明書）、viii ジャパンネット株式会社、④形態： i –ICカード、ii –ファイル、iii –ICカード（ただしダウンロード可）、iv –ICカード、v –ICカード、vi –ICカード、vii –ICカード・ファイル、viii –ICカード・ファイル

　イ　登記・供託申請

　①方法：手順に応じて以下の認証・ID＋PW（パスワード）／電子証明書、②要否：必要（一部不要）、③発行機関：特許庁システムで利用可能な発行機関の証明書に加えセコムトラストシステムズ株式会社の証明書（司法書士電子証明書、行政書士電子証明書、土地家屋調査士電子証明書）、④形態：ファイル

　ウ　登記情報

　①方法：ID＋PW、②要否：不要

　エ　通関

　①方法：ID＋PW、②要否：不要

オ　e-Tax

①方法：電子証明書（平成31年より個人はID＋PWで可能）、②要否：必要（スマートフォン版は不要）、③発行機関：特許庁システムで利用可能な発行機関の証明書に加え日本税理士会の証明書（税理士用電子証明書）、④形態：ICカード

カ　e-Gov

①方法：電子証明書、②要否：必要、③発行機関：特許庁システムで利用可能な発行機関の証明書に加えセコムトラストシステムズ株式会社の証明書（社会保険労務士電子証明書）、④形態：ファイル

キ　新車登録

①方法：PW＋到達番号・電子証明書、②要否：必要、③発行機関：i 公的個人認証サービス、ii 商業登記認証局、iii セコムトラストシステムズ株式会社（行政書士電子証明書）、④形態：i –IC カード、ii –ファイル、iii –ファイル

ク　電波利用申請

①方法：Lite（アマチュア無線）・ID＋PW、その他・ID＋PW／電子証明書、②要否：必要（Lite のみ不要）、③発行機関：特許庁システムで利用可能な発行機関の証明書に加え官職証明書、④形態：ファイル

ケ　漁獲等報告

不明

コ　e-Survey

①方法：ID＋確認コード、②要否：不要

サ　特殊車両申請

①方法：ID＋PW、②要否：不要

【ForschungNr.45】

［Punkt1］電子証明書かID＋PW等か

　上記のとおり、政府機関の電子申請システムの中には、電子証明書を必要とするものもあるが、ID＋PW等で足りるとするものもある。調査報告書の調査結果の概要(v)には、電子証明書を必要とするものは、納税や社会保険等、個人情報や秘匿すべき情報を取り扱うシステムであり、ID＋PW等で足りるとするものは、輸出入の申告のような、比較的秘匿の必要性の低い情報について

88 第 4 章 電子出願の実状

取り扱うシステムであったとする。

政府機関の電子申請システムの認証方法や電子証明書の要否の状況は、民事
訴訟の IT 化を検討するうえでも参考となろう。

[Punkt2] 電子証明書の必要性についての意見

調査結果の概要の中に、特許庁の電子出願システムにおける電子証明書の必
要性についての意見の集計結果が掲載されており（ⅸ）、参考になる。

それによると、「必要だと思う」が 52.3％、「できれば使いたくない」が
17.5％、「不要だと思う」が 5.7％、「よく分からない」が 9.5％ で、多くの者が
電子証明書は必要であるとの認識であることが分かったとされている。

そして、電子証明書が必要又は不要である理由については、「手続をする者
を特定し、なりすましを防ぐ」とした回答が 59.2％ を占めたが、電子証明書
の扱いに関する「電子証明書の管理が面倒」、「電子証明書の取得や更新に費用
がかかる」、「電子証明書の取得方法が分かりにくい」の回答がそれぞれ
22.9％、20.4％、10.4％ であり、電子証明書の目的は理解するが電子証明書の扱
いに一定程度の困難を感じているユーザーが存在するという傾向を示したとさ
れている。

また、各種手続における電子証明書の必要性に関する質問に関して、電子証
明書は必要ではないと思われるとの回答は、「出願審査請求」で 40.7％、「特許
料／登録料の納付」で 64.4％、「ファイル記録の閲覧申請」で 57.6％ であった
とされている。

3 海外知財庁の電子申請システム

調査報告書には、海外知財庁の電子申請システムについての報告も記載され
ているが、その中の、米国特許商標庁（United States Patent and Trademark Office—
以下 USPTO という）及び欧州特許庁（European Patent Office— 以下 EPO という）
に関するもので参考となると思われる事項を掲げておく。

(1) 米国特許商標庁（USPTO）

ア 電子出願システムの概要（251 ～ 252）

Web ブラウザ方式のシステムを複数採用しており、法域や手続等によって
Web ブラウザ方式のシステムを使い分けている。特許及び意匠特許用の出願

システムは EFS-Web といい、商標用の出願システムを TEAS（The Trademark Electronic Application System）という。これらのシステムは、基本的に USPTO に対して手続を行うためのシステムであり、USPTO からのオフィスアクションの受領や応答については、別システムとなっている。専用ソフトはどの法域及び手続でも採用されていない。

EFS-Web は、特許及び意匠特許の出願システムであり、予め電子証明書を取得した上で、USPTO のシステムを利用するための登録を済ませたユーザー用の EFS-Web Registered e-Filer と、未登録のユーザー用の EFS-Web Unregistered e-Filer がある。後者は、出願手続しかできないなど、機能が制限されている。それ以外に、EFS-Web が緊急メンテナンスとなった場合に使用できる EFS-Web Contingency Unregistered e-Filer がある。

出願後の通知の受領や応答については、Private Pair というシステムで行うことができる。このシステムを使用するには、電子証明書と USPTO への事前登録が必要となる。公開可能な通知については Public Pair でも確認可能である。このシステムは一般に公開されており、誰でも利用可能となっている。

TEAS は、商標の出願システムであり、いずれも、出願などの各種手続や手数料の支払などを行うことができる。出願後の通知等は、TSDR（Trademark Status and Document Retrieval）を使用して確認することができる。このシステムでは、何人もアクセスが可能であり、出願人や審査官が提出した書面を画像で確認することができる。なお、通知は出願手続の途中で連絡用として登録した e-mail アドレスにも送信される。

　イ　出願書面等のフォーマット（255 〜 256）

　㋐　特許・意匠特許（EFS-Web）

手続可能なファイル形式は、PDF ファイル、ASCII テキストファイル、PCT-Easy Zip ファイルであり、ドキュメントの作成はどのファイル形式でもよいが、システムにアップロードする際には PDF にしなければならない。PDF ファイルは、画像としてのスキャンファイルではなく、ファイルに含まれるテキスト及びイメージが読み取り可能な形式でなければならず、ハイパーリンクや Web ページなどを含んではならない。

90　第4章　電子出願の実状

(イ)　商標 (TEAS)

PDF ファイルでアップロードする必要があり、その要件は EFS-Web での要件と同様。

ウ　電子証明書 (256 ～ 257)

(ア)　特許・意匠特許

EFS-Web Unregistered e-Filer及びPublic Pairを使用する場合を除いて手続をする場合に必要となる。商標に係る手続では電子証明書は求められていない。特許・意匠特許及び商標共通で、手数料の支払でFinancial Managerを使用する場合、電子証明書が必要となる。電子証明書はUSPTOが発行しており、事前に取得する必要がある。

1つの電子証明書で EFS-Web と Private Pair の両方を使用することができる。また、認証方法として、PKI (Public Key Infrastructure 公開鍵認証) も利用することができる。PKI は、USPTO が発行し、登録 Patent Attorney、登録 Patent Agent、個人及び限定認定代理人が手続をする際に必要となる。

(イ)　商標

この部分の記述はとても興味深いので、原文 (257) をそのまま引用する。「直接署名 (Sign Directly)」は、論文等 P でノースカロライナ州の州法で民事訴訟における提出書面へのサインとみなされているものと類似したもののように思われる。

「　商標の手続を行う場合、電子証明書は不要であるが、各フォームによる手続において、署名 (Signature) をする必要がある。この署名の方法は、「直接署名 (Sign Directly)」、「e-mail を利用した署名」及び「手書き署名」の3種類あり、そのなかからいずれかを選択することができる。

「直接署名 (Sign Directly)」は、TEAS の出願フォームの該当欄に任意の英数字を入力するものである。文字列の最初と最後に「/」をいれ、スラッシュに挟まれた英数字からなる文字列が署名の代わりとなる。任意の英数字は、出願人の名前や頭文字、数字等、何でもよいとされている。

「e-mail を利用した署名」は、指定した署名者へ向けて、署名用のハイパーリンクを含む e-mail が送信される。e-mail を受信した署名者は、ハイパーリンクのリンク先へアクセスし、「直接署名」と同様の署名を行う。この署名がな

されると、署名をリクエストした者へ e-mail がさらに送信される。この e-mail には、当該手続確認用のページへのリンクが含まれており、リクエストした者は、このページから出願手続を終了することができる。

「手書き署名」は、署名用のテキストフォームをプリントアウトし、手書きで署名を行った後、当該フォームを郵送又はファクシミリで送信して行う。この手書き署名は、スキャンされて JPG ファイルとして出願に添付される。　」

エ　手数料の納付

㋐　特許・意匠特許

支払手続用のシステムである Financial Manager にログインする（EFS-Web と Financial Manager とは統合されており、同じアカウントでログインすることができる）か、EFS-Web で登録ユーザーとしてログインした場合、支払手続を行うことができる。支払方法は、クレジットカード、預金口座からの引き落とし、EFT（Electronic Funds Transfer）から選択することができる。アカウントがない場合、「ゲスト」でログインし、クレジットカード又は預金口座からの引き落としのいずれかで支払手続をすることができる。

㋑　商標

Financial Manager 又は TEAS の中のオンライン手続において、支払手続を行うことができる。支払方法は特許・意匠特許の場合と同様。

(2)　**欧州特許庁（EPO）**

ア　電子出願システムの概要（260 〜 261）

専用ソフト方式のシステムである「Online Filing（OLF）」と、Web ブラウザ方式のシステムである「New online filing（CMS）」、「Web-form filing」の 3 つのシステムのいずれかを使用することができる。現在、専用ソフトウェアで利用可能なほとんどすべての機能が、Web ブラウザ版でも利用可能になっており、最終的には Web 版ですべての機能をサポートすることが計画されており、2 年の経過期間後、専用ソフトウェアは廃止予定となっている。

イ　出願書面等のフォーマット（262 〜 263）

CMS の場合、クレーム、明細書、要約及び必要な図面について、基本的に、A4 サイズ、テキストベースの PDF を用意しておく必要がある。その他、すべての書面についても同様。各種書面のフォームはダウンロードして、利用する

92 第4章 電子出願の実状

ことができる。その他、手続の種類によって受付可能なファイル形式が異なる。

OLF の場合も、基本的には CMS と同様であり、基本的に、A4 サイズ、テキストベースの PDF を用意しておく必要がある。その他、手続の種類によって受付可能なファイル形式が異なる。

Web-form filing の場合、Annex F に準拠した PDF ファイルを用意しなければならない。ファイル形式等に関して、その他の指定はない。

ウ　電子証明書・手数料の納付（264 〜 265）

EPO は、Web-form filing を除くオンラインで手続をする者に対し、電子署名を使ったスマートカードを発行し（マニュアルのダウンロードや発行の請求、有効化、更新などは、すべて EPO の Web サイトから行うことができる。有効期間は発行された日から最大 5 年）、手続時にはこれを使って認証することをユーザーに課している。スマートカードには、ユーザーの公開鍵と秘密鍵そして公開鍵がユーザーに配布されたことを証明する証明書が含まれる。

手数料等の納付は、Online Fee Payment から行うことができ、OLF 又は CMS で手続を行っている場合は、当該システムからも支払手続を行うことができる。支払方法は、クレジットカード又は預金口座からの自動引き落としである。前者の場合はクレジットカードを事前に登録する必要はあるが、ID とパスワードのみで手続することができる。後者の場合はスマートカードによる認証が必要である。

【ForschungNr.46】

［Punkt］米国特許商標庁と欧州特許庁の共通性

上記調査結果によれば、米国特許商標庁と欧州特許庁の電子出願は、Web ブラウザ方式が採用されていること、特許出願には電子証明書を必要とすること、文書はワープロソフトで作成し、これをテキストベースの PDF にしてシステムにアップロードすること、手数料は、オンラインで、クレジットカード、預金口座からの引き落とし等によって支払うことが可能になっていることなど、基本的な部分で共通点を有していることが分かる。

【ForschungNr.18】［Punkt1］記載のとおり、アメリカの連邦裁判所で利用されている CM/ECF については、裁判所から発行された ID とパスワードで

裁判所のウェブサイトにログインして利用でき、電子署名は求められていないが、特許の出願については上記のとおり電子証明書が必要とされていることは興味深い。確かに、訴訟は原則として公開の法廷で審理が行われるものであるから、訴状の電子提出は、特許の電子出願に比べて秘匿の必要性が低い（【ForschungNr.45】［Punkt1］参照）ということもできよう。

第5章　日本の民事訴訟における IT 化の現状

　第1章～第4章で見てきた民事訴訟手続や知財の出願手続の IT 化のポイントを念頭において、日本の民事訴訟における IT 化の現状を、法律・規則、運用、さらにはそれを取り巻く環境も含めて多角的に俯瞰してみることにする。

1　IT 化に関係する民訴法・民訴規則の規定
(1)　現行民訴法・民訴規則の制定

　現行民訴法の立法作業（旧民訴法の全面改正作業）は、1990（平成2）年7月に法制審議会民事訴訟法部会で開始された（現在位置213）が、翌1991（平成3）年12月には「民事訴訟手続に関する検討事項」が、1993（平成5）年12月には「民事訴訟手続に関する改正要綱試案」が公表された。

　当時は、OA（オフィス・オートメーション）の時代であり、民事訴訟への OA 機器の導入（OA 化）が検討されており、上記試案には、OA 化に関係する次のような項目が掲げられていた。

「　ア　弁論の準備における OA 機器の利用

　裁判所等は、当事者又は訴訟代理人が遠隔地にいるときは、争点等の整理のための手続（口頭弁論を除く。）の期日において、その当事者等と電話（訴訟関係人が同時に通話することのできる電話会議システム等を用いる。）及びファクシミリを利用して争点等の整理等を行うことができるものとする。

　イ　書面による準備手続（仮称）

　この手続は、書面の交換、裁判所の釈明権の行使並びに裁判所及び両当事者間の三者間で同時に通話することのできる電話会議システムを利用した協議を通じて争点等を整理することを目的とするものとする。

　ウ　テレビ会議システムによる尋問

　裁判所は、遠隔地に居住する証人、鑑定人又は当事者本人を尋問する場合には、それらの者をテレビ会議システム（遠隔地にいる者が、動画と音声の送受信

により、相手を認識しながら会話をすることができるシステムをいう。以下同じ。）
の設置された最寄りの裁判所に出頭させ、テレビ会議システムを通じて尋問を
実施することができるものとする。

　エ　少額事件の訴訟手続（審理手続の特則）

　裁判所は、相当と認めるときは、申立てにより、電話会議システムを利用し
て、法廷から裁判所外にいる証人を尋問し、その回答に当たってはファクシミ
リを併用させることができるものとする。

　オ　督促手続（電子情報処理組織の利用）

　1　債権者は、第 431 条に定める管轄簡易裁判所に対して督促手続の申立て
をすることができるほか、電子情報処理組織によって取り扱う督促手続の申立
てについては、電子情報処理組織が設置された管轄裁判所の管轄区域として最
高裁判所が定める区域内に債務者の普通裁判籍、第 9 条の規定による債務者の
事務所若しくは営業所又は第 431 条第 2 項の規定による手形若しくは小切手の
支払地が所在する場合には、その簡易裁判所に対しても申立てをすることがで
きるものとする。この場合において、電子情報処理組織によって取り扱う督促
手続における支払命令に対し適法な異議の申立てがあったときは、異議ある請
求については、その目的の価額に従い、第 431 条に定める管轄簡易裁判所又は
その簡易裁判所の所在地を管轄する地方裁判所に訴えの提起があったものとみ
なすものとする。

　2　電子情報処理組織によって取り扱う督促手続の申立ては、最高裁判所規
則で定める規格に適合した申立書でしなければならないものとする。　　　　」

【ForschungNr.47】

[Punkt]　e-Court における日本の先進性

　これらの項目は、いずれも、上記検討事項に掲げられていたものであり、電
話会議システムを利用した争点整理、テレビ会議システムを利用した尋問、電
子情報処理組織を利用した督促手続は、すでに、1991（平成 3）年には導入を
考えていたことになる。これらは、今でいう e-Court に該当するものであるが、
e-Court に関する限り、**第 3 章**に記載した IT 化先行国に比べても、取組みが遅
れていたわけではなく、アメリカを除けば、むしろ、それらの国々よりも進ん
でいたといえるのではないかと思われる（ただし、督促手続を電子情報処理組織

で処理することは、ドイツやオーストリアが先行していた)。

(2) 現行民訴法・民訴規則の成立時における IT 化に関係する規定

ア 弁論準備手続における電話会議の利用

●法 170 条 3 項

3　裁判所は、当事者が遠隔の地に居住しているときその他相当と認めるときは、当事者の意見を聴いて、最高裁判所規則で定めるところにより、裁判所及び当事者双方が音声の送受信により同時に通話をすることができる方法によって、弁論準備手続の期日における手続を行うことができる。ただし、当事者の一方がその期日に出頭した場合に限る。

●規則 88 条 2 項、3 項

2　裁判所及び当事者双方が音声の送受信により同時に通話をすることができる方法によって弁論準備手続の期日における手続を行うときは、裁判所又は受命裁判官は、通話者及び通話先の場所の確認をしなければならない。

3　前項の手続を行ったときは、その旨及び通話先の電話番号を弁論準備手続の調書に記載しなければならない。この場合においては、通話先の電話番号に加えてその場所を記載することができる。

イ 書面による準備手続における電話会議の利用

●法 176 条 3 項

3　裁判長等は、必要があると認めるときは、最高裁判所規則で定めるところにより、裁判所及び当事者双方が音声の送受信により同時に通話をすることができる方法によって、争点及び証拠の整理に関する事項その他口頭弁論の準備のため必要な事項について、当事者双方と協議をすることができる。この場合においては、協議の結果を裁判所書記官に記録させることができる。

●規則 91 条 1 項〜 4 項

1　裁判長又は高等裁判所における受命裁判官（以下この条において「裁判長等」という。）は、裁判所及び当事者双方が音声の送受信により同時に通話をすることができる方法によって書面による準備手続における協議をする場合には、その協議の日時を指定することができる。

2　前項の方法による協議をしたときは、裁判長等は、裁判所書記官に当該手続についての調書を作成させ、これに協議の結果を記載させることができ

98 第5章 日本の民事訴訟における IT 化の現状

る。

3 第1項の方法による協議をし、かつ、裁判長等がその結果について裁判所書記官に記録をさせたときは、その記録に同項の方法による協議をした旨及び通話先の電話番号を記載させなければならない。この場合においては、通話先の電話番号に加えてその場所を記載させることができる。

4 第88条（弁論準備手続調書等）第2項の規定は、第1項の方法による協議をする場合について準用する。

　ウ　進行協議期日

●規則96条1項〜4項

1 裁判所は、当事者が遠隔の地に居住しているときその他相当と認めるときは、当事者の意見を聴いて、裁判所及び当事者双方が音声の送受信により同時に通話をすることができる方法によって、進行協議期日における手続を行うことができる。ただし、当事者の一方がその期日に出頭した場合に限る。

2 進行協議期日に出頭しないで前項の手続に関与した当事者は、その期日に出頭したものとみなす。

3 進行協議期日においては、前項の当事者は、前条（進行協議期日）第2項の規定にかかわらず、訴えの取下げ並びに請求の放棄及び認諾をすることができない。

4 第88条（弁論準備手続調書等）第2項の規定は、第1項の手続を行う場合について準用する。

　エ　テレビ会議による尋問

●法204条

裁判所は、遠隔の地に居住する証人の尋問をする場合には、最高裁判所規則で定めるところにより、隔地者が映像と音声の送受信により相手の状態を相互に認識しながら通話をすることができる方法によって、尋問をすることができる。

●規則123条1項〜3項

1 法第204条（映像等の送受信による通話の方法による尋問）に規定する方法による尋問は、当事者の意見を聴いて、当事者を受訴裁判所に出頭させ、証人を当該尋問に必要な装置の設置された他の裁判所に出頭させてする。

2　前項の尋問をする場合には、文書の写しを送信してこれを提示すること
その他の尋問の実施に必要な処置を行うため、ファクシミリを利用すること
ができる。

3　第1項の尋問をしたときは、その旨及び証人が出頭した裁判所を調書に
記載しなければならない。

◎当事者尋問への証人尋問の規定の準用

●法210条

　第195条、第201条第2項、第202条から第204条まで及び第206条の規定
は、当事者本人の尋問について準用する。

●規則127条

　前節（証人尋問）の規定は、特別の定めがある場合を除き、当事者本人の尋
問について準用する。ただし、第111条（勾引）、第120条（後に尋問すべき証
人の取扱い）及び第124条（書面尋問）の規定は、この限りでない。

◎鑑定への証人尋問の規定の準用

●法216条

　第2節の規定は、特別の定めがある場合を除き、鑑定について準用する。た
だし、第194条及び第205条の規定は、この限りでない。

●規則134条

　第2節（証人尋問）の規定は、特別の定めがある場合を除き、鑑定について
準用する。ただし、第111条（勾引）及び第124条（書面尋問）の規定は、こ
の限りでない。

　オ　少額訴訟における電話会議による尋問

●法372条3項

3　裁判所は、相当と認めるときは、最高裁判所規則で定めるところによ
り、裁判所及び当事者双方と証人とが音声の送受信により同時に通話をするこ
とができる方法によって、証人を尋問することができる。

●規則226条1項～6項

1　裁判所及び当事者双方と証人とが音声の送受信により同時に通話をする
ことができる方法による証人尋問は、当事者の申出があるときにすることがで
きる。

100 第 5 章 日本の民事訴訟における IT 化の現状

2 前項の申出は、通話先の電話番号及びその場所を明らかにしてしなければならない。

3 裁判所は、前項の場所が相当でないと認めるときは、第 1 項の申出をした当事者に対し、その変更を命ずることができる。

4 第 1 項の尋問をする場合には、文書の写しを送信してこれを提示することその他の尋問の実施に必要な処置を行うため、ファクシミリを利用することができる。

5 第 1 項の尋問をしたときは、その旨、通話先の電話番号及びその場所を調書に記載しなければならない。

6 第 88 条（弁論準備手続調書等）第 2 項の規定は、第 1 項の尋問をする場合について準用する。

カ 督促手続の電子情報処理組織による処理

●法 397 条 1 項〜 4 項

1 電子情報処理組織を用いて督促手続を取り扱う裁判所として最高裁判所規則で定める簡易裁判所の裁判所書記官に対しては、第 383 条の規定による場合のほか、同条に規定する簡易裁判所が別に最高裁判所規則で定める簡易裁判所である場合にも、電子情報処理組織を用いて取り扱う督促手続における支払督促の申立てをすることができる。

2 前項の申立ては、最高裁判所規則で定める方式に適合するものでなければならない。

3 第 1 項に規定する督促手続における支払督促に対し適法な督促異議の申立てがあったときは、督促異議に係る請求については、その目的の価額に従い、支払督促の申立ての時に、第 383 条に規定する簡易裁判所で支払督促を発した裁判所書記官の所属するもの若しくは同項の別に最高裁判所規則で定めるもの又はその所在地を管轄する地方裁判所に訴えの提起があったものとみなす。

4 前項の場合において、同項に規定する簡易裁判所又は地方裁判所が二以上あるときは、督促異議に係る請求については、これらの裁判所中に第 383 条第 1 項に規定する簡易裁判所又はその所在地を管轄する地方裁判所がある場合にはその裁判所に、その裁判所がない場合には同条第 2 項第 1 号に定める地を

管轄する簡易裁判所又はその所在地を管轄する地方裁判所に訴えの提起があったものとみなす。ただし、債権者が、最高裁判所規則で定めるところにより、前項に規定する簡易裁判所又は地方裁判所中その一を指定したときは、その裁判所に訴えの提起があったものとみなす。

●規則238条1項〜4項

1　法第397条（電子情報処理組織を用いて取り扱う督促手続の特則）第1項に規定する電子情報処理組織を用いて督促手続を取り扱う簡易裁判所は、次の各号に掲げる簡易裁判所とし、当該簡易裁判所の裁判所書記官に対しては、法第383条（支払督促の申立て）に規定する簡易裁判所がそれぞれ当該各号に定める簡易裁判所である場合にも、電子情報処理組織を用いて取り扱う督促手続における支払督促の申立てをすることができる。

　　一　東京簡易裁判所　八丈島簡易裁判所、伊豆大島簡易裁判所、新島簡易裁判所、八王子簡易裁判所、立川簡易裁判所、武蔵野簡易裁判所、青梅簡易裁判所又は町田簡易裁判所

　　二　大阪簡易裁判所　大阪池田簡易裁判所、豊中簡易裁判所、吹田簡易裁判所、茨木簡易裁判所、東大阪簡易裁判所、枚方簡易裁判所、堺簡易裁判所、富田林簡易裁判所、羽曳野簡易裁判所、岸和田簡易裁判所又は佐野簡易裁判所

2　前項の申立ては、当該電子情報処理組織によって読み取ることができる方式として最高裁判所が別に定めるものによらなければならない。

3　法第397条第4項ただし書に規定する指定は、第1項の申立ての時にしなければならない。

4　前条（訴訟への移行による記録の送付）の規定は、法第397条第3項の規定により、支払督促を発した裁判所書記官の所属する簡易裁判所とは異なる簡易裁判所又は地方裁判所に訴えの提起があったものとみなされた場合について準用する。

【ForschungNr.48】

[Punkt] 遠隔地要件・手続制限

　これらの規定を見ると、電話会議やテレビ会議を利用した手続については、とても慎重な規定になっていることがよく分かる。

まず、①弁論準備手続における電話会議の利用については、「当事者が遠隔の地に居住しているときその他相当と認めるときは、当事者の意見を聴いて」これを行うことができるのであり、遠隔地の要件が付されている、②書面による準備手続についても、そもそも書面による準備手続は、「裁判所は、当事者が遠隔の地に居住しているときその他相当と認めるときは、当事者の意見を聴いて、事件を書面による準備手続（当事者の出頭なしに準備書面の提出等により争点及び証拠の整理をする手続をいう。以下同じ。）に付することができる。」と定められている（法175条）ので、電話会議の利用にも遠隔地の要件が付されていることになる、③進行協議期日における電話会議の利用についても同様に遠隔地の要件が付されている、④尋問におけるテレビ会議の利用についても、同じく遠隔地の要件が付されているなど、いずれも、電話会議やテレビ会議を利用するのは特別にその必要性が高い場合を想定しているのであり、一般的に電話会議やテレビ会議を利用することを認めているわけではない。

次に、ここには条文を掲げていないが、弁論準備手続において、電話によって期日に出頭している当事者は、訴訟を終了させる効果のある訴えの取下げ、和解並びに請求の放棄及び認諾をすることができないと定めていた（法170条5項）し、そもそも弁論準備手続期日においても、進行協議期日においても、一方当事者は裁判所に出頭しなければ期日を開くことができないことになっている。

また、口頭弁論期日に当事者が電話会議やテレビ会議によって出頭することは認められていない。

このように慎重な規定になっているのは、電話会議やテレビ会議を利用した手続は、初めての経験であり、どのような不都合が生じるか分からなかったし、民訴法は、少なくとも一方当事者が裁判所に出頭することによって期日が開かれることを前提としているので、それを崩すことにも抵抗があったためである。

(3) 現行民訴法・民訴規則のIT化に関係する規定の立法時の議論

上記法・規則の各規定が、どのような議論を経て、どのような趣旨で制定されるに至ったかを知ることは、今後、民事訴訟のIT化を進めるに当たって参考になると思われる。そこで、立法作業の参加者が法制審議会での審議・検討

過程、残された問題点などについて議論した研究会・新民事訴訟法（現在位置
222 参照）の中から、今後 e-Court を広げていくに当たって重要と思われるテレ
ビ会議装置を利用した尋問についての発言を抜き出して掲げておく。

「　◎テレビ会議装置を利用した尋問について（259 ～ 262）

○伊藤眞（東京大学法学部教授）

　「次に、法で申しますと 204 条、規則では 123 条に映像等の送受信による通
話の方法による尋問に関する規定が新設されています。いわゆるテレビ会議シ
ステムを利用したものですが、この場合にも証人は法廷に出頭しないで尋問が
行われますので、機能的には、先ほど出てきた受命・受託裁判官による尋問と
か、後から出てくる、尋問に代わる書面の提出などと関連するところがござい
ます。そういったことを含めて規定の趣旨をお話いただけますか。」

○柳田幸三（東京地裁判事・元法務大臣官房審議官）

　「204 条は、テレビ会議装置という最新の技術を証人尋問等に導入するもの
です。例えば、証人が遠隔地に居住していて、健康上の理由などで遠隔地にあ
る裁判所に出頭することができないという場合、現行法では受訴裁判所が自ら
出向くか、あるいは受命裁判官又は受託裁判官で尋問を実施するということに
なるわけです。

　ところが、受託裁判官の制度を利用すれば、確かに証人の住所地を管轄する
裁判所に嘱託することができますので、簡便であり便宜ではありますが、やは
り受訴裁判所又はその構成員による尋問ではないということで、いささか隔靴
掻痒の感があるわけです。他方、受訴裁判所自らが出向くか、あるいは受命裁
判官に尋問を実施させる方法は、機動性に欠ける恨みが無いではありません。

　一方、社会的には、テレビ会議装置という、かなり技術的に進んだ装置が開
発されていて、民間会社などでは役員会の開催などに活用されていると言われ
ています。そこで、これを何とか民事訴訟の世界で活用できないだろうかとい
うことを考えたわけです。

　当初は、この装置の性能というものがどの程度のものかよくわかりませんで
したので、果たしてこれが証人尋問等で十分に機能するかどうかについて、若
干の疑念もあったわけですが、実物を見分し、価格等も調査したところ、非常
に優れた装置が比較的廉価で開発されておりまして、テレビ会議装置で法廷と

証人の所在している場所を結ぶことにより、あたかも法廷に証人を呼び出したのとそれほど違わないような状況で尋問ができるのではないか、ということがわかってきたわけです。」

「これによって遠隔地に居住する証人の裁判所への出頭の負担を軽減し、あるいは受訴裁判所、受命裁判官が証人の所在地まで出向くことによる時間・費用の負担を軽減するということで、迅速で充実した審理ができるようにしたということです。」

○筆者（東京地裁判事・元最高裁民事局第一課長）

「規則の123条にこの関係の規定があるのですが、この規定は、検討事項や試案の内容を受けて作ったものです。検討事項でも試案でも、「証人をテレビ会議システムが設置された最寄りの裁判所に出頭させて、テレビ会議システムを通じて尋問を実施することができる」ということになっていますので、規則においても、法204条に規定する方法による尋問は、「当事者を受訴裁判所に出頭させ、証人を当該尋問に必要な装置の設置された他の裁判所に出頭させてする」ということにしました。

これはどういうことかと言うと、電話会議は、裁判所に電話会議の装置があれば、当事者は普通の電話で電話会議に参加することができるわけですが、このテレビ会議装置を使った証人尋問ということになると、証人がテレビカメラのある場所に行かなければ尋問ができないわけです。そうすると、どうしてもテレビカメラを設置している裁判所までは証人にご足労願わないといけないということで、こういう規定になっているわけです。

ただ、この規定を設ける際に議論があったのは、証人だけではなくて当事者も証人の出頭する裁判所に出向いて尋問することはできないのか、そういうことも考えられるのではないかということでした。これについては、これまでにやったことのない尋問方法なので、最初は慎重に始めたほうがいいだろうということを第一に考えました。

また、何のためにこの手続を採用したかと言えば、証人の旅費、日当や訴訟関係者の出張旅費等の費用をかけない尋問方法を選択できるようにして、当事者の負担、さらには証人の負担をできるだけ減らそうということと、遠方から証人が出て来たり、遠方に出張して尋問するのであれば、相当先まで尋問の期

日が入らないけれども、テレビ会議装置を用いて尋問できるとなれば、早期に尋問の期日が入るということで採用したわけです。しかし、当事者が証人の出頭する裁判所まで行くとなると、当事者あるいはその代理人である弁護士がそこまで行く費用は当事者の負担となりますし、期日も早期には入らない可能性があります。そこで、基本的な考え方をシンプルに表わした形の規定をして、そこから始めてみたらどうか。始めた後でいろいろ意見があって、当事者が証人の出頭する裁判所に行ってもいいではないかということになれば、そのときに規則の改正を検討すればいいと考えたわけです。

テレビ会議装置による尋問は、これまでの尋問にはないなかなか難しい問題があります。まず、どこが法廷かという議論があります。規則123条は、当事者が出頭している裁判所が法廷である、裁判所と当事者が一堂に会して受訴裁判所で期日を開いている、そこに証人が映像と音声によって出頭して来る、という考え方に立っています。ですから、証人が出頭した裁判所で、法廷にテレビカメラが設置されており、証人がそのカメラの前で証言したとしても、その法廷は受訴裁判所の法廷ではないと考えています。

ただ、証人が証言している場所について、受訴裁判所の法廷警察権が及ぶかということでは、それは基本的にはディスプレーで見える範囲では及ぶと言わざるを得ないかなと思っています。もっとも、見えない部分も多いわけですから、そこに例えば傍聴人がいるとか、訴訟関係者がいるということになると、とても適切な法廷警察権の行使はできません。

ですから、証人の出頭する裁判所のほうは、証人だけがテレビカメラの前に座って証言するということになると思います。もちろん、テレビ会議装置等の操作をしなければいけませんから、裁判所の職員が一人はそこに付いているということになるのではないかと思っています。このようなことから、受訴裁判所のほうは公開するけれども、テレビカメラのある裁判所のほうは、たとえその場所が法廷であっても公開はしないということになると思っています。

実際には、ラウンドテーブル法廷のような場所で、代理人、裁判官、書記官等の訴訟関係者が同じ画面を見て、離れた場所にある裁判所のテレビカメラの前に座っている証人に対して、通常の証人尋問と同じように尋問をしていく、受訴裁判所の傍聴席からも、画面を通して証人の証言が見聞できるということ

になるのではないかと思います。」

○伊藤

「テレビカメラは証人がいる場所にあるわけですね。つまり福田さんが言われる法廷のほうにはテレビカメラはないのですね。」

○筆者

「そうではなくて、全く同じテレビ会議装置が証人の出頭した裁判所にも受訴裁判所にもあり、受訴裁判所の様子もテレビカメラを通して証人の前にある画面に映ることになると思います。ですから、各裁判所の、ラウンドテーブル法廷とは限りませんが、そのような場所に同じようにテレビ会議装置を入れて、証人が出頭したほうでは、証人は受訴裁判所の様子を画面で見ながら証言する、受訴裁判所のほうは証人を画面で見ながら尋問をするということになります。」

○秋山幹男（弁護士）

「実際にやってみるといろいろ問題が出てくるだろうと思います。確かに技術が進歩したことによりテレビ会議装置の使用が可能になったわけですが、法廷で証人を目の前にして尋問する場合とでは様相が相当に異なるのではないかと思います。テレビカメラを通じてのコミュニケーションなので、尋問の意図が伝わりにくかったり、証人の証言の趣旨がつかみにくいなどの限界があると思います。

そういう意味で、これはどんな証人についても使えるとは思えません。それほど重要ではない証人、証言事項がそれほど複雑でない場合ということになるのではないかと思います。まずそういうところから使われると思います。規則123条は「当事者の意見を聴いて」としていますが、これはテレビ会議装置を用いた証人尋問にはいろいろ制約があり、相当でない場合もありうることからだと考えられますので、当事者の意見をよく聴いていただくようお願いしたいと思います。

先ほどご説明があったように、当事者及びその代理人は受訴裁判所に出頭し証人が出頭する場所にはいないということになります。しかし、簡単な証人ならいいのですが、事前打合せが必要な証人ですと、代理人は証人がいる現地に行って打合せをした上で証人尋問に臨むことになります。そうなると代理人と

しては証人が出頭する裁判所で尋問したほうがいいと考えられる場合もあり得ます。それは将来の検討課題ではないかと思います。

　また、代理人弁護士が受訴裁判所に出廷して尋問を行うとしても、別の補助弁護士が現地に行って証人と事前に打合せすることがあり得ますが、その場合は証人が証言する場所には入れないということになるのでしょうか。」

○筆者

　「そうですね。そうなると思います。ちょっと細かな話をしますと、裁判所は、テレビ会議装置を通して訴訟指揮をしなければならないわけで、そうすると、できることには限界があるのです。裁判所は、カメラが映している範囲でしか証人が出頭している場所の様子はわからないわけです。例えば、カメラの死角にいる人が、こう答えろと言って紙を出したとしても裁判所にはわからないわけです。ですから、証人に対してそのような影響力が行使される可能性はできるだけ排除しなければならないと思います。

　また、両当事者の代理人が証人の証言する場所に在室するのならいいかもしれませんが、一方当事者の代理人だけが在室するとなると、在室する代理人側の当事者に有利になってしまうということもあると思います。どうしてもすぐ近くで直接聴いている人のほうに影響されて、それに従った答えを出してしまうということがあるのではないでしょうか。」

　「法204条というのは非常に抽象的な規定で、具体的な内容は全部規則に委ねられています。これは、科学技術の発達等の事情の変更に応じてその内容を適宜改正できるようにという配慮によるものです。例えばテレビ会議装置が裁判所だけでなくていろいろな公共施設に普及してきたら、証人には最寄りの公共施設に出頭してもらって尋問をするということも可能になってくるかもしれません。そのときにはそれに適切な対応をした規則の改正をすることになると思います。」

○伊藤

　「この新しい制度についての評価は、理論の立場からご覧になっていかがですか。直接主義という点では問題ないでしょうね。」

○青山善充（東京大学法学部教授）

　「直接主義とは、判決をする裁判官が自ら、弁護（ママ。弁論か）を聴取し、

証拠調べをする原則だ、といわれています。問題になっているのは証人尋問の局面ですが、裁判官が自ら尋問し、証人がリアルタイムに答えた証言やその態度を、裁判官がテレビを通じてであれ、耳で聞き、目で確かめているわけですから、音声や映像が電波で伝えられることだけで直接主義に反する、と解する必要はないと思います。」

○竹下守夫（駿河台大学学長）

「そうでしょうね。」

○伊藤

「確かに映像では送られてくるけれども、直接主義の要請は十分満たしていると理解してよろしいですね。」

○竹下

「いいのではないでしょうか。」

○鈴木正裕（甲南大学法学部教授）

「直接主義の概念も時代とともに変わっていくということなのでしょう。」

○竹下

「そうでしょうね。少なくとも受訴裁判所を構成する裁判官が、尋問を通じて証人から直接に証言を聴取するわけですから、通常の意味での直接主義の要請は充たしているといってよいのではないでしょうか。」　　　　　」

【ForschungNr.49】

[Punkt]　直接主義・審理の公開の時代的変化

この研究会で議論されている、①テレビ会議による尋問については、当事者が証人の出頭する裁判所まで行くとなると、当事者あるいはその代理人である弁護士がそこまで行く費用は当事者の負担となるし、期日も早期には入らない可能性があるので、証人だけがテレビ会議の設置された裁判所に出頭するということから始めたのであり、始めてから当事者が証人の出頭する裁判所に行ってもいいではないかということになれば、そのときに民訴規則の改正を検討すればよいと考えられていたこと、②テレビ会議装置の設置場所として、現行民訴法・民訴規則が成立する前から導入されていたラウンドテーブル法廷（現在位置212、254）が想定されていたこと、③民訴規則123条は、当事者が出頭している裁判所が法廷であり、そこに証人が映像と音声によって出頭して来る、

という考え方に立っており、証人が出頭した裁判所の法廷は受訴裁判所の法廷ではないことになるが、ディスプレーで見える範囲ではその法廷にも受訴裁判所の法廷警察権が及ぶと解されるのではないかということ、④テレビ会議を通した訴訟指揮には限界があること、⑤テレビ会議装置が公共施設にまで普及してきたら、証人には最寄りの公共施設に出頭してもらって尋問をするというような民訴規則の改正も想定されていたこと、⑥テレビ会議による尋問は、受訴裁判所を構成する裁判官が、尋問を通じて証人から直接に証言を聴取するものなので、直接主義の要請は充たしていると考えられることなどは、今後、法改正によって e-Court をさらに広げていくに当たって参考となろう。

　現行民訴規則 123 条は、上記のとおり、証人の出頭する裁判所は受訴裁判所の法廷ではないという考え方に立っていて、その裁判所の法廷で審理を公開することは予定していないが、論文等 S によると、ミシガン州の裁判所規則の改正案では、裁判官がいる場所を主たる場所、証人が証言する場所を従たる場所として、従たる場所でも審理を公開する考え方に立っているようである。今後法改正によって e-Court を広げるに当たっては、映像と音声によって弁論を行う場所や証人や尋問する者がいる場所での審理の公開をどうするかということが問題になるので、【ForschungNr.71】［Punkt2］でこの点について検討している。

　なお、この議論の前（206 ～ 207）や後（512）には、①訴訟手続への OA 機器の導入は、手続の迅速化、当事者の手続上の負担の軽減を目的とするものであって、意見照会の結果でも基本的に支持がされていたこと、②しかし、電話会議システムの導入に対しては、日弁連は、公には反対していたこと（弁論準備手続については、後に記述する公開問題が重要な争点となっており、それが弁論準備手続における電話会議の利用にも影響しており、前記(2)記載のような慎重な規定となった理由の一つでもあった）、③電話会議は、現行民訴法・民訴規則が成立する前からすでに導入されており（現在位置212）、打ち合わせ等に利用されていたこと、④コンピュータを使った督促手続の処理も、現行民訴法・民訴規則が成立する前から、東京、大阪両簡裁で OCR を利用して行われていたこと、などが議論されている。

110　第 5 章　日本の民事訴訟における IT 化の現状

⑷　現行民訴法・民訴規則の改正等

次に、現行民訴法・民訴規則施行後の IT 化に関連する民訴法・民訴規則の改正等、立法の動きを見て行くこととする。

ア　司法制度改革

現行民訴法・民訴規則が施行されたのは、1998（平成 10）年 1 月であるが、翌 1999（平成 11）年 6 月に司法制度改革審議会設置法が成立し、司法制度改革審議会（改革審）が発足し、2001（平成 13）年 6 月に改革審意見書が内閣に提出された（現在位置348）。そして、改革審意見書では、裁判所の利便性の向上という観点から、裁判所等のホームページ等を活用したネットワーク化の促進、訴訟手続等への IT の導入が求められていたことは、**第 2 章 3 記載**のとおりである。

イ　民事訴訟法等の一部を改正する法律（平成 15 年法律 108 号。以下、この法律による民訴法改正を「平成 15 年改正」という）

この法律は、司法制度改革関連法の一つであり（現在位置291、360）、民訴法について、①計画審理を定める、②訴え提起前の証拠収集手続を拡充する、③専門委員制度を設ける、④鑑定制度の改善、⑤特許等関係訴訟事件を専属管轄化する、⑥簡裁の手続に和解に代わる決定の制度を設け、少額訴訟の上限額を 30 万円から 60 万円に引き上げるなどの改正をしたもので、それに伴って、平成 15 年最高裁規則 19 号で民訴規則の改正もされた（現在位置291 〜 293）。この改正によって、次のとおり、IT 化と関連を有する規定の改正、新設が行われた。

㋐　専門委員

専門委員制度の新設に伴い、次のとおり、音声の送受信による通話の方法による専門委員の関与の規定が設けられた。

●法 92 条の 3

裁判所は、前条各項の規定により専門委員を手続に関与させる場合において、専門委員が遠隔の地に居住しているときその他相当と認めるときは、当事者の意見を聴いて、同条各項の期日において、最高裁判所規則で定めるところにより、裁判所及び当事者双方が専門委員との間で音声の送受信により同時に通話をすることができる方法によって、専門委員に同条各項の説明又は発問を

1　IT 化に関係する民訴法・民訴規則の規定　　111

させることができる。

●規則 34 条の 7 第 1 項〜 3 項

　　1　　法第 92 条の 2（専門委員の関与）第 1 項又は第 2 項の期日において、法第 92 条の 3（音声の送受信による通話の方法による専門委員の関与）に規定する方法によって専門委員に説明又は発問をさせるときは、裁判所は、通話者及び通話先の場所の確認をしなければならない。

　　2　　専門委員に前項の説明又は発問をさせたときは、その旨及び通話先の電話番号を調書に記載しなければならない。この場合においては、通話先の電話番号に加えてその場所を記載することができる。

　　3　　第 1 項の規定は、法第 92 条の 2 第 3 項の期日又は進行協議期日において第 1 項の方法によって専門委員に説明をさせる場合について準用する。

　　㈶　鑑定

　　鑑定については、1 ⑵エ記載のとおり、法 216 条、規則 134 条で、それぞれ証人尋問の規定が準用されていたので、テレビ会議による尋問の要件である「遠隔地に居住する」という要件が鑑定人にも準用されていたが、これを改め、鑑定人が遠隔地に居住しているとき以外にもテレビ会議による鑑定人質問を認めることとし、鑑定人の出頭場所も裁判所に限定しないこととした（現在位置 292）。

　　具体的には、法 215 条の 3、規則 132 条の 5 を新設し（規則については、平成 15 年最高裁規則 19 号による）、それぞれ次のように定めた。

●法 215 条の 3

　　裁判所は、鑑定人に口頭で意見を述べさせる場合において、鑑定人が遠隔の地に居住しているときその他相当と認めるときは、最高裁判所規則で定めるところにより、隔地者が映像と音声の送受信により相手の状態を相互に認識しながら通話をすることができる方法によって、意見を述べさせることができる。

●規則 132 条の 5 第 1 項〜 3 項

　　1　　法第 215 条の 3（映像等の送受信による通話の方法による陳述）に規定する方法によって鑑定人に意見を述べさせるときは、当事者の意見を聴いて、当事者を受訴裁判所に出頭させ、鑑定人を当該手続に必要な装置の設置された場所であって裁判所が相当と認める場所に出頭させてこれをする。

112　第 5 章　日本の民事訴訟における IT 化の現状

2　前項の場合には、文書の写しを送信してこれを提示することその他の手続の実施に必要な処置を行うため、ファクシミリを利用することができる。

3　第 1 項の方法によって鑑定人に意見を述べさせたときは、その旨及び鑑定人が出頭した場所を調書に記載しなければならない。

㈡　弁論準備手続

現行民訴法制定時には、弁論準備手続における電話会議の利用は、まったく新しい試みであったので、不都合が生じる可能性があることは避けて慎重に始めることとし、電話によって期日に出頭している当事者は、訴訟を終了させる効果のある訴えの取下げ、和解並びに請求の放棄及び認諾をすることができないと定めていた（改正前の法 170 条 5 項）。しかし、電話会議の運用が定着し、電話によって期日に出頭している当事者に訴訟を終了させる効果のある訴訟行為を認めても特段の不都合は生じないことが分かってきたので、これを認めることとされた（法 170 条 5 項が削除された）。

㈣　その他

民事訴訟の IT 化に直接関係するものではないが、次のとおり、民訴規則に、裁判所に提出する書面に記載した情報の電磁的方法による提供等の規定が設けられた。

●規則 3 条の 2

裁判所は、判決書の作成に用いる場合その他必要があると認める場合において、当事者が裁判所に提出した書面又は提出しようとする書面に記載した情報の内容を記録した電磁的記録（電子的方式、磁気的方式その他人の知覚によっては認識することができない方式で作られる記録であって、電子計算機による情報処理の用に供されるものをいう。以下この条において同じ。）を有しているときは、その当事者に対し、当該電磁的記録に記録された情報を電磁的方法（電子情報処理組織を使用する方法その他の情報通信の技術を利用する方法をいう。）であって裁判所の定めるものにより裁判所に提供することを求めることができる。

【ForschungNr.50】

[Punkt]　運用を踏まえた制限緩和

【ForschungNr.48、49】記載のとおり、電話会議やテレビ会議を利用した審理は、初めての経験であり、どのような不都合が生じるか分からなかったた

め、とても慎重な規定になっていたが、施行後数年の経験によって、これらの機器は実務に定着し、不都合はあまり生じないことが分かってきたので、電話会議やテレビ会議の利便性をより高めるために上記のとおり、弁論準備手続において電話によって期日に出頭している当事者ができる行為を制限していた規定（法170条5項）を削除し、鑑定については遠隔地要件を緩和するなどの改正が行われたものである。

この改正によっても、少なくとも一方当事者が裁判所に出頭することによって期日が開かれることを前提とした規定には手を付けられていないが、2011（平成23）年に成立した非訟事件手続法及び家事事件手続法では、双方当事者が電話会議・テレビ会議で出頭する期日が認められる（非訟47条、家事54条、258条1項）など、期日の概念にも変化が見られるようになっているので、e-Court を広げるに当たっては、その点はあまり大きな障害にはならないのではないかと思われる。

　ウ　電子情報処理組織を用いて取り扱う民事訴訟手続における申立て等の方
　　　式等に関する規則（平成15年最高裁規則21号。IT 規則）等

第2章3記載のとおり、2001（平成13）年6月の改革審意見書を受けて、最高裁は、翌2002（平成14）年に、「司法制度改革推進計画要綱～着実な改革推進のためのプログラム」を策定していたが、2003（平成15）年に上記規則（以下「IT 規則」という）を制定し、民訴規則で書面等（紙その他の有体物）によることとされている一部の申立てその他の申述（申立て等）について、電子情報処理組織を用いた申立て等を認めた。そして、同規則の施行細則で、電子情報処理組織を用いた申立て等ができる申立て等を定め、同申立て等をするには、電子署名を要する旨定めた。

　㋐　IT 規則

● IT 規則1条（電子情報処理組織による申立て等の方式等）

　1　第1審の民事訴訟手続における申立てその他の申述（以下「申立て等」という。）のうち、当該申立て等に関する民事訴訟規則（平成8年最高裁判所規則第5号）の規定により書面等（書面、書類、文書、謄本、抄本、正本、副本、複本その他文字、図形等人の知覚によって認識することができる情報が記載された紙その他の有体物をいう。以下同じ。）によりすることとしているもの（当該申立て

114　第5章　日本の民事訴訟における IT 化の現状

等に関する民事訴訟法（平成8年法律第109号）その他の法律の規定により書面等によりすることとしているものを除く。）であって、同規則第3条第1項の規定により当該書面等をファクシミリを利用して送信することにより裁判所に提出することができるものについては、同規則の規定にかかわらず、最高裁判所の細則で定めるところにより、電子情報処理組織（裁判所の使用に係る電子計算機（入出力装置を含む。以下同じ。）と当該申立て等をする者の使用に係る電子計算機とを電気通信回線で接続した電子情報処理組織をいう。以下同じ。）を用いて第1審の民事訴訟手続における申立て等を取り扱う裁判所として最高裁判所の定める裁判所に対しては、電子情報処理組織を用いる方法ですることができる。

　2　前項の規定により電子情報処理組織を用いて第1審の民事訴訟手続における申立て等を取り扱う裁判所が定められたときは、最高裁判所長官は、これを官報で告示しなければならない。

● IT 規則2条（電子情報処理組織による申立て等の効果等）

　1　前条第1項の規定によりされた申立て等については、当該申立て等を書面等によりするものとして規定した申立て等に関する民事訴訟規則の規定に規定する書面等によりされたものとみなして、当該申立て等に関する同規則の規定を適用する。

　2　前条第1項に規定する申立て等のうち、当該申立て等を書面等によりするものとして規定した申立て等に関する民事訴訟規則の規定に提出すべき書面等の通数が規定されているものについて、同項の規定により当該申立て等がされたときは、当該申立て等に関する同規則の規定に規定する通数の書面等が提出されたものとみなす。

　3　前条第1項の規定によりされた申立て等は、同項の裁判所の使用に係る電子計算機に備えられたファイルへの記録がされた時に当該裁判所に到達したものとみなす。

● IT 規則3条（記名押印等に代わる措置）

　第1条第1項の場合において、当該申立て等をする者は、当該申立て等に関する民事訴訟規則の規定により記名押印等（記名押印その他氏名又は名称を書面等に記載することをいう。以下この条において同じ。）をすることとしているものについては、当該申立て等に関する同規則の規定にかかわらず、自己の氏名又

は名称を明らかにする措置であって最高裁判所の細則で定めるものをもって当該記名押印等に代えなければならない。

● IT 規則 4 条（電子情報処理組織による申立て等に係る訴訟記録の閲覧等）

　1　第 1 条第 1 項の規定によりされた申立て等については、第 2 条第 3 項に規定するファイルに記録された情報の内容を書面に出力しなければならない。

　2　第 1 条第 1 項の規定によりされた申立て等に係る民事訴訟法第 91 条第 1 項又は第 3 項の規定による訴訟記録の閲覧若しくは謄写又はその正本、謄本若しくは抄本の交付は、前項の規定により出力された書面をもって行う。当該申立て等に係る書類の送達又は送付も、同様とする。

● IT 規則 5 条（適用除外）

　民事訴訟に関する法令の規定が適用され、若しくは準用され、又は民事訴訟の例によることとされている裁判所における民事事件、行政事件、家事事件その他の事件に関する手続のうち、民事訴訟法又は民事訴訟規則の適用を受ける第 1 審の民事訴訟手続（人事訴訟に関する手続を除く。）以外のものについては、この規則の規定は、適用しない。

● IT 規則 6 条（細則の官報告示）

　最高裁判所長官は、第 1 条第 1 項及び第 3 条の細則を官報で告示しなければならない。

（附則）

　この規則は、平成 16 年 1 月 1 日から施行する。

　⑷　電子情報処理組織を用いて取り扱う民事訴訟手続における申立て等の方式等に関する規則施行細則（平成 16 年最高裁告示 1 号）

● 施行細則 1 条（申立て等の方式）

　1　電子情報処理組織を用いて取り扱う民事訴訟手続における申立て等の方式等に関する規則（平成 15 年最高裁判所規則第 21 号。以下「規則」という。）第 1 条第 1 項の規定により電子情報処理組織を用いて申立て等をする者は、当該申立て等をする者の使用に係る電子計算機から当該申立て等につき規定した民事訴訟手続に係る法令の規定において書面等に記載すべきこととされている事項を入力して当該申立て等をしなければならない。

　2　前項の申立て等をする者は、当該申立て等に係る情報に、電子署名（電

子署名及び認証業務に関する法律（平成12年法律第102号）第2条第1項に規定するもの（※）をいう。以下この項及び次条において同じ。）を行い、当該電子署名に係る電子証明書（申立て等を行う者が電子署名を行ったものであることを確認するために用いられる事項が当該申立て等を行う者に係るものであることを証明するために作成する電磁的記録をいう。以下この項及び次条において同じ。）であって、次の各号のいずれかに該当するものと併せてこれを送信しなければならない。

　一　商業登記法（昭和38年法律第125号）第12条の2第1項及び第3項（これらの規定を他の法令の規定において準用する場合を含む。）の規定に基づき登記官が作成した電子証明書

　二　政府認証基盤（複数の認証局によって構成される認証基盤であって、国の行政機関の長その他の国家公務員の職を証明することその他政府が電子情報処理組織を使用して手続等を行い、又は行わせるために運営するものをいう。以下この号において同じ。）におけるブリッジ認証局（政府認証基盤を構成する認証局であって、政府認証基盤を構成する他の認証局以外の認証局と相互認証を行うことができるものをいう。）と相互認証を行っている認証局で政府認証基盤を構成する認証局以外のものが作成した電子証明書（前号に規定するものを除く。）であって、裁判所の使用に係る電子計算機から入手したソフトウェアを用いて送信することができ、かつ、裁判所の使用に係る電子計算機において識別することができるもの

●施行細則2条（氏名等を明らかにする措置）

　規則第3条における自己の氏名又は名称を明らかにする措置とは、規則第1条第1項の規定により電子情報処理組織を用いる方法でM することができる申立て等に係る情報に電子署名を行い、当該電子署名に係る前条第2項各号に掲げるいずれかの電子証明書を当該申立て等に係る情報と併せて送信することをいう。

（附則）

●1条（施行期日）

　この細則は、平成16年7月1日から施行する。

●2条（経過措置）

　第1条に規定する方式により申立て等をすることができるものは、当分の

1　IT化に関係する民訴法・民訴規則の規定　　**117**

間、次に掲げるものとする。

　一　期日の指定の申立て

　二　期日の変更の申立て

　　※1条2項で引用している「電子署名及び認証業務に関する法律（平成12年
　法律102号）」2条1項の規定は次のとおりである。

　　●第2条（定義）この法律において「電子署名」とは、電磁的記録（電子的方
　式、磁気的方式その他人の知覚によっては認識することができない方式で作ら
　れる記録であって、電子計算機による情報処理の用に供されるものをいう。以
　下同じ。）に記録することができる情報について行われる措置であって、次の要
　件のいずれにも該当するものをいう。

　　一　当該情報が当該措置を行った者の作成に係るものであることを示すため
　のものであること。

　　二　当該情報について改変が行われていないかどうかを確認することができ
　るものであること。

　㈼　電子情報処理組織を用いて取り扱う民事訴訟手続における申立て等の方
　　式等に関する規則施行細則の一部を改正する細則（平成17年最高裁告示3
　　号）

　この告示は、㈰の当初の施行細則の附則で、電子情報処理組織を用いて申立
て等ができるのは、期日の指定・変更の申立てに限られていたので、各種証拠
の申し出や証拠説明書の提出を加えたものである。

●電子情報処理組織を用いて取り扱う民事訴訟手続における申立て等の方式等
に関する規則施行細則（平成16年最高裁告示第1号）の一部を次のように改正
する。

　附則第2条に次の7号を加える。

　三　調査の嘱託の申出

　四　証人尋問の申出（尋問事項書の提出を含む。）

　五　当事者尋問の申立て（尋問事項書の提出を含む。）

　六　鑑定の申出（鑑定を求める事項を記載した書面の提出を含む。）

　七　文書送付の嘱託の申立て

　八　検証の申出

118　第 5 章　日本の民事訴訟における IT 化の現状

九　証拠説明書の提出

（附則）

　この細則は、平成 17 年 7 月 1 日から施行する。

　㈓　札幌地裁本庁における IT 規則の実施

　論文等 F41 頁（論文等 J の引用部分あり）及び論文等 J971 頁以下によれば、①上記㈑の平成 16 年最高裁告示 1 号と同日（平成 16 年 6 月 9 日）付けの最高裁告示 2 号により、IT 規則 1 条 1 項に定める「電子情報処理組織を用いて第 1 審の民事訴訟手続における申立て等を取り扱う裁判所」として札幌地裁本庁が指定された、②利用できる申立ては、当初は、期日指定と期日変更の申立てのみであったが、証拠申出書、鑑定申出書、検証申出書、調査嘱託申出書、文書送付嘱託申立書、証拠説明書に拡大された、③利用可能な時間帯は、24 時間ではなく、月曜日から金曜日（国民の祝日・休日及び 12 月 29 日から 1 月 3 日までの期間を除く）の午前 9 時から午後 3 時までに限定された、④このオンライン化の試みは、一部を除き、平成 21 年 3 月 20 日に停止とされている。

【ForschungNr.51】

[Punkt1] ファクシミリによる申立書等の提出

　IT 規則 1 条 1 項は、ファクシミリを利用して送信することにより裁判所に提出することができる申立書等について、オンライン提出を認めているが、ファクシミリによる申立書等の提出については、規則（民訴規則）3 条に定められており、その内容は次のとおりである。

●規則 3 条

　1　裁判所に提出すべき書面は、次に掲げるものを除き、ファクシミリを利用して送信することにより提出することができる。

　一　民事訴訟費用等に関する法律（昭和 46 年法律第 40 号）の規定により手数料を納付しなければならない申立てに係る書面

　二　その提出により訴訟手続の開始、続行、停止又は完結をさせる書面（前号に該当する書面を除く。）

　三　法定代理権、訴訟行為をするのに必要な授権又は訴訟代理人の権限を証明する書面その他の訴訟手続上重要な事項を証明する書面

　四　上告理由書、上告受理申立て理由書その他これらに準ずる理由書

2　ファクシミリを利用して書面が提出されたときは、裁判所が受信した時に、当該書面が裁判所に提出されたものとみなす。

3　裁判所は、前項に規定する場合において、必要があると認めるときは、提出者に対し、送信に使用した書面を提出させることができる。

　規則3条は、上記のとおり、ファクシミリで提出できる書面とファクシミリでは提出できない書面を分けているが、その経緯等については、研究会・新民事訴訟法で筆者が述べている。この部分は、e-Filing に当たって、オンライン送達を考える際にも参考となると思われるので、少し長くなるが、抜き出して掲げておく。

「　◎準備書面の相手方直送について（162 ～ 163）

○筆者（東京地裁判事・元最高裁民事局第一課長）

　「旧法は、ほとんどの文書を送達しなければならないというように考えて規定しているわけですが、旧法制定の頃と異なって、現在では、必ずしも送達という厳格な手続をふまなくてもいい書類が数多くあるのではないかということが議論されました。書類を送る手段として、昔は郵便か直接交付かしか考えられなかったのですが、現在においてはファクシミリというものがありまして、電送するということもできるようになりました。そこで、こういう科学技術の発展を踏まえ、郵便制度自体の確実性も増したということも考慮して、全般的に送達書類を見直そうということになったわけです。

　その結果、法制審では、「送達しなければならない書類は、訴状、上訴状、訴えの変更申立書、請求の追加書、請求の拡張書、独立当事者参加及び共同訴訟参加の申出書、判決書、取下げに相手方の同意を要する場合の取下書、並びに支払督促に限定する」ということになりました。法のレベルでは、これらの文書がそのまま送達を要するものとされたのですが、規則のレベルでは、法制審の議論の中で、送達を要するものとすべきであるという意見の強かった補助参加の申出書と訴訟告知書についても、それぞれ、20条と23条で送達を要するものと規定しています。

　このように、法律と規則で、いまお話したようなものが送達を要する書類となり、それ以外の書類については送達という厳格な手続はふむ必要がない、基本的には送付で足りるということになったわけです。そして、送付について

120　第 5 章　日本の民事訴訟における IT 化の現状

は、規則の 47 条に、通則的な規定を置きました。47 条では、「直送その他の送付は、送付すべき書類の写しの交付又はその書類のファクシミリを利用しての送信によってする」と規定し、直送とは、「当事者の相手方に対する直接の送付をいう」としています。直送すべき書類は、それぞれの書類についての規則の条文で、個々に規定しております。

　規則では、裁判所に提出すべき書面のファクシミリによる提出についても総則的規定を置いておりまして、その規定が 3 条で、「裁判所に提出すべき書面は、次に掲げるものを除き、ファクシミリを利用して送信することにより提出することができる」と定めています。この 3 条にファクシミリを利用できないものとして掲げている書面は、いずれも法制審の議論の中で、ファクシミリを利用することが適当でない書面とされてきたものです。

　こういうことで、書類が送達書類と、送付書類と、その中でもファクシミリによって裁判所にも提出できる書面、というように分かれてくることになりました。

　さて、それでは準備書面はこのように分かれた書類のどれに属するかと言いますと、法律では送達書類にはなっていないわけです。その意味では送付書類ということでありますし、しかも、ファクシミリで裁判所に提出してはいけない書面にも入っていません。ですから、ファクシミリで相手方に送ることもできますし、裁判所にも提出できる書面ということになります。」

　「この準備書面の直送の規定は、民事保全規則の 15 条に、既に提出した主張書面及び書証の写しを債権者から債務者に対して交付しなければならないという規定がありまして、これにならった形でできています。今回規則で定めた書類の直送の規定は、民事保全規則の直送の規定の運用が円滑に行われているのを見て、これを民訴規則本体に取り入れたものです。

　規則 83 条の規定は、法 161 条 3 項の規定を受けた規定ですから、「準備書面の直送を受けた相手方は、当該準備書面を受領した旨を記載した書面について直送をするとともに、当該書面を裁判所に提出しなければならない」と定めています。これは、一般にはファクシミリで行われる、ということを想定した規定で、準備書面を送る場合にも、裁判所と相手方当事者に同時に発信する、ということで済むであろうし、この受領書というようなものも、裁判所と、その

準備書面を送った人に同時にファクシミリで発信する、ということで済むのではないかと考えております。」　　　　　　　　　　　　　　　　　　　」

[Punkt2]　法と規則の振り分け

　一般に、訴訟に関する手続についての最高裁規則と訴訟に関する手続についての法律の関係については、裁判所の機構や管轄権など国家権力の根幹にかかわるものは法律事項であるが、それ以外の事項については、法律と規則が競合し、原則として前法・後法の関係に立つものと解されており、現行民訴法の制定に当たっても、同様な考え方が採られた（秋山ほか・コンメンタール I 第2版追補版 50 〜 51）。そして、現行民訴法の立法作業の中で、法と規則の振り分けが行われ、裁判所に提出すべき書面のファクシミリによる提出については、規則で定めることとされた（秋山ほか・コンメンタール I 第2版追補版 51）。そこで規定されたのが規則3条である。したがって、規則3条には、法に具体的な委任規定はない。強いていえば、法3条に定める包括委任（「この法律に定めるもののほか、民事訴訟に関する手続に関し必要な事項は、最高裁判所規則で定める。」）によって委任されているということもできる。

　このような立法経緯からして、特段の法の委任がなくても IT 規則で電子情報処理組織による申立て等について定めることには何の問題もないし、むしろ、電子情報処理組織による申立てに関しては規則で定めるべき事項であるといってもよい。

[Punkt3]　書面の作成者の責任の明示（本人確認）

　裁判所に提出される書面は、その書面の作成者の責任を明らかにし、書面の真正を確保する必要がある。そこで、規則2条は、次のように定めている。

●規則 2 条

　1　訴状、準備書面その他の当事者又は代理人が裁判所に提出すべき書面には、次に掲げる事項を記載し、当事者又は代理人が記名押印するものとする。

　一　当事者の氏名又は名称及び住所並びに代理人の氏名及び住所

　二　事件の表示

　三　附属書類の表示

　四　年月日

　五　裁判所の表示

122　第5章　日本の民事訴訟におけるIT化の現状

2　（省略）

つまり、裁判所に提出される書面には、作成者である当事者又は代理人の責任を明らかにするためにその記名押印が求められているのである。これは、準備書面のように、ファクシミリによって提出することができる書面についても同様であるが、規則は、ファクシミリによって提出される書面については、裁判所のファクシミリ機が受信し、紙に印刷した書面自体を原本として扱っているので、送信した書面に記名押印されていれば、それが印刷されることになり、それで記名押印の要件を充たすことになる。しかし、オンラインで提出されるデジタル書面には、記名押印することができないので、書面の作成者の責任を明らかにし、書面の真正を確保するために記名押印に代わる措置を執ることが必要になる。

そこで、IT規則3条は、記名押印に代わる自己の氏名又は名称を明らかにする措置であって最高裁判所の細則で定めるものを求め、これを受けて細則は、電子署名と当該電子署名に係る電子証明書の送信を求め、札幌地裁本庁でIT規則が実施されるに当たっても、これらが求められることになった。

しかし、IT規則がオンライン提出を認めた書面は、ファクシミリによって裁判所に提出することができるものに限られており、ファクシミリ送信で容易に提出できる書面について、手間を掛けてオンライン提出するメリットはほとんど考えられない。札幌地裁本庁におけるオンライン提出の実施例は数えるほどしかないと聞いているが、それは当然のことのように思われる。

書面の作成者の責任を明らかにして書面の真正を確保する方法は、オンライン提出の大きな問題であり、**第3章**で見てきたように、その対処の仕方としては、ドイツや韓国のように、電子証明書を備えた電子署名を求める方法（ドイツにつき**第3章2⑵イ⑺**130a条、**【ForschungNr.28】**［Punkt2］＜ただし、安全な送信ルートによって提出するときは、電子署名で足りる＞、韓国につき**第3章3⑴イ論文等U**）と、アメリカのように裁判所に個人情報を登録して、IDとパスワードの発行を受け、これを利用してオンライン提出をする方法（**第3章1⑴論文等P、⑵ア⑺**、**【ForschungNr.18】**［Punkt1］）、シンガポールのように個体認証とパスワードを用いる方法（**第3章4⑵論文等W、本田論文、【ForschungNr.40】**［Punkt2］）があるようであるが、民訴規則3条が、ファクシミリで送信できる

書面とそうでない書面に分けているように、すべての書面について同一の方法によらなければならないかも問題である。

　いずれにせよ、このように見てみると、ファクシミリによる書面の提出はとてもシンプルで手間がかからないことがよく分かる。ファクシミリと同様に記名押印をもって書面の作成者の責任を明らかにする方法としては、書面をPDF化する方法があり、裁判所にWeb会議装置が普及してくれば、ファクシミリによる書面の送信とともに、PDF化して書面を送信（ファイル共有を含む）することを認めることにしてもよいのではないかと考えており、この点については、後記**第6章1(4)**で検討している。

[Punkt4] 申立て等の裁判所への到達時期

　IT規則2条3項は、オンライン申立て等は、「裁判所の使用に係る電子計算機に備えられたファイルへの記録がされた時に当該裁判所に到達したものとみなす」と定めているが、これは、直接的には、「行政手続等における情報通信の技術の利用に関する法律」（平成14年法律151号）3条3項の規定を参考にしたものと考えられるが、民訴規則3条2項が、「ファクシミリを利用して書面が提出されたときは、裁判所が受信した時に、当該書面が裁判所に提出されたものとみなす」と定めているのと同様であり、ドイツ民訴法130a条5項が、「電子文書は、裁判所の定められた受信設備に記録される（gespeichert）とともに到達したものとみなす」と定めていることとも一致する。ドイツ民訴法130a条5項は、さらに、「送信者には到達時刻の自動確認が送信されなければならない」と定めているが、日本でもオンライン申立てを全面的に認めるようになれば、システム上、このような自動確認通知ができるようにして、このような規定を置くことになろう。

　エ　民事関係手続の改善のための民事訴訟法等の一部を改正する法律（平成16年法律152号。以下、この法律による民訴法改正を「平成16年改正」という）

　この法律は、①社会のIT化に対応するための民事訴訟等の申立て等のオンライン化、②権利実現の一層の円滑化・迅速化を図るための民事執行制度の改善及び③手形等の喪失者の権利保護の迅速化・効率化を図るための公示催告手続の改善等を目的とするものである（現在位置298）。

124　第 5 章　日本の民事訴訟における IT 化の現状

　このうち、①について定めたのが、民訴法 132 条の 10 と 397 条〜 402 条で、その内容は次のとおりである。

　(ア)　電子情報処理組織による申立て等について

●法 132 条の 10

　1　民事訴訟に関する手続における申立てその他の申述（以下「申立て等」という。）のうち、当該申立て等に関するこの法律その他の法令の規定により書面等（書面、書類、文書、謄本、抄本、正本、副本、複本その他文字、図形等人の知覚によって認識することができる情報が記載された紙その他の有体物をいう。以下同じ。）をもってするものとされているものであって、最高裁判所の定める裁判所に対してするもの（当該裁判所の裁判長、受命裁判官、受託裁判官又は裁判所書記官に対してするものを含む。）については、当該法令の規定にかかわらず、最高裁判所規則で定めるところにより、電子情報処理組織（裁判所の使用に係る電子計算機（入出力装置を含む。以下同じ。）と申立て等をする者又は第 399 条第 1 項の規定による処分の告知を受ける者の使用に係る電子計算機とを電気通信回線で接続した電子情報処理組織をいう。第 397 条から第 401 条までにおいて同じ。）を用いてすることができる。ただし、督促手続に関する申立て等であって、支払督促の申立てが書面をもってされたものについては、この限りでない。

　2　前項本文の規定によりされた申立て等については、当該申立て等を書面等をもってするものとして規定した申立て等に関する法令の規定に規定する書面等をもってされたものとみなして、当該申立て等に関する法令の規定を適用する。

　3　第 1 項本文の規定によりされた申立て等は、同項の裁判所の使用に係る電子計算機に備えられたファイルへの記録がされた時に、当該裁判所に到達したものとみなす。

　4　第 1 項本文の場合において、当該申立て等に関する他の法令の規定により署名等（署名、記名、押印その他氏名又は名称を書面等に記載することをいう。以下この項において同じ。）をすることとされているものについては、当該申立て等をする者は、当該法令の規定にかかわらず、当該署名等に代えて、最高裁判所規則で定めるところにより、氏名又は名称を明らかにする措置を講じなけ

ればならない。

5 第1項本文の規定によりされた申立て等（督促手続における申立て等を除く。次項において同じ。）が第3項に規定するファイルに記録されたときは、第1項の裁判所は、当該ファイルに記録された情報の内容を書面に出力しなければならない。

6 第1項本文の規定によりされた申立て等に係る第91条第1項又は第3項の規定による訴訟記録の閲覧若しくは謄写又はその正本、謄本若しくは抄本の交付（第401条において「訴訟記録の閲覧等」という。）は、前項の書面をもってするものとする。当該申立て等に係る書類の送達又は送付も、同様とする。

【ForschungNr.52】

[Punkt1] オンライン提出の対象

　法132条の10は、IT規則に遅れて設けられたものであり、申立て等の裁判所への到達時期、氏名又は名称を明らかにする措置、オンライン提出された情報の書面への出力、同書面による訴訟記録の閲覧等など、基本的にIT規則と同じ定めになっている。IT規則と異なるのは、IT規則が、申立てその他の申述（申立て等）のうち、民訴規則3条1項の規定に基づいて当該書面等をファクシミリを利用して送信することにより裁判所に提出することができるものに限ってオンライン提出の対象としているのに対して、法132条の10は、当該申立て等に関するこの法律その他の法令の規定により書面等をもってするものとされているものをオンライン提出の対象としており、オンライン提出の対象を広げたことである。

　具体的には、IT規則ではオンライン提出が認められていなかった①民訴費用法の規定により手数料を納付しなければならない申立てに係る書面、②訴訟手続の開始、続行、停止又は完結をさせる書面、③上告理由書、上告受理申立て理由書その他これらに準ずる理由書についても、オンライン提出することが可能となった。

[Punkt2] オンライン提出の対象拡大の障害

　本条の規定を受けてIT規則を改正し、新たにオンライン提出の対象となった書面（典型的には訴状）についてもオンライン提出ができるようにする措置が執られることが予想されたが、実際にはそのような措置は執られないまま現

126　第 5 章　日本の民事訴訟における IT 化の現状

在に至っている。

　その理由は明らかではないが、法 132 条の 10 は、いくつかの重要な問題を抱えており、同条が 1 箇条できたからといって、直ちに訴状等のオンライン提出を始めるわけにはいかないことも事実である。これは、全面的なオンライン提出が認められた後記(イ)記載の電子情報処理組織による督促手続（以下「督オンシステム」という）と比べてみると、明らかになる。督オンシステムでは、後記(イ)記載のとおり、①民訴費用法の規定により手数料を納付しなければならない申立てについて、手数料の現金納付が認められている（民事訴訟法 132 条の 10 第 1 項に規定する電子情報処理組織を用いて取り扱う督促手続に関する規則（以下「督オン規則」という）3 条 7 項、2 条 1 号、7 号）、②反復・継続してオンライン督促申立てをしようとする債権者（法人）は、指定簡裁（東京簡裁）の登録を受け、督促手続の郵便物の料金等に充てるための費用を一括して現金で予納することができる（督オン規則 8 条 1 項、2 項）、③督オンシステムでは、申立て等だけでなく、書記官の処分や債権者に対する処分の告知も督オンシステムによって行うものとされており（法 399 条、督オン規則 5 条）、記録の電子化が実現している（法 400 条、督オン規則 5 条）。

　このように、督オンシステムは、①同一の債権者が反復・継続して利用するという特性、②裁判官による裁判ではなく、書記官による処分であり、債務者から異議が申し立てられれば、訴訟に移行し、督促手続は終了するという特性、③督促手続は債権者の主張に基づいて判断されるものであり、期日は開かれず、証拠は提出されないという特性などを活かして、手数料や郵便料金の現金納付、記録の電子化を実現している（それでも、法 401 条 1 項、督オン規則 6 条は、記録の閲覧等は、ファイルに記録された電磁的記録部分の内容を書面に出力した上、当該書面をもってすることにしている）。

　しかし、訴訟は、督促手続よりもはるかに複雑な手続であり、原告も被告も多様で、双方から複数の主張書面が提出され、複数回の期日が開かれ、多数の書証が提出され、人証の取調べが行われるということが常態であり、仮に手数料や郵便料金の現金納付が実現したとしても、督促手続のように記録を電子化することは、システム開発の点でも、法律・規則の整備の点でも容易なことではない。そして、記録が電子化されないのに申立て等だけを電子化しても、オ

ンライン提出されたデータは、すべて書面に出力して記録化せざるを得ず、あまり手続の合理化にはならない。特に、法132条の10は、申述についてのみオンライン提出を認め、書証の写しについては、オンライン提出を認めていないので、仮にオンラインで訴えを提起するとしても、書証の写しは別途書面で提出しなければならないので、利用者にとっても大きなメリットは期待できない。

365日24時間いつでも提出できることだけにオンライン提出のメリットがあるのであれば、ファクシミリで提出できる書面の範囲の制約を外し、どのような書面でも、例えば訴状でも、365日24時間いつでもファクシミリで提出できるようにする方が、書面化の手間が省けるし、書証の写しも同時に送信できるし、電子署名も電子証明（督促オン規則3条2項）も必要としないので、はるかにメリットがあることになる。

(イ)　電子情報処理組織による督促手続の特則について

a　民訴法

●法397条（電子情報処理組織による支払督促の申立て）

電子情報処理組織を用いて督促手続を取り扱う裁判所として最高裁判所規則で定める簡易裁判所（以下この章において「指定簡易裁判所」という。）の裁判所書記官に対しては、第383条の規定による場合のほか、同条に規定する簡易裁判所が別に最高裁判所規則で定める簡易裁判所である場合にも、最高裁判所規則で定めるところにより、電子情報処理組織を用いて支払督促の申立てをすることができる。

●法398条

1　第132条の10第1項本文の規定により電子情報処理組織を用いてされた支払督促の申立てに係る督促手続における支払督促に対し適法な督促異議の申立てがあったときは、督促異議に係る請求については、その目的の価額に従い、当該支払督促の申立ての時に、第383条に規定する簡易裁判所で支払督促を発した裁判所書記官の所属するもの若しくは前条の別に最高裁判所規則で定める簡易裁判所又はその所在地を管轄する地方裁判所に訴えの提起があったものとみなす。

2　前項の場合において、同項に規定する簡易裁判所又は地方裁判所が2以

128　第 5 章　日本の民事訴訟における IT 化の現状

上あるときは、督促異議に係る請求については、これらの裁判所中に第 383 条第 1 項に規定する簡易裁判所又はその所在地を管轄する地方裁判所がある場合にはその裁判所に、その裁判所がない場合には同条第 2 項第 1 号に定める地を管轄する簡易裁判所又はその所在地を管轄する地方裁判所に訴えの提起があったものとみなす。

　3　前項の規定にかかわらず、債権者が、最高裁判所規則で定めるところにより、第 1 項に規定する簡易裁判所又は地方裁判所のうち、1 の簡易裁判所又は地方裁判所を指定したときは、その裁判所に訴えの提起があったものとみなす。

●法 399 条（電子情報処理組織による処分の告知）

　1　第 132 条の 10 第 1 項本文の規定により電子情報処理組織を用いてされた支払督促の申立てに係る督促手続に関する指定簡易裁判所の裁判所書記官の処分の告知のうち、当該処分の告知に関するこの法律その他の法令の規定により書面等をもってするものとされているものについては、当該法令の規定にかかわらず、最高裁判所規則で定めるところにより、電子情報処理組織を用いてすることができる。

　2　第 132 条の 10 第 2 項から第 4 項までの規定は、前項の規定により指定簡易裁判所の裁判所書記官がする処分の告知について準用する。

　3　前項において準用する第 132 条の 10 第 3 項の規定にかかわらず、第 1 項の規定による処分の告知を受けるべき債権者の同意があるときは、当該処分の告知は、裁判所の使用に係る電子計算機に備えられたファイルに当該処分に係る情報が最高裁判所規則で定めるところにより記録され、かつ、その記録に関する通知が当該債権者に対して発せられた時に、当該債権者に到達したものとみなす。

●法 400 条（電磁的記録による作成等）

　1　指定簡易裁判所の裁判所書記官は、第 132 条の 10 第 1 項本文の規定により電子情報処理組織を用いてされた支払督促の申立てに係る督促手続に関し、この法律その他の法令の規定により裁判所書記官が書面等の作成等（作成又は保管をいう。以下この条及び次条第 1 項において同じ。）をすることとされているものについては、当該法令の規定にかかわらず、書面等の作成等に代えて、最

高裁判所規則で定めるところにより、当該書面等に係る電磁的記録の作成等をすることができる。

2 第132条の10第2項及び第4項の規定は、前項の規定により指定簡易裁判所の裁判所書記官がする電磁的記録の作成等について準用する。

●法401条（電磁的記録に係る訴訟記録の取扱い）

1 督促手続に係る訴訟記録のうち、第132条の10第1項本文の規定により電子情報処理組織を用いてされた申立て等に係る部分又は前条第1項の規定により電磁的記録の作成等がされた部分（以下この条において「電磁的記録部分」と総称する。）について、第91条第1項又は第3項の規定による訴訟記録の閲覧等の請求があったときは、指定簡易裁判所の裁判所書記官は、当該指定簡易裁判所の使用に係る電子計算機に備えられたファイルに記録された電磁的記録部分の内容を書面に出力した上、当該訴訟記録の閲覧等を当該書面をもってするものとする。電磁的記録の作成等に係る書類の送達又は送付も、同様とする。

2 第132条の10第1項本文の規定により電子情報処理組織を用いてされた支払督促の申立てに係る督促手続における支払督促に対し適法な督促異議の申立てがあったときは、第398条の規定により訴えの提起があったものとみなされる裁判所は、電磁的記録部分の内容を書面に出力した上、当該訴訟記録の閲覧等を当該書面をもってするものとする。

●法402条（電子情報処理組織による督促手続における所定の方式の書面による支払督促の申立て）

1 電子情報処理組織（裁判所の使用に係る複数の電子計算機を相互に電気通信回線で接続した電子情報処理組織をいう。）を用いて督促手続を取り扱う裁判所として最高裁判所規則で定める簡易裁判所の裁判所書記官に対しては、第383条の規定による場合のほか、同条に規定する簡易裁判所が別に最高裁判所規則で定める簡易裁判所である場合にも、最高裁判所規則で定める方式に適合する方式により記載された書面をもって支払督促の申立てをすることができる。

2 第398条の規定は、前項に規定する方式により記載された書面をもってされた支払督促の申立てに係る督促手続における支払督促に対し適法な督促異議の申立てがあったときについて準用する。

130 第5章 日本の民事訴訟における IT 化の現状

b 民事訴訟法第 132 条の 10 第 1 項に規定する電子情報処理組織を用いて取り扱う督促手続に関する規則（平成 18 年最高裁規則 10 号＜平成 27 年最高裁規則 11 号による改正後のもの＞（督オン規則））

●督オン規則 1 条（電子情報処理組織を用いて督促手続を取り扱う簡易裁判所等）

1 民事訴訟法（平成 8 年法律第 109 号。以下「法」という。）第 132 条の 10 第 1 項に規定する電子情報処理組織（以下「電子情報処理組織」という。）を用いてする督促手続に関する申立てその他の申述（以下「電子督促手続関係申立て等」という。）を取り扱う指定簡易裁判所は、東京簡易裁判所とする。

2 指定簡易裁判所の裁判所書記官に対しては、法第 383 条に規定する簡易裁判所が指定簡易裁判所以外の簡易裁判所である場合にも、電子情報処理組織を用いて支払督促の申立てをすることができる。

●督オン規則 2 条（電子督促手続関係申立て等の範囲）

指定簡易裁判所の裁判所書記官に対してすることができる電子督促手続関係申立て等は、次に掲げる申立て等（法第 132 条の 10 第 1 項に規定する申立て等をいう。以下同じ。）とする。ただし、債権者がするものに限る。

一 支払督促の申立て

二 仮執行の宣言の申立て

三 支払督促の更正の処分の申立て

四 前 3 号に掲げる申立ての取下げ

五 法第 104 条第 1 項に規定する送達を受けるべき場所及び送達受取人の届出

六 法第 388 条第 3 項後段に規定する送達をすべき場所の申出

七 法第 91 条第 3 項に規定する訴訟に関する事項の証明書の交付の請求

●督オン規則 3 条（電子督促手続関係申立て等の方式等）

1 電子督促手続関係申立て等をする者は、指定簡易裁判所の使用に係る電子計算機に備えられたファイルから入手可能な様式に従い、前条各号に掲げる申立て等に関する法令の規定により書面等（法第 132 条の 10 第 1 項に規定する書面等をいう。）に記載すべきこととされている事項を当該者の使用に係る電子計算機から入力する方法により、当該申立て等をしなければならない。

2 電子督促手続関係申立て等をする者は、当該電子督促手続関係申立て等

1　IT 化に関係する民訴法・民訴規則の規定　**131**

に係る情報に電子署名（電子署名及び認証業務に関する法律（平成 12 年法律第 102 号）第 2 条第 1 項に規定する電子署名をいう。以下同じ。）を行い、これを当該電子署名に係る電子証明書（電子署名を行った者を確認するために用いられる事項が当該者に係るものであることを証明するために作成された電磁的記録をいう。以下同じ。）と併せて送信しなければならない。ただし、当該電子証明書は、次の各号のいずれかに該当するものに限る。

　一　商業登記法（昭和 38 年法律第 125 号）第 12 条の 2 第 1 項及び第 3 項（これらの規定を他の法令の規定において準用する場合を含む。）の規定に基づき登記官が作成した電子証明書

　二　電子署名等に係る地方公共団体情報システム機構の認証業務に関する法律（平成 14 年法律第 153 号）第 3 条第 1 項に規定する署名用電子証明書

　三　電子署名及び認証業務に関する法律第 8 条に規定する認定認証事業者が作成した電子証明書（指定簡易裁判所の使用に係る電子計算機において電子署名を行った者を確認することができるものに限る。）

　3　電子情報処理組織を用いてする支払督促の申立て（以下「電子支払督促申立て」という。）をする場合には、次に掲げる事項は、当該事項を証する情報を当該申立てに係る情報と併せて送信する方法によって証明しなければならない。ただし、第 1 号に掲げる事項については、前項の規定により同項第 1 号に掲げる電子証明書を送信する方法に限り、第 2 号に掲げる事項については、委任による代理人の権限を証する情報に作成者が電子署名を行い、これを当該電子署名に係る電子証明書（同項各号のいずれかに該当するものに限る。）と併せて送信する方法に限る。

　一　債権者が法人であるときの当該法人の代表者の資格

　二　委任による代理人の権限

　4　電子支払督促申立てをする場合には、同時に、電子メールアドレス（電子メールの利用者を識別するための文字、番号、記号その他の符号をいう。以下同じ。）を届け出なければならない。

　5　法第 398 条第 3 項に規定する指定は、電子支払督促申立ての時にしなければならない。

　6　電子支払督促申立てをした場合における法第 391 条第 2 項ただし書に規

132　第5章　日本の民事訴訟におけるIT化の現状

定する債権者の同意は、電子情報処理組織を用いてする仮執行の宣言の申立ての時にしなければならない。

7　電子督促手続関係申立て等であって前条第1号又は第7号に掲げるものをする者は、手数料を現金をもって納めることができる。この場合においては、当該電子督促手続関係申立て等をしたことにより得られた納付情報により当該手数料を納付しなければならない。

●督オン規則4条（電子督促手続関係申立て等に関する処分の告知の方式）

1　法第399条第3項の規定は、電子督促手続関係申立て等に関する次に掲げる処分の告知について準用する。

一　第2条第1号から第3号までに掲げる申立てを却下する処分の告知

二　第2条第1号に掲げる申立ての不備を補正すべきことを命ずる処分の告知

2　前項において準用する法第399条第3項に規定する債権者の同意は、電子支払督促申立ての時にしなければならない。

3　第1項において準用する法第399条第3項に規定する債権者に対する通知は、前条第4項の規定により届け出られた電子メールアドレスあてに電子メールを送信する方法によってする。

●督オン規則5条（電磁的記録による作成等）

1　電子支払督促申立てに係る督促手続に関し、法第400条第1項の規定により電磁的記録の作成等（同項に規定する作成等をいう。以下同じ。）をすることができるものは、次の各号に掲げる処分とし、指定簡易裁判所の裁判所書記官は、当該各号に掲げる処分について電磁的記録の作成等をする場合には、それぞれ当該各号に定める事項を当該指定簡易裁判所の使用に係る電子計算機に備えられたファイルに記録する方法により行うものとする。

一　支払督促　法令の規定により当該処分に係る書面に記載すべきこととされている事項

二　電磁的記録の作成等がされた支払督促についての仮執行の宣言　当該支払督促について仮執行をすることができる旨及び手続の費用額

2　指定簡易裁判所の裁判所書記官は、前項第2号に掲げる処分について電磁的記録の作成等をした場合において、次の各号に掲げるときは、それぞれ当

該各号に定める事項を当該指定簡易裁判所の使用に係る電子計算機に備えられたファイルに記録しなければならない。

　一　執行文を付与したとき　民事執行規則（昭和54年最高裁判所規則第5号）第18条第1項（第3号を除く。）に規定する事項

　二　仮執行の宣言を付した支払督促の正本を更に交付したとき　民事執行規則第18条第2項に規定する事項

　3　指定簡易裁判所の裁判所書記官は、次の各号に掲げる処分について電磁的記録の作成等をする場合には、当該処分に係る事項を当該指定簡易裁判所の使用に係る電子計算機に備えられたファイルに記録する方法により行うものとする。

　一　第2条第1号から第3号までに掲げる申立てを却下する処分

　二　第2条第1号に掲げる申立ての不備を補正すべきことを命ずる処分

　三　支払督促の更正の処分

　4　法第401条の規定は、前2項の規定により電磁的記録の作成等がされた部分について準用する。

●督オン規則6条（電磁的記録に係る訴訟記録の正本等の作成）

　1　法第401条第1項に規定する電磁的記録部分の正本、謄本又は抄本の作成に当たっては、同項の規定により当該電磁的記録部分の内容を出力した書面に、正本、謄本又は抄本であることを記載し、指定簡易裁判所の裁判所書記官が記名押印しなければならない。

　2　前項の規定は、前条第2項及び第3項の規定により電磁的記録の作成等がされた部分について準用する。

●督オン規則7条（氏名又は名称を明らかにする措置）

　1　法第132条の10第4項に規定する氏名又は名称を明らかにする措置は、第3条第2項の規定により電子督促手続関係申立て等に係る情報に電子署名を行い、これを同項に規定する電子証明書と併せて送信することとする。

　2　法第400条第2項において準用する法第132条の10第4項に規定する氏名又は名称を明らかにする措置は、法第400条第1項の規定により作成等がされた電磁的記録に記録された情報に電子署名を行うこととする。

●督オン規則8条（費用の予納の特例）

1　継続的にかつ反復して電子支払督促申立てをしようとする債権者（法人に限る。）は、指定簡易裁判所の登録を受けたときは、当該電子支払督促申立てに係る督促手続の郵便物の料金等（郵便物の料金又は民事訴訟費用等に関する法律（昭和46年法律第40号）第13条に規定する信書便の役務に関する料金をいう。以下同じ。）に充てるための費用を一括して予納することができる。

2　前項の規定による予納は、現金でしなければならない。

3　第1項の規定により予納された現金は、同項の登録を受けた債権者による同項に規定する電子支払督促申立てに係る督促手続において郵便物の料金等の支払の必要が生じたときに、その必要が生じた順に、当該郵便物の料金等に充てられるものとする。

●督オン規則9条（訴訟への移行による記録の送付等）

法第398条の規定により支払督促を発した裁判所書記官の所属する指定簡易裁判所とは異なる簡易裁判所又は地方裁判所に訴えの提起があったものとみなされたときは、当該指定簡易裁判所の裁判所書記官は、遅滞なく、当該簡易裁判所又は地方裁判所の裁判所書記官に対し、訴訟記録の送付（電磁的記録の作成等がされた部分については、当該部分に記録された情報の電気通信回線を通じてする送信）をしなければならない。

【ForschungNr.53】

[Punkt] 督オンシステムの e-Filing としての汎用性

督促手続は、基本的に反復・継続して申立てをする債権者と裁判所の二者間の手続なので、オンライン化、電子化がしやすい手続である。申立書には、請求の趣旨及び原因を記載しなければならない（法384条、133条2項）が、支払督促は請求に理由があるかどうかを判断するものではないから、請求の原因は、請求を特定するに必要な事実を書けば足りる（秋山ほか・コンメンタールⅦ267〜268）ので、訴状のように長くはならない。したがって、定型的な申立書になじむので、現行民訴法・民訴規則が成立する前から、OCR を利用した督促手続のコンピュータ処理がされていた（【ForschungNr.49】参照）。上記のとおり、督オン規則3条1項は、裁判所のコンピュータに備えられたファイルから入手可能な様式に従い、申立書等の記載事項を債権者のコンピュータから入力する方法により申立て等をしなければならないと定めているが、これも申

立書等がいずれも定型的なものだからである。

これに対して、訴状や準備書面は、長文であり、内容は様々であるから、定型的な申立書にはなじまない。そこで、アメリカや韓国のようにワープロソフトで作成した文書を PDF 化して提出する、あるいは、【ForschungNr.41】記載の特許庁の電子出願のように、ワープロソフトで HTML 文書を作成して、XML 形式に自動変換して提出するなどの対応を執ることが必要になろう。

督オンシステムにおいても、本人確認のため、IT 規則と同じく電子署名と電子証明が求められている（督オン規則 3 条 2 項）が、これを求めても督オンシステムが利用されているのは、利用者が基本的に反復・継続して申立てをする債権者であり、多少面倒でも利用のニーズが高いからであり、多様な当事者が利用する訴訟においては、これまで述べてきたように、検討の余地があろう。

平岡敦＝柴詠美子「今すぐ使える！ IT Tools & Tips 第 14 回　督促手続オンラインシステムを使ってみた！」（BUSINESS LAW JOURNAL No.14（前編）、同 No.15（後編）〔2009（平成 21）年〕）は、実際のコンピュータ画面を示して利用方法を説明したもので、とても分かりやすい内容になっているが、これを見ても、督促手続が定型的な処理になじむものであることがよく分かる（裁判所のホームページで公開されている「使ってみよう〜督促手続オンラインシステム〜」も画面を示して説明されている）。また、「電子証明書を取得するのは、正直、面倒くさい手続です。」（No.14 の 112）、「（JRE（※）のインストールを求めていることについて）あえて JRE を使わせることで、システムを利用できるまでの手間を増やしており、また、JRE の最新バージョンがシステムで使っている JRE のバージョンと合わない状況が生まれることで、システム不具合のリスクを高めています。どうしても JRE を使用することが必要だったのか、十分な検討をして欲しかったと思います。」（No.14 の 113）などの感想も述べられており、督オンシステムのようなシンプルなものでも、利用しやすいものにすることは容易ではないことが分かる。

なお、督オン規則の定める指定簡裁である東京簡裁は、2010（平成 22）年 11 月 1 日から全国の支払督促事件の処理ができるようになった（秋山ほか・コンメンタールⅦ 316）。

136 第 5 章　日本の民事訴訟における IT 化の現状

※ JRE とは、プログラミング言語である Java で書かれたアプリケーションの実行環境（ソフトウェアのパッケージ）をいう（日経パソコン用語事典、基本パソコン用語事典等）。

オ　犯罪被害者等の権利利益の保護を図るための刑事訴訟法等の一部を改正する法律（平成 19 年法律 95 号）

この法律は、犯罪被害者等の権利利益の一層の保護を図るため、犯罪被害者等が刑事裁判に参加する制度等を設けたものであるが、あわせて損害賠償命令の制度を設け、民訴法中の証人尋問の規定を一部改正した（詳しくは現在位置299 以下参照）。IT 化に関係するのは、テレビ会議による尋問について定めた法204 条の改正であり、証人の精神的な不安や緊張感を軽減することを目的とするテレビ会議による尋問（刑事訴訟ではビデオリンク方式による尋問と呼ばれているもの）を導入した。それに伴って民訴規則 123 条も改正された。具体的な改正内容は次のとおりである。

●改正前法 204 条（映像等の送受信による通話の方法による尋問）

裁判所は、遠隔の地に居住する証人の尋問をする場合には、最高裁判所規則で定めるところにより、隔地者が映像と音声の送受信により相手の状態を相互に認識しながら通話をすることができる方法によって、尋問をすることができる。

●改正後法 204 条（映像等の送受信による通話の方法による尋問）

裁判所は、次に掲げる場合には、最高裁判所規則で定めるところにより、映像と音声の送受信により相手の状態を相互に認識しながら通話をすることができる方法によって、証人の尋問をすることができる。

一　証人が遠隔の地に居住するとき。

二　事案の性質、証人の年齢又は心身の状態、証人と当事者本人又はその法定代理人との関係その他の事情により、証人が裁判長及び当事者が証人を尋問するために在席する場所において陳述するときは圧迫を受け精神の平穏を著しく害されるおそれがあると認める場合であって、相当と認めるとき。

●改正前規則 123 条（映像等の送受信による通話の方法による尋問・法第 204 条）

1　法第 204 条（映像等の送受信による通話の方法による尋問）に規定する方法による尋問は、当事者の意見を聴いて、当事者を受訴裁判所に出頭させ、証人

を当該尋問に必要な装置の設置された他の裁判所に出頭させてする。

2　前項の尋問をする場合には、文書の写しを送信してこれを提示することその他の尋問の実施に必要な処置を行うため、ファクシミリを利用することができる。

3　第1項の尋問をしたときは、その旨及び証人が出頭した裁判所を調書に記載しなければならない。

●改正後規則123条（映像等の送受信による通話の方法による尋問・法第204条）

1　法第204条（映像等の送受信による通話の方法による尋問）第1号に掲げる場合における同条に規定する方法による尋問は、当事者の意見を聴いて、当事者を受訴裁判所に出頭させ、証人を当該尋問に必要な装置の設置された他の裁判所に出頭させてする。

2　法第204条第2号に掲げる場合における同条に規定する方法による尋問は、当事者及び証人の意見を聴いて、当事者を受訴裁判所に出頭させ、証人を受訴裁判所又は当該尋問に必要な装置の設置された他の裁判所に出頭させてする。この場合において、証人を受訴裁判所に出頭させるときは、裁判長及び当事者が証人を尋問するために在席する場所以外の場所にその証人を在席させるものとする。

3　前2項の尋問をする場合には、文書の写しを送信してこれを提示することその他の尋問の実施に必要な処置を行うため、ファクシミリを利用することができる。

4　第1項又は第2項の尋問をしたときは、その旨及び証人が出頭した裁判所（当該裁判所が受訴裁判所である場合を除く。）を調書に記載しなければならない。

【ForschungNr.54】

［Punkt］テレビ会議による重要証人の尋問

ビデオリンク方式の導入は、テレビ会議による尋問の新たな局面を開くものである。ここでは、証人の利便性ではなく、証人の保護という観点から、法廷における直接の尋問ではなくテレビ会議による尋問が認められており、重要な証人であっても（ビデオリンク方式で尋問する必要のある証人は重要な証人である場合が多いであろう）、テレビ会議による尋問で心証が形成できることを前提と

138　第 5 章　日本の民事訴訟における IT 化の現状

していると思われるからである。重要証人についてビデオリンク方式による尋問が認められるということは、遠隔地に居住している証人が重要な証人であってもテレビ会議による尋問で心証が形成できるということでもあると考えられ、テレビ会議による尋問の対象を広げることにつながるのではないかと思われる。

2　IT 化に関係する民事訴訟実務

(1)　審理の状況

民事訴訟の IT 化を検討するのに必要な限度で、地裁民事第一審通常訴訟を中心とした審理の状況を見てみることにする。

ア　新受事件数

現行民訴法施行（平成 10 年）後の地裁民事第一審通常訴訟の新受件数（通常訴訟、人事訴訟の事件数を合算したもので、手形小切手訴訟事件数を含まない。各年度の司法統計年報民事・行政事件編による）は次のとおりである。平成 16 年 4 月から人事訴訟が家裁に移管されたので、家裁の人事訴訟の件数（各年度の司法統計年報家事事件編による）を加えた。

〔平成〕

10 年（152,678）、11 年（150,952）、12 年（156,850）、13 年（155,541）、
14 年（153,959）、15 年（157,833）、16 年（147,099）、17 年（144,150）、
18 年（159,788）、19 年（193,633）、20 年（210,241）、21 年（246,325）、
22 年（233,967）、23 年（207,756）、24 年（172,721）、25 年（157,984）、
26 年（153,014）、27 年（154,154）、28 年（158,298）、29 年（156,505）

平成 18 年から新受件数が急増しているのは、最判平成 18・1・13（民集 60 巻 1 号 1 頁。以下「最高裁平成 18 年判決」という）が、「債務者が利息制限法所定の制限を超える約定利息の支払を遅滞したときには当然に期限の利益を喪失する」旨の特約に基づく利息制限超過利息の支払の任意性を否定したことを受けて多数の過払金請求訴訟が提起されたことによる（現在位置 266、346）。平成 25 年頃にはそれも収まり、最高裁平成 18 年判決以前の事件数に戻ってきた。

もっとも、この間、弁護士の人数は、平成 10 年の 16,305 人から平成 30 年の 40,066 人（弁護士白書及び日弁連ホームページによる）と、約 2.5 倍になって

いるから、弁護士の増加が新受件数の増加に結びついていないことになる。

　イ　平均審理期間

　現行民訴法施行後の地裁民事第一審通常訴訟事件の既済事件の平均審理期間
（各翌年発行の法曹時報 11 月号掲載の最高裁民事局「民事事件の概況」による。平
成 16 年 4 月から人事訴訟が家裁に移管されたが、しばらくの間は、地裁の既済事件
中に人事訴訟が少し含まれている）は次のとおりである。

〔平成〕（月）

10 年（9.3）、11 年（9.2）、12 年（8.8）、13 年（8.5）、

14 年（8.3）、15 年（8.2）、16 年（8.3）、17 年（8.4）、

18 年（7.8）、19 年（6.8）、20 年（6.5）、21 年（6.5）、

22 年（6.8）、23 年（7.5）、24 年（7.8）、25 年（8.2）、

26 年（8.5）、27 年（8.7）、28 年（8.6）、29 年（8.7）

　現行民訴法施行後、平均審理期間は短縮化し、平成 15 年には 8.2 月になっ
た。その後、平成 18 年から顕著に平均審理期間が短縮化し、平成 21 年には
6.5 月になった。これは、最高裁平成 18 年判決以後の過払金請求訴訟の増加と
関係しており、過払金請求訴訟は、和解にしても判決にしても他の類型の事件
よりも比較的早く終了するので、過払金訴訟の増加は平均審理期間の短縮化に
結びついた。過払金請求訴訟が減少すると、平均審理期間は長期化し始め、平
成 29 年には、最高裁平成 18 年判決以前の平均審理期間よりも長期化してい
る。

　また、裁判の迅速化に係る検証に関する報告書（現在位置 363 参照。隔年に実
施。以下「迅速化報告書」という）の第 6 回（平成 27 年 7 月公表）の概要 4 頁に
よれば、平成 26 年末の地裁民事第一審訴訟未済事件の係属期間を見ると、2
年を超えている事件数は、7,670 件であり、増加傾向が続いているとされてお
り、第 7 回（平成 29 年 7 月公表）の概要 5 頁を見ると、平成 28 年末の 2 年を
超える未済事件数は 7,789 件であり、さらに増加していることが分かる。

　前記のとおり、弁護士の人数は約 2.5 倍になり、裁判官（判事・判事補）の
人数も顕著に増加している（裁判所データブックによると平成 10 年には 2,059 人
であったが、平成 30 年には 3,037 人と、約 1.5 倍になっている）ので、平均審理期
間が長期化する原因は、審理方法にあることをうかがわせるものといえる。

ウ　争点整理

裁判の迅速化に係る検証に関する報告書（現在位置363参照。隔年に実施）の第3回（平成21年）〜第7回（平成29年）によると、過払金等以外の地裁民事第一審訴訟事件（多くの過払金請求事件が含まれる事件票上の事件類型である「金銭のその他」等を除外したもの）の平均期日回数は次のとおりである。

〔平成〕（回）

20年（口頭弁論 2.2、争点整理 2.3、合計 4.5）

22年（口頭弁論 2.2、争点整理 2.3、合計 4.5）

24年（口頭弁論 2.3、争点整理 2.6、合計 4.9）

26年（口頭弁論 2.2、争点整理 2.9、合計 5.1）

28年（口頭弁論 1.9、争点整理 3.0、合計 4.9）

これを見ると、この8年間、一貫して争点整理期日が増加していることが分かる。そして、主たる争点整理手続として利用されている弁論準備手続は、口頭による議論・協議が十分に行われず、準備書面の交換を中心にした期日を重ねるようになっている（形骸化している）という指摘もされるようになってきた（東京地裁プラクティス委員会第三小委員会「民事訴訟の現状と今後の展望(1)争点整理関係」判タ 1301-5〔2009（平成 21）年〕、日弁連民事裁判シンポジウム「民事裁判プラクティス　争点整理で7割決まる？　より良き民事裁判の実現を目指して」判タ 1405-5〔2014（平成 26）年〕、大阪地裁計画審理検討分科会「争点整理の現状と課題——大阪発　より充実した審理を目指して」判タ 1412-73〔2015（平成 27）年〕、パネリスト：笠井正俊ほか・コーディネーター：増田勝久・司会：若杉洋一「民事訴訟法施行 20 年記念シンポジウム　民事訴訟法施行 20 周年を迎えて〜争点整理等における現状と課題、あるべき姿〜」判タ 1447-5〔2018（平成 30）年〕）。

また、現行民訴法施行直後には、計画審理を実施しようとする試みが各地で見られ（近藤昌昭「ワン・イヤー・プロジェクトの実践経過基調報告」判タ 973-4〔1998（平成 10）年〕、小野洋一ほか「トラック方式による審理促進の試み——大阪地裁第 16 民事部における訴訟運営の実情から」判タ 1032-84〔2000（平成 12）年〕）、平成 15 年改正では、民訴法に計画審理の規定が置かれ、審理すべき事項が多数でありまたは錯綜しているなど事件が複雑である等の事情があり、その適正かつ迅速な審理を行うために必要であると認められるときには、計画審理を行

うことを求める条文（民訴法 147 条の 3。必要的計画審理と呼ばれるもの）も設けられた。しかし、その後、積極的に計画審理を行おうとする試みは少なくなり（現在位置 315、322、393）、前記イ記載のとおり、係属期間が 2 年を超える未済事件の事件数は年々増えているにもかかわらず、必要的計画審理は行われていないし、計画的な審理も行われないことが多い。

例えば、名古屋地裁民事部プラクティス委員会第二分科会「名古屋地裁管内における争点整理の実情に関するアンケート結果と今後の課題——より適正・迅速な争点整理の実現を目指して——」（判タ 1449-5〔2018（平成 30）年〕）によれば、愛知県弁護士会民事弁護委員会と共同で、同弁護士会所属の弁護士及び名古屋地裁において民事事件を担当する裁判官に対し、争点整理の実情に関するアンケートを実施したところ、計画的審理を行っているかという質問に対する裁判官の回答は、①おおむね行っている（8％）、②行っていることが多い（46％）、③行っていないことが多い（38％）、④ほとんど行っていない（8％）であり、弁護士の回答は①おおむね行われている（14％）、②行われていることが多い（41％）、③行われていないことが多い（38％）、④ほとんど行われていない（7％）であったとされている（29 〜 30）。

エ　弁護士選任率

現行民訴法施行後の地裁民事第一審通常訴訟既済事件における弁護士の利用状況は次のとおりである（各翌年発行の法曹時報 11 月号掲載の最高裁民事局「民事事件の概況」による）。

〔平成〕（％）

10 年（双方弁護士 40.9 ／双方本人 20.8）

15 年（双方弁護士 38.5 ／双方本人 22.1）

20 年（双方弁護士 30.4 ／双方本人 25.1）

25 年（双方弁護士 40.5 ／双方本人 16.9）

28 年（双方弁護士 43.4 ／双方本人 16.1）

29 年（双方弁護士 44.3 ／双方本人 15.7）

なお、簡裁の通常訴訟の双方本人訴訟率（平成 29 年）は 75.3％、簡裁の少額訴訟の双方本人訴訟率（平成 29 年）は 87.0％である。

このように、簡裁は大半が本人訴訟であり、地裁においても双方弁護士訴訟

率は 4 割程度であるから、検討会まとめが指摘しているように、民事訴訟の IT 化に当たっては、本人訴訟にどのように対応していくかが重要な課題となる。

【ForschungNr.55】

[Punkt] IT 化と審理の充実

上記ア〜ウのような地裁民事第一審通常訴訟の状況は、民事訴訟の運営に速やかな改善が必要であることを示すものである。上記ウ記載の大阪地裁計画審理検討分科会の論文には、「法律実務家にとって、民訴法は、基本的な行動様式を規定する準則群であり、それと同時に、志向すべき手続的価値の具現でもある。広く社会における法実現にとっては、インフラ中のインフラともいうべきものである。そのような現行民訴法の運用状況について、近年、その現状と先行きを危ぶむ意見が多数公にされている。その内容は、法が想定していた運用が実現されていない、運用に関わる人々の間でのかつての情熱が失われつつあるなどというものであり、この点についての危機感は、実務家及び研究者の間で概ね共有されているといってよいものと思われる。」「はじめに述べたように、民訴法は実務及び法実現の根幹をなすインフラであり、これが適切に運用されているかどうかは、民事司法の死命を制する問題といっても過言ではない。また、民事訴訟のプラクティスが世代から世代に受け継がれていく面を有することからすれば、現在指摘されているような運用上の問題点については、可及的に早期に対策を講じるのでなければ、年を経るごとに改善が困難となっていくことが想定される。現在の取組如何が今後 10 年、20 年先の民事訴訟の在り方を左右するともいえよう。」という言葉が綴られており、現場の裁判官にもその点の認識があることがうかがわれる。

民事訴訟の IT 化は、民事訴訟の審理を全体的に見直すとても良い機会であり、IT 化が審理の充実・迅速化や計画審理の実現につながることが強く期待される。

(2) IT 化に関係する利用者意識

民事訴訟制度研究会編「2016 年民事訴訟利用者調査」（2018〔平成 30〕年、商事法務。以下「2016 年利用者調査」という）には、民事訴訟の利用者の意識調査の結果が掲載されている。同調査は、全国の地裁本庁・支部合計 142 庁の調

査対象庁（超大規模庁 2 庁、大規模庁 16 庁、中規模庁 24 庁、小規模庁 100 庁）において、2016（平成 28）年 6 月 1 日から 6 月 30 日までの間に終局した事件の中から抽出した合計 3,146 件の調査対象事件から、原告、被告を交互に選出した 3,146 人に対し、質問紙を郵送する方法で行われたもの（詳しくは、同書 4 〜 35 参照）であり、2000（平成 12）年、2006（平成 18）年、2011（平成 23）年にも同様な調査が行われ、その結果が刊行されている。

2016 年利用者調査に記載されている「調査結果の概要」の中から、民事訴訟の IT 化の観点から重要と思われるものの要旨を掲げておく。

ア　裁判を起こした理由・裁判に応じた理由（問 8）

原告には裁判を起こした理由、被告には裁判に応じた理由についての質問に対する回答（回答者は質問に関し、それが当てはまる程度を、「強くあてはまる」、「ある程度あてはまる」、「どちらともいえない」、「あまりあてはまらない」、「全くあてはまらない」のいずれかで答えている）

㋐　質問項目

原・被告共通の質問項目は、「①自分の社会的名誉や自尊心を守りたかった」、「②金銭や財産など経済的な利益を守りたかった」、「③自分の個人的自由やプライバシー、健康などを守りたかった」、「④自分の権利を実現し（あるいは守り）たかった」、「⑤公正な解決を得たかった」、「⑥強制力のある解決を得たかった」、「⑦相手をこらしめたかった」、「⑧事実関係をはっきりさせたかった」、「⑨白黒をはっきりさせたかった」、「⑩公の場で議論したかった」、「⑪裁判官に話を聞いてもらいたかった」、「⑫裁判を通じて相手方と話し合いの機会を持ちたかった」、「⑬迅速な解決をしたかった」、「⑭根本的な解決をしたかった」、「⑮社会の利益を守りたかった」の 15 項目であり、原告のみに対する質問項目は、「⑯相手方が交渉に応じなかった」、「⑰裁判以外の手段では解決できないと感じた」、「⑱裁判では勝てると思った」の 3 項目であり、被告のみに対する質問項目は、「⑲相手方に訴えられたので仕方なかった」の 1 項目である。（69 〜 70）

㋑　原・被告共通の質問

原・被告共通の質問①〜⑮の中で、肯定回答（「強くあてはまる」、「ある程度あてはまる」の合計）の割合が 50％を超えたのは、「②金銭や財産など経済的な

144 第5章 日本の民事訴訟における IT 化の現状

利益を守りたかった」（70.0%）、「④自分の権利を実現し（あるいは守り）たかった」（72.7%）、「⑤公正な解決を得たかった」（87.6%）、「⑥強制力のある解決を得たかった」（69.3%）、「⑧事実関係をはっきりさせたかった」（76.0%）、「⑨白黒をはっきりさせたかった」（70.4%）、「⑩公の場で議論したかった」（60.2%）、「⑬迅速な解決をしたかった」（70.0%）、「⑭根本的な解決をしたかった」（78.8%）であったとされている。(70)

　㈦　原告のみに対する質問

　原告のみに対する質問では、⑯〜⑱のすべての質問について、肯定回答割合が 50% を超え、「⑯相手方が交渉に応じなかった」（76.2%）、「⑰裁判以外の手段では解決できないと感じた」（92.2%）、「⑱裁判では勝てると思った」（82.9%）であったとされている。(70)

　㈣　被告のみに対する質問

　被告のみに対する「⑲相手方に訴えられたので仕方なかった」という質問に対しては、74.4% の肯定回答があったとされている。(70)

【ForschungNr.56】

［Punkt］国民の民事裁判に対する期待

　これらの回答結果は、ある程度予想できるものであるが、原・被告共通の質問に対する回答で、75% を超える高率の肯定回答があったのが、「⑤公正な解決を得たかった」（87.6%）、「⑭根本的な解決をしたかった」（78.8%）、「⑧事実関係をはっきりさせたかった」（76.0%）の 3 つであったということは、国民の民事裁判に対する期待を如実に示すものではないかと思われる。つまり、事実関係をはっきりさせたうえでの公正で根本的な解決が民事裁判に求められているということである。民事訴訟を IT 化する場合もこのような国民の期待に応えるものでなければならないであろう。

　イ　弁護士の有無等（問9）

　弁護士の有無の質問、弁護士を依頼しなかった理由の質問についての回答

　㈦　弁護士を依頼した回答者の割合

　弁護士の付いた回答者は 82.9% であり、付かなかった回答者は 17.1% であったとされている。そして、これを自然人・法人別にみた場合、弁護士の付いた回答者の割合は、自然人原告 90.0%、法人被告 89.8% であるのに対し、自然人

被告は72.6％と低くなっているとされている。(75～76)

　(イ)　弁護士を依頼しなかった理由（問9-2）

　弁護士の付かなかった回答者に対し、弁護士を付けなかった理由として、「①自分で裁判をしたいと思った」、「②自分だけでもできると思った」、「③他人に頼むのがいやだったから」、「④弁護士の知り合いがいなかったから」、「⑤弁護士が近くにいなかったから」、「⑥弁護士の情報が少なかったから」、「⑦弁護士に頼むだけのお金がなかったから」、「⑧弁護士に頼んだが断られたから」、「⑨弁護士に頼むと費用倒れになるから」のうち、当てはまるものについて回答を求めたところ、最も肯定回答割合が高かったのは、「②自分だけでもできると思った」（62.5％）で、「⑦弁護士に頼むだけのお金がなかったから」（43.7％）、「⑨弁護士に頼むと費用倒れになるから」（39.5％）、「①自分で裁判をしたいと思った」（38.7％）がそれに続いており、弁護士過疎を推測させる「④弁護士の知り合いがいなかったから」、「⑤弁護士が近くにいなかったから」は、肯定回答の割合がいずれも15.8％にとどまっているとされている。(81)

【ForschungNr.57】
［Punkt］本人訴訟率の将来予測

　弁護士を依頼しなかった回答者が17.1％しかいないので、依頼しなかった理由をあまり重視することはできないが、弁護士過疎を推測させる回答割合は少なく、自分だけでもできると思ったという回答割合が6割を超えるという上記結果は、上記(1)エ記載の本人訴訟の割合は、これからもあまり減少は見込めない（双方弁護士訴訟率はそれほど増えない）ということをうかがわせるものである。民事訴訟のIT化によって、時間、費用、結果などの点で、弁護士訴訟に付加価値がつけば状況が変わる可能性があるが、少なくとも、民事訴訟のIT化に当たっては、本人訴訟への対応が重要な課題となることを再確認させるものである。

　ウ　裁判に要する費用

　裁判が始まった時点で裁判に要する費用について予想がついたか否かの質問、裁判が終わって現実にかかった費用の評価に関する質問についての各回答

　(ア)　費用予測（問11）

　裁判が始まった時点で裁判に要する費用について何らかの形で予想がついて

146 第 5 章 日本の民事訴訟における IT 化の現状

いた回答者（「ある程度は予想がついていた」と「はっきり予想がついていた」の合計）は 58.2％で、全く予想がつかなかったとした回答者は 41.8％であり、代理人の付いた当事者の方が、代理人の付かない当事者よりも予想のついた回答者の割合が高く、60.0％であったとされている。(90、92)

そして、予想のついた回答者の割合は、法人当事者では、原告は 85.1％、被告は 71.3％であったが、自然人の場合は、予想のついた回答者の割合は、原告は 58.3％、被告は 35.0％であったとされている。(91)

（イ）　費用評価（問 12）

裁判が終わって、現実にかかった費用について、①印紙代などの「手数料」、②「弁護士費用」、③鑑定費用や保全費用、その他交通費などの「実費」の 3 つに分けてその評価を質問し、最後に裁判にかかった費用の「総額」についても評価を質問したところ、「高い」（「非常に高い」、「やや高い」の合計）の割合は、①「手数料」に関しては 20.8％、②「弁護士費用」に関しては 35.1％、③「実費」に関しては 18.3％であり、総額に関しては 41.5％であったとされている。(98)

【ForschungNr.58】

［Punkt］裁判費用の予測困難性

代理人が付いた当事者でも、費用予測ができた当事者は 60.0％にすぎないという結果は、費用予測ができないということが、国民が民事訴訟を利用する際の 1 つの障害になっていることをうかがわせるものである。費用予測は、裁判期間予測とも密接に関連するものであり、計画審理が広がり、裁判期間の予測が可能になれば、費用予測ができた当事者の割合も高くなるのではないかと思われる。その意味では、民事訴訟の IT 化（e-Filing による手続の透明化、e-Case Management による期日管理）が計画審理の広がりをもたらすことが期待される。

また、費用評価についても、民事訴訟の IT 化によって実費が減少することが期待される。

エ　裁判期間

裁判が始まった時点で裁判に要する時間について予想がついたか否かの質問、裁判が終わって実際にかかった時間の長さの評価に関する質問についての各回答

2　IT化に関係する民事訴訟実務　**147**

㋐　期間予測（問13）

　裁判が始まった時点で裁判に要する時間に何らかの形で予想がついていた回答者（「ある程度は予想がついていた」と「はっきり予想がついていた」の合計）は43.6％で、全く予想がつかなかったとした回答者は56.4％であり、全く予想がつかなかったとした回答者の割合は、代理人の付いた当事者では56.4％であったのに対し、代理人の付かない当事者では53.6％で、代理人の付いた当事者の方が、予想がつかなかったとする割合が高かったとされている。（100、102）

㋑　期間評価（問14）

　裁判が終わって、現実にかかった時間の長さについての評価を質問したところ、「短い」（「短すぎる」と「やや短い」の合計）が6.3％、「合理的範囲」が29.9％、「長い」（「やや長い」と「長すぎる」の合計）が49.6％、「どちらともいえない」が14.2％であったとされている。（106）

　そして、代理人の付いた当事者の場合「長い」の割合が最も多く、53.9％と半数に達するのに対し、代理人の付かない当事者の場合は同じ割合が28.3％と約半分になり、「合理的範囲」の割合は、代理人の付いた当事者では28.0％であるが、代理人の付かない当事者では41.3％であったとされている。（108）

【ForschungNr.59】

［Punkt］裁判期間の予測困難性

　代理人が付いていても付いていなくても、半数以上の当事者が、裁判が始まった時点で裁判に要する期間の予測がついていなかったという結果は、裁判期間が予想できないということが、国民が民事訴訟を利用する際の1つの障害になっていることをうかがわせるものである。そして、代理人の付かない当事者で裁判期間が長いと回答したのは28.3％なのに、代理人の付いた当事者の半数以上が裁判期間が長いと回答したということは、代理人の付いた当事者は、自分で裁判を追行している当事者と違って、裁判に時間がかかっている理由を十分に理解していないことをうかがわせるものである。

　民事訴訟のIT化（e-Filing）によって、代理人のついた当事者も、いつでもオンラインで電子記録を閲覧することができるようになれば、裁判経過を把握しやすくなり（手続の透明化が図られる）、裁判期間が長いという不満が減少することが期待されるし、また、民事訴訟のIT化によって計画審理が広がれば、

148　第 5 章　日本の民事訴訟における IT 化の現状

裁判期間の予測もしやすくなることが期待される。

オ　制度評価（問 30）

民事裁判制度全体の評価に関する質問についての回答

質問項目は、「①日本の民事裁判制度は、紛争解決の役目を十分に果たしていると思いますか」、「②日本の民事裁判制度は、国民にとって利用しやすい制度だと思いますか」、「③日本の民事裁判制度は、公正なものだと思いますか」、「④日本の法律は、公正なものだと思いますか」、「⑤日本の法律は、国民生活の現状によくあっていると思いますか」、「⑥日本の民事裁判制度は、国民にとって満足のいくものだと思いますか」、「⑦日本の民事裁判制度は、国民の権利を十分に実現して（あるいは守って）いると思いますか」であり、肯定回答割合（「強くそう思う」と「少しそう思う」の合計）が否定回答割合（「全くそう思わない」と「あまりそう思わない」の合計）を上回ったのは、「①日本の民事裁判制度は、紛争解決の役目を十分に果たしていると思いますか」（肯定回答割合44.5％）、「③日本の民事裁判制度は、公正なものだと思いますか」（肯定回答割合40.5％）、「④日本の法律は、公正なものだと思いますか」（肯定回答割合40.6％）の 3 つで、反対に、否定回答割合が肯定回答割合を上回ったのは、「②日本の民事裁判制度は、国民にとって利用しやすい制度だと思いますか」（否定回答割合44.0％）、「⑤日本の法律は、国民生活の現状によくあっていると思いますか」（否定回答割合32.3％）、「⑥日本の民事裁判制度は、国民にとって満足のいくものだと思いますか」（否定回答割合34.0％）、「⑦日本の民事裁判制度は、国民の権利を十分に実現して（あるいは守って）いると思いますか」（否定回答割合32.7％）の 4 つであったとされている。(207)

そして、最も肯定回答割合の低い「⑤日本の法律は、国民生活の現状によくあっていると思いますか」は、肯定回答割合が 24.9％で、「⑥日本の民事裁判制度は、国民にとって満足のいくものだと思いますか」も、肯定回答割合が25.2％となっているが、いずれも、「どちらともいえない」の割合が 40％を超えており、判断のつかない回答者も多くいたことが示されているとの記載もされている。(207 ～ 208)

【ForschungNr.60】

[Punkt] 利用しにくい民事裁判

　上記結果のうち、「②日本の民事裁判制度は、国民にとって利用しやすい制度だと思いますか」という質問について、否定回答割合が肯定回答割合を上回り、しかも、否定回答割合が44.0%と、他の質問に対する否定回答割合を大きく上回っている点はやはり重視すべきことであろう。民事訴訟のIT化は、この否定回答割合を減少させ、肯定回答割合を増加させるものでなければならないと思われる。

⑶　IT化に関係する運営改善

ア　福岡方式・新福岡方式

　現行民訴法成立（1996〔平成8〕年）前の民事訴訟の運営改善の時代（現在位置173以下）、福岡地裁と福岡県弁護士会は、協力して、審理充実・促進方策実施要領を定め、①事情説明表に基づいて第1回口頭弁論期日前に欠席型、早期和解型、弁論進行型、公示送達型に振り分け、それに応じた進行を図る、②原告は訴状提出時に、被告は第1回口頭弁論期日前に基本的書証を提出し、両当事者の同意を前提に弁論兼和解を活用して、事件の実情及び個性に応じた計画的審理を行う、③口頭弁論終結の翌月末日（できれば1か月以内）に判決を言い渡すという方針（「福岡方式」）を確認し、これを1991（平成3）年4月から実施した（八木一洋「福岡地方裁判所における民事訴訟の審理の充実・促進方策の実施状況について」判タ816-6〔1993（平成5）年〕、村井正昭「福岡方式・民事訴訟手続の改善の実験」自正46-8-13〔1995（平成7）年〕、現在位置319）。

　福岡地裁と福岡県弁護士会は、現行民訴法施行（1998〔平成10〕年）後も協議を続け、福岡方式は、2000（平成12）年4月及び2011（平成23）年2月の各改訂を経て、現在では、福岡方式の改訂版である「新福岡プラクティス」が実施されている（船所寛生「福岡地方裁判所における民事訴訟の口頭協議活性化に向けた取組について――弁護士会とともに創るより良いプラクティス」判タ1440-38〔2017（平成29）年〕）。新福岡プラクティスの作成経緯や内容については、菊池浩也＝藤田正人「福岡地方裁判所における民事訴訟の運用改善に向けた取組　福岡方式の改訂（新福岡プラクティス）と迅速トラックの実施」判タ1353-52（2011〔平成23〕年）で詳しく説明されている。

新福岡プラクティスの内容については、船所・上掲51〜53頁に、「改訂・福岡地方裁判所審理方式（新福岡プラクティス）」としてその内容が掲載されている。それによると、「第5　争点整理手続」として、次のような記載がある。
「　1　裁判所及び双方代理人は、争点整理手続の期日を続行するときは、次回期日までに準備すべき事項を明確に確認するものとする。
　2　裁判所及び双方代理人は、審理の早期の段階で、争点整理に要するおおよその期間ないし回数について、協議するものとする。事案により相当な場合は、争点整理の進行の目安となる暫定的スケジュールを策定するものとする。
　3　裁判所及び双方代理人は、解明を要する事実又は整理を要する争点があるときは、積極的にその内容を示して協議を行うものとする。そのため、双方代理人は、期日において口頭での補充説明・釈明等を積極的に行うよう努め、裁判所も、口頭での釈明等を積極的に行うなどして、期日における争点整理の充実・活性化に努めるものとする。　　　　　　　　　　　　　　　　　　」

菊池＝藤田・上掲59頁以下には、新福岡プラクティスとともに、迅速トラックについての説明もあるが、それによると、迅速トラックとは、民事通常事件において、労働審判手続を参考に、早期の解決を民事調停手続で図ろうとするもので、早期解決等を希望する当事者の意向を尊重したうえで、訴訟の早期段階で特別な枠組みの調停手続に付し、訴訟事件の担当裁判官がそのまま調停手続を担当しながら、付調停後の原則3回以内の期日で、集中的に争点整理、審尋等を行い、調停成立又は民事調停法17条が定める決定による迅速な解決を目指すものとされている。

【ForschungNr.61】

［Punkt1］当事者主導の民事訴訟

新福岡プラクティスは、口頭協議による争点整理の活性化と計画的審理を定めているものであるが、裁判所と弁護士会が協力してそのような方向を目指すことにはとても意義があると思われる。石本弁護士のように、標準的事件については、争点整理手続を4期日（第1回口頭弁論期日と第1回ないし第3回弁論準備手続期日）で必ず終了させるという目標を設定し、①訴状・答弁書において主張をほぼ出し尽くし、基本的書証も出し、②口頭で十分な協議を行うことによって争点及び不足している主張・立証が何かをきちんと確認し合い、③口

頭協議の結果を踏まえ、各当事者があと 1 回ずつ主張・立証を補充するという審理の流れを意識的に作り出す努力をする（訴状と実質的答弁書が提出された段階で、「充実した口頭協議を行うための準備書面」〈訴状と答弁書の記載内容から、時系列表及び「ささやかな争点整理メモ」を作成し、これらを別紙として添付〉を提出することもあり、これは、代理人弁護士は争点整理手続により積極的に参加すべきではないかという問題意識に基づくもので、石本弁護士から見た攻撃防御方法の構造、争点とその軽重を提示することを目的にしているとする）という当事者主導の民事訴訟への道を開く弁護士が福岡県弁護士会の中から現れた（論文等 Z：石本恵「民事訴訟の争点整理手続の充実に向けた取組について——新人弁護士でもできる書面上の工夫——」判タ 1435-55〔2017（平成 29）年〕）のも、福岡方式、新福岡プラクティスと、裁判所と弁護士会が協力して民事訴訟の運営改善に向けた努力を続けてきたからだと思われる。

　なお、民事訴訟の IT 化、特に e-Court の活用は、当事者主導の民事訴訟を更に促進する可能性があると思われる。この点については後記**第 6 章 1 (3)**で検討している。

[Punkt2]　手続の柔軟化

　上記のとおり、迅速トラックは、付調停にして、労働審判手続を参考に、付調停後の原則 3 回以内の期日で、集中的に争点整理、審尋等を行い、調停成立又は民事調停法 17 条が定める決定による迅速な解決を目指すものであるが、同様な試みは、浅見宣義裁判官の実践した L 方式（日本裁判官ネットワーク「民事紛争解決の新しい試みに向けて (下)」判時 2150-11〔2012（平成 24）年〕）でも行われている。それだけ労働審判手続で紛争が早期解決したという事実が裁判官に大きな影響を与えたということであろう。現行民訴法上の制度の中にも、少額訴訟手続のように、原則として 1 期日で審理を終えることを前提に、主張と証拠を一体にする一体型審理が行われ、公開法廷での証拠調べではあっても、宣誓のない本人尋問、証人尋問が行われ、電話会議による証人尋問が認められているものもある。また、ドイツでは、証拠調べに当事者の同意による自由な証明が導入されている（ドイツ民訴法 284 条。現在位置 332）。

　これらは、手続を一般の訴訟よりも柔軟化する（厳格な口頭弁論や証拠調べの手続によらない）ことによって紛争を早期に解決しようとするもので、少額訴

訟のように、事件類型によって採用し、あるいはドイツ民訴法のように同意によって採用する余地のあるものである。民事訴訟の IT 化、特に e-Court の活用は、手続の柔軟化を更に進める可能性があると思われる。この点は、【Forschung Nr.69】及び後記**第 6 章 1**⑶の検討内容とも重なるところがある。

[Punkt3] 口頭議論の活性化と活性剤

新福岡プラクティスは、口頭協議による争点整理の活性化を目指しており、論文等 Z 記載の試みは、それを受けて当事者側から争点整理の活性化を働きかけようとするものである。最近、他の裁判所でも、口頭協議（最近では「口頭議論」ということが多いようなので、以下「口頭議論」という）を活性化させて争点整理手続を充実させようとする提言がされるようになってきた（谷口安史ほか「争点整理手続における口頭議論の活性化について⑴」判タ 1436-5〔2017（平成 29）年〕、佐久間健吉ほか「争点整理手続における口頭議論の活性化について⑵」判タ 1437-5〔2017（平成 29）年〕、河合芳光ほか「争点整理手続における口頭議論の活性化について⑶——争点整理の成果を総括した上で、集中証拠調べをすべき要証事実を確定し、その立証に向けての証拠整理をし、集中証拠調べをする局面における口頭議論の活性化について——」判タ 1438-5〔2017（平成 29）年〕、大阪地裁計画審理検討分科会「争点整理の現状と課題（続編）——大阪発　より充実した審理を目指して——」判タ 1437-22〔2017（平成 29）年〕）。

口頭議論を活性化させるためには、そのための十分な準備が必要であり、論文等 Z に記載されているような時系列表や争点整理メモは、いわば口頭議論の活性剤であるといえよう。このような口頭議論の活性剤は、両当事者と裁判所が共有し、それぞれが補足することによって、より議論は深まるし、その成果物を判決書に引用することもできる。民事訴訟の IT 化、特に e-Court の活用は、Web 会議によるファイル（データ）の共有等により、活性剤の補足を容易にし、口頭議論の充実を更に進める可能性があると思われる。この点については後記**第 6 章 1**⑶で検討している。

イ　書面による準備手続の活用の拡大

㋐　書面による準備手続の弁論準備手続的運用

法 176 条 3 項、規則 91 条 1 項〜4 項は、書面による準備手続における電話会議の利用について定めているが、これについては、法 175 条 1 項で、「裁判

所は、当事者が遠隔の地に居住しているときその他相当と認めるときは、当事者の意見を聴いて、事件を書面による準備手続（当事者の出頭なしに準備書面の提出等により争点及び証拠の整理をする手続をいう。以下同じ。）に付することができる。」と定められているので、電話会議の利用にも、遠隔地の要件が付されていることになることは、【ForschungNr.48】記載のとおりである。

しかし、実務では、遠隔地・小規模の支部を中心に、書面による準備手続における双方当事者の電話会議による協議の日時（規則91条1項）において、現行法上は認められていない双方電話会議による弁論準備手続の期日（法170条3項は一方当事者が裁判所に出頭することを求めている）のように実質的な争点整理を行うという運用が広がっているようである。

安西二郎「遠隔地・小規模の支部における書面による準備手続の運用」（判タ1411-17〔2015（平成27）年〕）は、神戸地裁洲本支部（兵庫県の淡路島全域を管轄区域としている）では、書面による準備手続を多用しているとして、その運用について記述している（その記述に当たり、一人支部の支部長十数名及びこれよりやや大きい規模を含む支部の書記官数名に書面による準備手続の利用状況、運用等を尋ねたとしている。以下その結果を「他庁への聴取結果」という）。それによると、同支部では、神戸地裁本庁周辺や、自家用車で1時間程度の徳島地裁本庁周辺の代理人については、希望があれば書面による準備手続に付し又は弁論準備手続で電話会議の利用を認めているとのことであり、その具体的な運用方法は、次のようなものだとしている。

書面による準備手続に付した事件については、全件で電話協議日時を行っており（他庁への聴取結果では、電話協議日時を開かずに書面による準備手続を行っている例はなかった）、次回電話協議日時の一定日数前を準備書面等の提出期限と定めることが多く、毎回調書を作成しており（他庁への聴取結果では、調書を作成する庁が経過票を作成する庁よりやや多かった）、その実質的な記載事項は、当事者の主張が直ちに訴訟資料となるものではなく将来の主張の予定として記載することになる点を除いては、口頭弁論や弁論準備手続と変わらない。審理内容は実質的にはどの手続でも変わらないことが、書面準備手続の積極的利用につながっている。書面による準備手続で、双方不出頭のまま和解協議がまとまった場合は、①口頭弁論期日又は弁論準備手続期日を指定して同期日で和解

154　第 5 章　日本の民事訴訟における IT 化の現状

をする、②自庁単独調停に付して民事調停法 17 条の決定をする、③裁定和解
（法 265 条）をするという方法が考えられ、他庁への聴取結果では、①と②が
拮抗し、③も散見されるが、洲本支部では、②を広範に用いている。

　同論文では、他庁への聴取結果では、書面による準備手続の使いにくさにつ
いて、準備書面等の陳述や書証の取調べができないこと、代理人の表情が見え
ず話がしにくいことを挙げる裁判官が多いほか、いずれの代理人が話している
のか分からなくなる、準備書面の提出期限等が遵守されない傾向がある、同じ
書面を見て議論することができないといった問題点がそれぞれ複数の裁判官か
ら指摘され、争点整理手続としては使いにくさは感じないとする裁判官から
も、和解のきっかけや感触がつかみにくいとの指摘があったとしている。

　このような書面による準備手続の弁論準備手続的運用ともいうべき運用は、
他庁への聴取結果からもうかがわれるように、他の裁判所でも行われており、
「日本裁判官ネットワーク・シンポジウム（2013〔平成 25〕年 2 月 9 日開催）地
域司法と IT 裁判所　下」（判時 2213-15〔2014（平成 26）年〕）でも、横山巌弁
護士（元裁判官）から、島根地裁浜田支部・益田支部や山形地裁鶴岡支部・酒
田支部において、事件を書面による準備手続に付して、電話会議で双方代理人
とやり取りする方法で事件を進行していたとの発言がされている（19 〜 20）。
その発言では、和解で終わる場合には、裁定和解（民訴法 265 条）を利用して
いた（裁判所が双方の弁護士と交渉して、双方の代理人が合意した和解案を提出し、
これを裁判所が出した和解案ということにして、和解が成立する）とされている。

　なお、同弁護士は、裁判官時代に、横山巌「松江地方裁判所浜田支部・益田
支部における民事通常訴訟運営の実情について」（民訴 49-226〔2003（平成 15）
年〕）において、裁定和解の難点は、電話によって当事者間で合意ができてい
るにもかかわらず、裁判所の和解条項の定めの告知により初めて和解が成立す
ることになるので、その間の手続に時間と手間がかかることであるとしている
（230）。そして、電話会議システムを利用した弁論準備手続等によって当事者
が裁判所に出頭することなく争点整理が可能となったこと、当事者が裁判所に
出頭しなくても和解が可能となったこと（法 264 条、265 条）などは、弁護士過
疎地域における審理充実及び促進に大きく寄与したと思われるが、今後の更な
る審理充実及び促進に繋げていくためには、小規模支部に三者間によるテレビ

2　IT 化に関係する民事訴訟実務　　**155**

会議システムを導入し、書証等を確認しながら争点整理を行えるようにすること、当事者双方が裁判所に出頭することなくテレビ会議システムや電話会議システムを利用して和解の進行協議が行えるようにして、その手続の中で当事者双方が口頭で和解条項を確認し、合意ができれば、その時点で特段書面化することなく和解成立という手続を設けることが考えられるとしている（230 ～ 231）。

【ForschungNr.62】

［Punkt］双方当事者が電話会議・テレビ会議で出頭する期日

　書面による準備手続の弁論準備手続的運用は、現行民訴法が、弁論準備手続について、双方当事者が電話会議で出頭する期日を認めていないために生じている便法ともいうべきものであり、民訴法が改正され、双方当事者が電話会議で出頭する弁論準備手続期日が認められれば、それに置き換わる可能性が高い。【ForschungNr.50】記載のとおり、2011（平成 23）年に成立した非訟事件手続法及び家事事件手続法では、双方当事者が電話会議・テレビ会議で出頭する期日が認められている（非訟 47 条、家事 54 条、258 条 1 項）ので、双方当事者が電話会議や Web 会議で出頭する弁論準備手続期日を認めることには、特段の問題はないと考えられる。しかし、検討会まとめは、この点も含めて、法改正を要する e-Court は、フェーズ 2、つまり、法制審議会に諮問した上で立法化し、2022 年度から開始することを提言しているので、その実施時期は2022 年度ということになり、それまではこの便法が必要となる。

　もっとも、検討会まとめは、現行法のもとで IT 機器の整備等により実現可能な e-Court は、フェーズ 1、つまり、機器整備のうえ、2019 年度からにも特定庁で試行するという提言をしており、最高裁は、Web 会議を導入するために、2019 年度予算の概算要求に関連機器や回線使用料などとして約 2 億 5000万円を計上することを決め、導入後問題がなければ翌年度から導入する裁判所を拡大することを検討することにしたと報じられている（朝日新聞 2018〔平成30〕年 8 月 30 日朝刊）ので、2022 年度までに順次各地の裁判所に Web 会議機器が整備される可能性が高い。そうすると、書面による準備手続の弁論準備手続的運用が 2022 年度まで続くとしても、電話会議が Web 会議に代わることによって、格段に利用しやすくなり、上記論文で、他庁への聴取結果として挙げ

られていた①代理人の表情が見えず話がしにくい、②いずれの代理人が話しているのか分からなくなる、③準備書面の提出期限等が遵守されない傾向がある、④同じ書面を見て議論することができないというような問題は解消する（④については、Web会議装置に書画カメラが備えられる必要がある）のではないかと思われる。

　(イ)　書面による準備手続の遠隔地要件

　(ア)記載のとおり、書面による準備手続には、「裁判所は、当事者が遠隔の地に居住しているときその他相当と認めるとき」という要件が付されている。この点が、書面による準備手続の弁論準備手続的運用を阻害するおそれもあるので、ここで、研究会・新民事訴訟法で、立法当初の議論を確認し、立法趣旨を明らかにしておくこととする（今後e-Courtを広げていくに当たって重要と思われる発言を抜き出して掲げておく）。

「　◎書面による準備手続について（215〜217）

◆「その他相当と認めるとき」（216〜217）

○伊藤眞（東京大学法学部教授）

　「代表的なのは、今お話が出ましたように、当事者が遠隔の地に居住している場合があって、その他、相当と認める場合が含まれるわけですが、例えば、当事者又は代理人の都合によって、期日の指定が困難であるような場合に、別に遠隔の地に居住をしていなくても、両当事者がそれでやってほしいということであれば、この手続を実施するようなことは無理なのだろうかと思います。もちろん、期日外釈明も、また似たような機能を果たすものとしてあるのですけれども、期日外釈明については、これもいろいろな議論があって、すでにその点については、この研究会でも出ておりますけれども、むしろ、書面による準備手続でやったほうが、すっきりするのではないかと思うのです。あまり遠隔の地又は、それに準ずるようなものでなければ、というところにこだわる必要はないと考えますが、いかがなものでしょうか。」

○青山善充（東京大学法学部教授）

　「「その他相当と認めるとき」（175条）ということの中に、そのことが入ってくるかどうか。これは、どうですか。」

○柳田幸三（東京地裁判事・元法務大臣官房審議官）

「「その他相当と認めるとき」の代表的な例としては、これは例示としては当事者が遠隔の地に居住しているということで、当事者を基準にして考えるということしか入っていないわけですけれども、訴訟代理人が訴訟遂行に当たっていて、その訴訟代理人が遠隔の地に居住しているというのが典型例だということですが、それ以外の場合としてどんな場合が考えられるかということについては、結局相当性というのも相対的な概念ですから、要するに、その訴訟を円滑に進行させるためにはどうしたらいいかという観点から、訴訟指揮の問題として、裁判所が裁量で決めればいいということになるのではないか、と思います。ただ、当事者の意見を聞くということになっていますので、当事者の意見も十分踏まえて考えるということだろうと思います。」

○筆者（東京地裁判事・元最高裁民事局第一課長）

　「経過から話をしますと、そもそもこの規定の提案自体は、ドイツのシュツットガルト方式に端を発した、簡素化法の書面による事前手続というものを日本に入れられないか、ということからこういう提案になってきたわけですけれども、ただ、その場合に、書面の交換だけでは日本の場合には争点が絞れないのではないか、ただいたずらに期日が延びていくだけではないか、という危惧があって、それでは電話会議というようなものを入れてみて、きちんと整理できるような手続を考えたらどうか、ということで今の案になっているわけです。ですから、東京の弁護士同士でも、書面で十分争点整理ができる、そして、ときどき電話会議でやれば十分うまくいく、そういうことでお互いに納得をして、迅速に訴訟を進めるようにしましょう、というような事件であれば、これを使えないという理由はないのではないか、と思っているのです。

　そして、規則の91条に書いておりますように、期日という概念はないけれども、協議の日時というものを裁判官が指定をして、その時間に協議をする、ということを考えているわけでして、そういう意味では、事実上の期日のようなものが想定されている、そういう手続であると考えてもいいのかもしれないと思います。したがって裁判というものを変革していくといいますか、期日という概念を流動化させていくという内容も含んでいますので、これは今後どういうふうに発展していくのか、楽しみでもあるし、不安な部分もあるということだと思います。」
　　　　　　　　　　　　　　　　　　　　　　　　　　　　　　　　　　　」

158　第 5 章　日本の民事訴訟における IT 化の現状

【ForschungNr.63】

［Punkt］遠隔地要件に拘らない解釈

　上記のような立法趣旨、立法当時の議論からしても、遠隔地要件は、相当性が認められる典型的な場合を書いたにすぎず、両当事者（代理人）が同じ都市に住んでいる（事務所がある）という場合であっても、双方とも書面による準備手続で電話会議を利用しながら争点を整理することに特段の異論がなく、事案の性質上も、それによって争点整理が円滑に進むと判断される場合には、書面による準備手続を採用することに法律上の問題は何も生じないということができる。

　そして、電話会議に代わって Web 会議が利用できるようになれば、書面による準備手続の弁論準備手続的運用は格段にやりやすくなるので、両当事者（代理人）が同じ都市に住んでいる（事務所がある）場合にも、これを積極的に活用し、フェーズ 2 で双方当事者が Web 会議で出頭する弁論準備手続期日が認められても難なく対応できるように、Web 会議を利用した審理に慣れておく必要があろう。

　ウ　裁定和解（民訴法 265 条）の活用

　上記イ(ア)記載のとおり、書面による準備手続を利用して、双方不出頭のまま電話会議で議論をしているうちに和解で解決することになったら、裁定和解（265 条）を利用して和解を成立させるという運用がかなり行われているようである。

　また、古閑裕二「審理の充実・訴訟促進の中興方策案」（判タ 1438-26〔2017（平成 29）年〕）には、裁定和解により和解成立に至った例を、これまで 2 例経験したと記載されている。これは、和解の交渉が進展し、慰謝料等当事者が支払う金銭の額を除いては、ほぼ合意に達しているが、金額については当事者間の合意が難しい場合に、金額の点を空欄にした和解条項案を作成しておき、和解期日において、当事者の共同の申立ての書面（法 265 条 1 項、2 項）を作成・提出してもらうとともに、両当事者の最終提案の額を相手方に知らせないようにして裁判所に提出してもらってその期日を終え、双方の最終提案のうちから裁判官がいずれを採用するかを決め、その金額を記載した和解条項を当事者に送達するというものであったとされている。

【ForschungNr.64】

[Punkt] 裁定和解への期待

　裁定和解の本来の利用方法としては、上記古閑論文のように、和解交渉の結果、和解内容が固まってきたが、どうしても意見が一致しない部分が残った場合に、その部分についての裁定を裁判所に委ねるというようなことが考えられていた（研究会・新民事訴訟法352〔筆者発言〕参照）が、上記イ(ア)記載のように、書面による準備手続の中で、双方不出頭のまま和解を成立させる方法として利用することも許されないわけではない。当事者の共同の申立て（双方から申立てがあれば、共同の申立てになる）は、ファクシミリを利用して行うことができ（秋山ほか・コンメンタールV 293）、裁判所が定めた和解条項の告知は相当と認める方法で行えばよい（法265条3項）ので、これもファクシミリで行うことができる。

　電話会議ではなく、Web会議で書面による準備手続の協議が行われるようになれば、上記イ(ア)記載の横山論文が指摘するように、和解協議もしやすくなり、双方不出頭のまま和解を成立させることが増えてくる可能性もあるが、この場合は、和解内容の詰めをWeb会議上での文書ファイルのやり取り（ファイル共有などの方法による）によって行い、和解条項の告知も同様な方法で行うことができるようになると思われ、裁定和解はより利用しやすくなろう。また、Web会議による和解協議を行い、文書ファイルのやり取りによる和解内容の詰めを行っていく過程で、上記古閑論文のような裁定和解の本来の利用方法が活用されることが増えてくる可能性もないとはいえない。

⑷　IT化に関係する法改正提言

　各方面から民訴法の改正提言がされているが、その中で、民事訴訟のIT化に関連すると思われるものを掲げておく。

ア　第4回迅速化報告書

　この報告書（平成23〔2011〕年）には、施策編があり、その中では、民事訴訟一般について、①争点整理のステップ（証拠収集・主張提出段階、争点議論段階、争点確定段階）の明確化、②その利用が有効な事件類型における計画審理の再検討、③訴え提起後の比較的早期の段階において証拠を収集する制度（証拠収集方法の期限内提出制度）の導入、④口頭の議論を活性化させるための施策

160　第 5 章　日本の民事訴訟における IT 化の現状

（集中的に口頭弁論を行う期日の実現）、⑤時系列表等の提出を求める制度の導入、⑥準備書面の分量制限等を求める制度の導入、⑦提出期限遵守のための制裁（攻撃防御方法の提出期限遵守のための制裁〔失権効等〕）の導入、⑧当事者のニーズや事件規模等に応じた手続（迅速手続）の検討、⑨本人訴訟への対応の強化（弁護士強制制度の導入）、⑩ ADR の結果の活用（ADR 機関において作成された主張整理結果や証拠等を訴訟で活用できる制度の導入）、⑪提訴前の証拠収集処分に関する施策（提訴前の証拠収集処分の見直し）、⑫文書送付嘱託の実効化に関する施策（文書送付嘱託の応諾義務の明文化）、⑬当事者が証拠を早期かつ自主的に開示する制度（ディスクロージャー）や証言録取書（デポジション）の導入、⑭法定侮辱に対する制裁の導入等の提案がされており、それ以外にも、専門的知見を要する事案に対する施策、争点又は当事者数の事案及び先端的で複雑困難な問題を含む事案に対する施策などが提案されている（現在位置 326 ～ 327）。

【ForschungNr.65】

[Punkt] 迅速化報告書改善施策と IT 化

　これらの施策のうち、①～⑤は、【ForschungNr.61】[Punkt1]、[Punkt3]に関係するもので、いずれも、民事訴訟の IT 化がその施策の実現に効果を発揮する可能性がある。また、⑧は、【ForschungNr.61】[Punkt2] に関係するもので、民事訴訟の IT 化は、手続を柔軟化し、迅速手続の採用を容易にする可能性がある。⑦については、記録が電子化され、当事者はいつでもオンラインで記録を閲覧できるようになれば、手続が透明化され、裁判所を含む訴訟関係者のうちの誰の行為によって訴訟遅延が生じているのかが明確になり、失権効を使いやすくなる可能性がある。⑪については、Web 会議の導入によって、当事者照会は、後記**第 6 章 1**(3)**ア**記載のとおり、一方向性のものから双方向性のものに移行する可能性があり、そうなれば、提訴前の当事者照会も利用率が高まる可能性がある。それ以外の施策についても、民事訴訟の IT 化が何らかの影響を与える可能性が高いのではないかと思われる。

　イ　文書提出命令および当事者照会制度改正に関する民事訴訟法改正要綱試案
　この提案（日弁連・2012〔平成 24〕年）は、㋐文書提出義務を定めた民訴法220 条に関して、①4 号について、文書提出義務除外事由の存在の立証責任が文書所持者側にあることを明確化する、②3 号を削除する、③4 号ニを削除す

る、④4号ホを削除する、⑤文書提出義務の例外として、個人の私生活上の重大な秘密が記載された文書に関する規定を設ける、⑥証言拒絶権として、弁護士等の法的助言を得ることを目的とした弁護士等と依頼者の間の協議または交信にかかる事項に関する規定を設け、同事項が記載されている文書を文書提出義務（一般義務）の例外に加える、(イ)文書の特定のための手続について定めた民訴法222条に関して、①1項の要件から「著しく」を削除する、②1項の申出があった場合において、文書の所持者に対し、文書の表示および文書の趣旨を明らかにするよう命じることができるものとする、(ウ)秘密保持命令制度を導入する、(エ)当事者照会の制度を定めた民訴法163条に関して、当事者照会を行う当事者は、原則として、相手方に対し、当該照会事項に関するものであって主張または立証を準備するために必要な相手方が所持する文書の写しの送付ができるものとするなどの改正提案をするものである（現在位置327）。

【ForschungNr.66】

[Punkt] 日弁連改正要綱試案とIT化

(ア)～(ウ)は、民事訴訟のIT化によって直接影響を受けるものではないが、拒絶事由の有無について、Web会議によって協議をすることが考えられるし（一方向性の手続から双方向性の手続への移行）、文書の特定の手続についても、Web会議によって協議をすることが考えられる。

(エ)は、書面で照会し、書面で回答するという現在の当事者照会制度をもっと柔軟な手続にし、①Web会議を利用した口頭の照会に対する口頭の回答、あるいは、Web会議上での文書ファイルのやり取り（ファイル共有などの方法による）による照会と回答によって行う、②文書の写しの送付も、文書をPDF化してやり取りすることによって行う、③場合によれば、裁判官もそのWeb会議の中に入るというように利用しやすいものとすることが考えられる。

ウ　「民事訴訟法改正研究会」の提案

三木浩一＝山本和彦編『民事訴訟法の改正課題』（2012〔平成24〕年、ジュリ増刊）のはしがき（三木浩一）によると、研究者及び弁護士合計10名のメンバーで構成される「民事訴訟法改正研究会」は、2年余りにわたる議論の結果として、「民事訴訟法の改正課題」を、2012（平成24）年11月に公表したということである。その項目は、26項目にわたるが、審理手続との関係では、(ア)

事実の主張に関する規律、(イ)事案解明協力義務、(ウ)早期開示制度、(エ)法的観点指摘義務、(オ)釈明義務、(カ)争点整理終了後の失権効、(キ)当事者照会、(ク)電話会議システムによる双方不出頭の期日における手続、(ケ)陳述書、(コ)文書提出義務、(サ)文書特定手続、(シ)証言録取制度、(ス)秘密保持命令、(セ)控訴審の規律、(ソ)第三者情報提供制度が挙げられる（現在位置 328）。

【ForschungNr.67】
［Punkt］研究会提案と IT 化

(ア)～(オ)については、裁判所と当事者間、あるいは当事者相互間でのコミュニケーションの充実が重要であるが、Web 会議はこれを可能にする可能性がある。例えば、釈明だけをとっても、Web 会議を利用すれば、単に求釈明があってそれに応えるということではなく、求釈明の趣旨が分からなければそれを尋ねる、求釈明に対する回答が不十分であればその補足を求めるなど、双方向性への移行が考えられる。

(カ)については、記録の電子化による手続の透明化は、裁判所を含む訴訟関係者のうちの誰の行為によって訴訟遅延が生じているのかが明確になり、失権効を使いやすくなる可能性があることは、【ForschungNr.65】に記載したとおりである。

(キ)については、【ForschungNr.66】に記載したとおり、Web 会議を利用することによって、当事者照会は、格段に利用しやすいものになる可能性がある。

(ク)については、前記(3)イ(ア)及び【ForschungNr.64】に記載したとおり、実務上も、双方当事者が電話会議やテレビ会議によって出頭して争点整理や和解協議を行えるようにして欲しいとの要望が強いし、**第 3 章 2、3** 記載のとおり、ドイツや韓国でもそれが可能になっているので、速やかな法改正が望まれる。

(コ)、(サ)については、【ForschungNr.66】に記載したとおりである。

(5)　IT 化に関係する理論的問題
ア　協同進行主義

旧旧民訴法以来、日本の民訴法は職権進行主義を採用しているといわれている（その起源については、現在位置 48 ～ 49 参照。なお、日本の民訴法は、旧旧民訴法以来、当事者主義と職権主義との間で揺れ動いてきた〈現在位置 2、52、76、138〉）が、現行民訴法・民訴規則は、旧民訴法と異なり、手続の進行に当事者の同

意や意見聴取を義務付ける多くの規定を有しており（①裁量移送の際の当事者の意見聴取（規則8条）、②呼出費用の予納がない場合の訴え却下は、被告に異議がないことを前提とすること（法141条）、③口頭弁論期日を指定しないで弁論準備手続に付する場合は、当事者に異議がないことを前提とすること（規則60条）、④弁論準備手続に付する場合は当事者の意見を聴くこと（法168条）、⑤電話会議の方法により弁論準備手続を行う場合は、当事者の意見を聴くこと（法170条3項）、⑥当事者双方の申立てがあるときは弁論準備手続に付する裁判を取り消さなければならないこと（法172条但書）、⑦書面による準備手続に付する場合は当事者の意見を聴くこと（法175条）、⑧電話会議の方法により進行協議期日における手続を行う場合は、当事者の意見を聴くこと（規則96条）、⑨証人尋問の順序を変更するときは当事者の意見を聴くこと（法202条2項）、⑩テレビ会議システムによる証人尋問を採用する場合は、当事者の意見を聴くこと（規則123条1項）、⑪書面尋問の採用は当事者に異議がないことを前提とすること（法205条）、⑫本人尋問を証人尋問よりも先に実施するときは当事者の意見を聴くこと（法207条2項）、⑬大規模訴訟において、裁判所内での受命裁判官による人証の尋問は当事者に異議がないことを前提とすること（法268条）等）、協同進行主義ともいわれている（研究会・新民事訴訟法224〔竹下守夫発言〕、山本和彦「当事者主義的訴訟運営の在り方とその基盤整備について」（『民事訴訟法の現代的課題（民事手続法研究1）』〔2016（平成28）年、有斐閣〕76以下）、『法律学小辞典〔第5版〕』〔2016（平成28）年、有斐閣〕702、現在位置339）。

　現行民訴法・民訴規則でこのような協同進行主義が採用されたのは、現行民訴法・民訴規則の立法作業が開始される前の民事訴訟の運営改善の時代に、裁判所・弁護十令双方から裁判所と当事者の協同的訴訟運営が提言され、当事者主導型の訴訟運営が試みられてきた（現在位置173〜212）からであった（現在位置258〜259）。

　争点整理手続の手続終了効について、手続終了後に攻撃防御方法を提出した場合は、失権効が生じるのではなく、相手方に対する説明義務（相手方の求めに応じて手続終了前に提出することができなかった理由を説明する）を生じることとされた（法167条、174条、178条。相手方は、説明に納得できない場合には、時機に後れた攻撃防御方法として却下することを求める）のも、また、当事者照会

の制度（法 163 条）が設けられたのも、当事者主導型の訴訟運営を期待したものであった。しかし、現状では、説明義務も当事者照会も十分機能しているとはいえず、当事者主導型の訴訟運営は実現していない。

【ForschungNr.68】

［Punkt］Web 会議の導入効果

Web 会議の導入は、期日中、期日外を問わず、口頭での意見聴取を容易にし、その記録化を容易にする。説明義務に基づく説明を求める場合も、口頭で求め、口頭で回答すれば、その内容をそのまま記録化することもできる。口頭ではなくても、チャットを利用したり、文書ファイルをやり取りすることによって、書面によれば時間と労力を必要とする手続が簡易、迅速に行えるようになる。当事者照会についても、【ForschungNr.66】に記載したとおり、格段に利用しやすいものになる可能性がある。このように、手続にかかる時間と労力の削減が可能になり、当事者相互間のコミュニケーション（文字によるチャットを含む）も充実してきて、論文等 Z のように当事者主導型の争点整理を目指す運用（【ForschungNr.61】［Punkt1］）が広がれば、現行民訴法・民訴規則が目指した当事者主導型の訴訟運営への歩みが始まる可能性もあろう。

イ　協働主義

現行民訴法・民訴規則の立法に当たって参考とされたドイツの民訴法（簡素化法〈現在位置 166 〜 173〉による改正後のもの）については、協働主義を定めたものという理解がある（現在位置 231 〜 234）。

論者によって、やや意見は異なるが、基本的には、ドイツ民訴法の規定とその運用は、事実資料の収集及び事実関係の探知について、当事者だけが責任を負う弁論主義から、当事者・裁判官の両者が責任を負う協働主義に移行しているとするものである。

例えば、ドイツにおける民事訴訟の改革者の一人であるルドルフ・バッサーマン裁判官は、ブラウンシュバイク上級地方裁判所長官時代の著書（〔森勇訳〕『社会的民事訴訟』103 以下〔1990（平成 2）年、成文堂〕（「V 弁論主義から協働主義へ」と題する章））において、ドイツの民訴法の規定は、主張と証拠の提出を当事者に委ねる弁論主義から裁判官の指揮と援助の下で当事者から主張や証拠が提出される（裁判官と当事者間の事実問題、法律問題についての討論が重視され

る）協働主義への移行を示すもので、核心となるのは、民訴法 139 条の定める裁判官の事案解明義務ならびにその討論義務である旨記述されている。

また、ペーター・ギレス教授は、ペーター・ギレス（当時フランクフルト大学教授）＝井上正三＝小島武司〔森勇訳〕「集中審理、協働主義そしてリラチォーンス・テクニックをめぐって」（『西独訴訟制度の課題』337 以下〔1988（昭和 63）年〕）のうち、358 頁以下の「2　協働主義（kooperationmaxime）をめぐって──新たな弁論モデルの模索」において、協働主義とは、唯一当事者のみが事実資料の収集及び事実の確定に責任を負うのではなく、当事者・裁判所の両者がいずれもこの点について責任を負っているとする原則をいい、その根拠について、裁判官に関しては、歴史的経過の解明に寄与することは、裁判官の一般的任務、つまり、裁判をなすという義務から導かれるとし、当事者に関しては、真実義務・完全陳述義務を定めるドイツ民訴法 138 条から導かれるとしている。

これらの考え方は、ドイツの民訴法、特に完全陳述義務・真実義務を定めた 138 条と裁判官の釈明義務を定めた 139 条が、弁論主義の例外というには大き過ぎる効果が生ずるものであり、弁論主義自体に変容を生じさせているという認識から生じているものである。

なお、2001（平成 13）年の法改正で、従前 278 条 3 項に規定されていた法的観点指摘義務が 139 条 2 項に規定された。同法改正後の 138 条と 139 条は次のとおりである（条文は、ドイツ連邦司法・消費者保護省〈Bundesministerium der Justiz und für Verbraucherschutz〉のホームページに掲載されている法律の条文（https://www.gesetze-im-internet.de/aktuell.html 参照）によった。**第 3 章 2 記載**のドイツ民訴法の翻訳と同様、仮訳である）。

●ドイツ民訴法 138 条（事実に関する陳述義務：真実義務）

⑴　当事者は、事実上の事情（tatsächliche Umstände）を、完全に、そして、真実に従って陳述しなければならない。

⑵　それぞれの当事者は、相手方が主張している事実に関して陳述しなければならない。

⑶　明示的（明らか）に争われていない事実は、その当事者の他の陳述からそれを争う意図が明らかでないときは、自白したものとみなす。

(4) 不知（知らない）の陳述は、その当事者自身の行為でもなく、その当事者自身の知覚の対象でもない事実に関してのみ許される。

●ドイツ民訴法 139 条（実体的訴訟指揮＜ Materielle Prozessleitung ＞）

(1) 裁判所は、事実関係及び紛争関係について、必要に応じて、事実と法律の両側面から、当事者と議論し、質問しなければならない。裁判所は、当事者が、適時に、すべての重要な事実について完全に陳述し、特に主張された事実に関する不十分な陳述（Angaben）を補い、証拠方法を指摘し、適切な申立てを行うよう務めなければならない。

(2) 裁判所は、附帯請求のみに関するものでない限り、一方当事者が明らかに見落としているか又は重要でないと考えている法的観点（Gesichtspunkt）については、それについて指摘し、それについて主張する機会が与えられた場合に限り、その法的観点に基づいて裁判することができる。裁判所が両当事者と異なる判断をしている法的観点についても同様である。

(3) 裁判所は、職権で考慮すべき点に存する懸念（Bedenken）に注意を喚起しなければならない。

(4) この規定による指摘は、できるだけ早く提供（erteilen）され、記録されなければならない。その提供は、記録の内容によってのみ証明できる。記録の内容に対しては、偽造の証明のみが許される。

(5) 当事者が裁判所の指摘に対して直ちに陳述することができない場合には、裁判所は、申立てにより、その陳述を書面で追完する期限を定めるものとする。

日本では、旧旧民訴法以来、現行民訴法に至るまで、当事者の真実義務、完全陳述義務も、裁判長の釈明義務も明文では定められなかったが、旧民訴法の下でも、現行民訴法の下でも、判例・学説上、一定の場合に裁判官の釈明義務があることが認められているし、学説には、当事者の真実義務、完全陳述義務、裁判官の法的観点指摘義務を認める考え方もある。

この点については、民事訴訟の IT 化、特に e-Court との関係で重要な意味を持ってくる可能性が高いので、筆者も共著者となっている秋山ほか・コンメンタールの記述を中心に少し詳しく見ておくことにする。なお、現行民訴法 2 条が、現行民訴法を貫く基本理念として、「裁判所は、民事訴訟が公正かつ迅速

に行われるように努め、当事者は、信義に従い誠実に民事訴訟を追行しなければならない。」と定めていることの意義は大きく、当事者の真実義務、完全陳述義務、裁判官の法的観点指摘義務が解釈上認められるとする場合には、この条文に定められた裁判所の公正・迅速進行義務、当事者の信義誠実義務がその根拠の一つとされることが多い。

　㋐　釈明義務

　民訴法 149 条 1 項は、「裁判長は、口頭弁論の期日又は期日外において、訴訟関係を明瞭にするため、事実上及び法律上の事項に関し、当事者に対して問いを発し、又は立証を促すことができる。」と規定しており、ドイツ民訴法 139 条のように釈明が義務であることを明確にしていない。これについて、秋山ほか・コンメンタールⅢ（第 2 版）300 頁は、弁論主義の下では、判決の基礎となる事実の主張・立証は、当事者が提出することが原則であるが、当事者の陳述が不明瞭である場合に、これを明確にさせることは相手方が適切に応答するためにも必要であり、また、当事者の事実の主張や証拠の申出の不用意・不十分を指摘して、主張・立証を尽くさせるのでなければ、適正な判決をすることはできないし、迅速な審理は望めないので、裁判所の権能としての釈明権を適切に行使することは審理の基本であるということができ、釈明権の不行使が同時にその釈明義務の違反として違法となると解されるとする。

　㋑　真実義務

　秋山ほか・コンメンタールⅡ（第 2 版）163 ～ 164 頁は、①弁論主義は、審判の対象となる事項を事実及び証拠の面から限定する権限を当事者に認めてはいるが、このことは、当事者に対し、自分が真実と認識していることに反して、虚偽の事実を主張立証し又は相手方の主張事実を争って、裁判所の判断を誤らせることを是認するものではない、②当事者が真実であると思っているもの、すなわち主観的真実に反する主張立証をしてはならないという当事者の訴訟法上の義務を、真実義務という、③ドイツ民訴法 138 条 1 項と異なり、日本法では、これを直接定めた規定はないが、最近の多数説は、これを法律上の義務とし、2 条（裁判所及び当事者の責務）・209 条（虚偽の陳述に対する過料）・230 条（文書の成立の真正を争った者に対する過料）などは、真実義務の存在を前提とした規定であるとしているとする。そして、弁論主義との関係につい

て、弁論主義を真実発見のための合理的手段にすぎないとする手段説では、真実義務は、弁論主義に矛盾するものではなく、むしろ弁論主義を補完するものであると把握し、弁論主義を私的自治の訴訟上の発現であるとする本質説でも、主観的真実に反する事実の陳述及び証拠の提出を禁止する真実義務は、当事者に事実及び証拠提出の責任を委ねる弁論主義と何ら矛盾するところはないとしているとする。

　真実義務と関連するものとして、当事者照会に対する回答義務がある。民訴法 163 条は、次のように定めている。

● 163 条（当事者照会）

　当事者は、訴訟の係属中、相手方に対し、主張又は立証を準備するために必要な事項について、相当の期間を定めて、書面で回答するよう、書面で照会をすることができる。ただし、その照会が次の各号のいずれかに該当するときは、この限りでない。

　一　具体的又は個別的でない照会

　二　相手方を侮辱し、又は困惑させる照会

　三　既にした照会と重複する照会

　四　意見を求める照会

　五　相手方が回答するために不相当な費用又は時間を要する照会

　六　第 196 条又は第 197 条の規定により証言を拒絶することができる事項と同様の事項についての照会

　これによると、当事者照会を受けた相手方は、照会制限事由や拒絶事由に該当しない限り、自己に不利益な事実でも開示すべき義務を負うことになる。

　これについて、秋山ほか・コンメンタールⅢ（第 2 版）476 頁は、当事者が主張・立証責任を負う事実について、その相手方に開示義務を負わせるのは弁論主義の下での主張・立証責任分配の原則に抵触するのではないかとの疑問がありうるが、弁論主義に基づく主張や証拠の提出責任と、そのために必要な資料の収集を容易にする方策とは区別して考えるべき問題であり、当事者が主張・立証しなければならない事実が相手方の支配領域にあるなどのため、当該事実について情報や資料を入手することが困難である場合に、当事者の公平、迅速な争点整理、真実発見などの見地から、相手方に一定の範囲で開示義務を

負わせることは訴訟法として必要なことであり、現に文書提出命令制度（220条）における文書提出義務には、申立人が主張・立証責任を負う事項についての相手方の文書提出義務が含まれているとし、さらに、当事者照会制度は、証拠の偏在その他の理由により主張・立証責任を負う当事者が当該事実に接近することが困難であるが相手方は当該事実を容易に明らかにすることができるような場合に、当事者の実質的平等・公平や、迅速な争点整理の実現、訴訟における真実発見の目的などから、相手方に主張・立証責任がある事実についても回答する義務を当事者に課したものと解され、当事者の義務としては、事案解明義務、真実義務、信義誠実義務（2条）が根拠として考えられるとする。

　なお、事案解明義務というのは、ある事実について主張責任・証明責任を負う当事者が、その事実及び証拠に接近する機会に乏しく、相手方当事者はその機会を有する場合に、当事者間の公平を回復するという理由から、相手方に対して事案解明義務を課して事実及び証拠の提出を求める考え方であり（春日偉知郎『民事証拠法研究』233以下〔1991（平成3）年、有斐閣〕など）、最判平成4・10・29（民集46巻7号1174頁。伊方発電所原子炉設置許可処分取消請求事件）が、「原子炉設置許可処分についての右取消訴訟においては、右処分が前記のような性質を有することにかんがみると、被告行政庁がした右判断に不合理な点があることの主張、立証責任は、本来、原告が負うべきものと解されるが、当該原子炉施設の安全審査に関する資料をすべて被告行政庁の側が保持していることなどの点を考慮すると、被告行政庁の側において、まず、その依拠した前記の具体的審査基準並びに調査審議及び判断の過程等、被告行政庁の判断に不合理な点のないことを相当の根拠、資料に基づき主張、立証する必要があり、被告行政庁が右主張、立証を尽くさない場合には、被告行政庁がした右判断に不合理な点があることが事実上推認されるものというべきである。」と判示したことについて、事案解明義務を認めたという理解もある（竹下守夫「伊方原発訴訟最高裁判決と事案解明義務」木川統一郎博士古稀祝賀中巻『民事裁判の充実と促進』1〔1994（平成6）年、判例タイムズ社〕、山本・前掲『民事訴訟法の現代的課題　民事手続法研究1』373）。

　(ウ)　完全陳述義務

　秋山ほか・コンメンタールⅡ（第2版）165頁は、当事者が知っている事実

関係について、有利不利を問わず、完全に陳述すべき訴訟法上の義務である完全陳述義務は、真実義務が虚偽陳述の禁止という消極的なものであるのに対し、完全な陳述を命じる積極的な内容を有する点で、真実義務と区別され、弁論主義の下ではこれを認めえないとするのが通説であるが、弁論準備手続などの争点整理手続において、裁判所が当事者に対して、事実や証拠の開示を求めたとしても、その開示は、直ちに口頭弁論における事実の主張や証拠の申出を意味するものではなく、弁論主義との矛盾抵触が問題となるものではないとし、訴えの提起前における証拠収集の処分（132 条の 2 以下）、当事者照会（163条）や理由付否認の義務づけ（規則 79 条 3 項、一般的文書提出義務（220 条 4 号）などを考えると、現行民訴法は、完全陳述義務に接近したとも評価できるとする。

　㈢　法的観点指摘義務

　秋山ほか・コンメンタールⅡ（第 2 版）176 〜 177 頁は、法令の解釈適用について、裁判例・学説の触れていないもの、見解の分かれるものなどについては、両当事者の見解を聴くことが適切な場合もあり、実務上はまま行われているが、主要事実の場合と異なって、当事者の見解を聴かなかったことが直ちに判決の違法性をもたらすものとはいえないとしたうえで、ただし、近時の有力説として、当事者の攻撃防御方法に影響を生じるような法的観点については、裁判所が釈明権の行使を通じてこれを指摘し、当事者に意見を述べる機会を与えなければならないとする考え方がある（講学上、法的観点指摘義務と呼ばれる）としている。

　そして、山本（有力説の論者の一人）・上掲 14 頁は、社会におけるルール形成という観点から見た現在の民事訴訟手続の問題点の一つに、法律問題に関する手続保障の在り方を挙げ、裁判所によるルールの設定・補充を正面から制度に位置づけるとすれば、その点についての当事者の手続保障が不可欠の前提となり、もはや「裁判官は法を知る」という建前の下で，法的観点に関する当事者の手続保障を無視することは許されないことになるとし、最判平成 22・10・14（集民 235 号 1 頁、判タ 1337 号 105 頁。法人である Y から定年により職を解く旨の辞令を受けた職員である X が Y に対し雇用契約上の地位確認及び賃金等の支払を求める訴訟において、控訴審が、X、Y ともに主張していない法律構成である信義則

違反の点についてXに主張するか否かを明らかにするよう促すとともにYに十分な反論及び反証の機会を与える措置をとることなく、Yは定年退職の告知の時から1年を経過するまでは賃金支払義務との関係では信義則上定年退職の効果を主張することができないと判断したことに釈明権の行使を怠った違法があるとしたもの）を法的観点指摘義務を明確化したものと理解し、同判決はそのような方向性に合致するものと考えられるとしている。

【ForschungNr.69】

［Punkt］ 民事訴訟のIT化と古典的弁論主義からの乖離の促進

　これまで見てきたことから明らかなように、現行民訴法の解釈は、旧民訴法時代から重視されてきた当事者の実質的平等・公平や、真実発見という観点に加えて、現行民訴法が2条で基本理念として掲げた裁判所の公正・迅速進行義務、当事者の信義誠実義務、さらには、近年特に強調されてきた手続保障の考え方も取り入れて、ドイツ民訴法138条、139条に近づいている。それは、バッサーマン裁判官やギレス教授の指摘によれば、事実資料の収集及び事実関係の探知について、当事者だけが責任を負う弁論主義から、当事者・裁判官の両者が責任を負う協働主義に近づきつつあるという見方もできよう。前記「民事訴訟法改正研究会」の提案の(ア)、(イ)、(エ)、(オ)は、真実義務、事案解明義務、法的観点指摘義務、釈明義務を定めようというもので、それは、条文として、ドイツ民訴法138条、139条に類似したものを設けようということであり、より一層協働主義に近づくということもいえよう。もっとも、ドイツ民訴法138条、139条が定めるところと似た状況になるとしても、旧来の職権主義か当事者主義かという枠組みを超えた信義則や手続保障、あるいは、ディスカバリー（当事者照会）（ディスカバリーについては、現在位置121以下参照）という民事訴訟の新しい理念によってそのようになるのであれば、それは時代の必然であるということもできよう。

　弁論主義はローマ法、ドイツ普通法、ドイツ民訴法、旧旧民訴法と受け継がれてきた（現在位置7、48）が、その根拠については、本質説、手段説、法主体探索説、多元説、手続保障説など、様々な説が唱えられており、その内容は一義的ではない。民事訴訟が私人間の紛争を解決する手段であり、個人の権利を守り、実現するものであることは、疑いのないところであるが、そのために

172　第 5 章　日本の民事訴訟における IT 化の現状

どのような手続を採用するかは、憲法に違反するものでない限り、法律や最高裁規則に委ねられている。その意味では、弁論主義が時代の要請に応じて変化するのはむしろ当然のことであろう。

　変化したものをなお弁論主義の内容とするか、弁論主義の例外とするか、弁論主義とは異なる協働主義というかは、多分に言葉の問題であり、問題は、変化を受け入れるかどうかである。

　民事訴訟の運営改善の時代（現在位置 173 以下）においては、弁論兼和解などを活用した口頭の討論の重要性が指摘され、現在においても、【Forschung Nr.61】［Punkt3］記載のとおり、口頭議論（協議）による争点整理手続の充実が求められている。この討論や議論においては、当事者双方がお互いに求釈明をし合い、証拠の提出を求め合うことや、裁判官が、当事者に求釈明し、法的観点を指摘し、必要な証拠の提出も求めるということが行われてきたし、それが現在期待されていることでもある。このような訴訟運営は、事実上、真実義務、釈明義務、法的観点指摘義務、完全陳述義務、事案解明義務が存在するのと似たような効果を生じているといっても過言ではない。民事訴訟の IT 化、特に、e-Court の充実、拡大は、裁判所と当事者間及び当事者相互間のコミュニケーション（文字によるチャットを含む）の充実（当事者照会制度の日常的活用）をもたらし、このような訴訟運営をより促進することにつながり、真実義務、釈明義務、法的観点指摘義務、完全陳述義務、事案解明義務が条文化されているのと似たような環境を提供することになると思われる。これは、上記変化を受け入れるということであり、古典的弁論主義からの乖離が進むということを意味する。

　ウ　手続保障

　㋐　手続保障の第一、第二、第三の波

　手続保障については、「手続保障の第三の波」という考え方が提唱されたことがあり（現在位置235）、その論者の一人である井上治典・神戸大学教授は、その論文（「手続保障の第三の波㈠」法教 28 号、「同㈡」法教 29 号〔1983（昭和58）年〕）において、①手続保障の第一の波を、訴訟における当事者の権能を浮き彫りにした山木戸克己教授の「当事者権」の理論であるとし、②第二の波を、新堂幸司教授の「民事訴訟理論はだれのためにあるか」で口火を切った昭

和40年代を中心とする「当事者のための理論」という認識の高まりと、そのような認識を背景にしての民訴理論における具体的な問題についての解釈論の展開であるとし、③第三の波を、昭和50年代に入って台頭してきた当事者の主体的な手続形成に訴訟の普遍的価値を求めようとするもので、「当事者（紛争主体）による訴訟」という比喩がぴったりであるとしている（㈠42〜43）。そして、訴訟の目的は、裁判所の公権的な判決によって紛争解決を図ることにあるのではなく、当事者間の実質的平等を確保しながら、当該紛争に妥当すべき当事者間の行為責任分配ルールに基づいて論争又は対話を尽くさせること自体に第一次的な目的又は価値を見出すとしている。また、弁論主義が訴訟の本質的な要請であるのは、争点を当事者自ら相互間の対話作用によって形成し、具体化していくという手続過程そのものに普遍的価値があるからであって、判決内容はそのことの一つの当然の帰結にすぎないものとみるべきであるとする（㈡21〜22）。

⑷　法的審問請求権

　ドイツの基本法（ドイツ憲法。いわゆるボン基本法）103条1項は、「裁判所の前では、何人も、法的聴聞を請求する権利を有する」（高橋和之編『世界憲法集新版〔第2版〕』243〔2012（平成24）年、岩波書店〕）と定めている。ペーター・アーレンス（フライブルク大学法学部教授）〔松村和徳訳〕「民事訴訟法の概要」43〜45頁（P. アーレンス／H. プリュッティング／吉野正三郎著〔松村和徳／安達栄司訳〕『ドイツ民事訴訟法』＜1990（平成2）年、晃洋書房＞所収）は、①法的審問請求権がどのように保障されうるかは手続のやり方によることになるが、口頭の手続では、口頭の陳述をなす機会が与えられなければならず、書面による手続では、通常、書面による陳述が果たさなければならない、②意見を述べる機会はいずれの場合においても適切でなければならず、裁判所において裁定される期間は、十分長いものでなければならない、③原則的に、当事者には、裁判所の判決が下される前に意見陳述の機会が与えられなければならない、④法的審問請求権が法適用にも拡張されるか否か、つまり、裁判所は、当事者と訴訟の法的側面について討論する義務、いわゆる「法律上の討論義務」があるか否かは争いがあり、裁判所の実務は、従前、不意打ち判決を回避する義務のみを承認していたが、簡素化法は、法的観点指摘義務（ドイツ民訴法278条3

174 第 5 章　日本の民事訴訟における IT 化の現状

項）を定めたなどとしている（現在位置 228 〜 229）。

　㋒　近年の手続保障の動き

　上記㋐記載のこれまでの手続保障に関する議論や上記㋑記載のドイツの法的審問請求権に関する議論を受けて、日本でも、近年、手続保障の重要性が認識されるようになり、上記の法的観点指摘義務を手続保障との関係で捉える考え方もこのような議論を踏まえて提唱されているものである。

　そして、判例の中にも、手続保障を重視したものと理解できるようなものが見られるようになった（現在位置 334 〜 335）。それは、①最決平成 20・5・8 判時 2011 号 116 頁〔婚姻費用の負担に関する処分の審判の事案〕、②最決平成 21・12・1 家月 62 巻 3 号 51 頁〔遺産分割審判の事案〕、③最決平成 23・4・13 民集 65 巻 3 号 1290 頁〔文書提出命令の事案〕であり、いずれも、即時抗告の抗告審において、即時抗告の迅速性を考慮し、抗告状（抗告申立書）や抗告理由書の写しを相手方に送付することなく、したがって、相手方に反論の機会を与えることなく相手方に不利益な判断をしたという事案で、特別抗告について職権で判断を示したものであった。原審が抗告状等を相手方に送付しなかったのは、それは裁判所の裁量に委ねられていると解されて運用されていたからであったが、極めて差し迫った判断が要求され、抗告状送付の時間的余裕がないというような場合は別として、それほどの緊急性がないのに反論の機会を与えないということになると、反論を聞いても結論に影響する可能性がないというような例外的な場合でなければ、審理を尽くしたことにはならないし、公正な裁判ともいえない。手続保障に反するという理解もできる。最高裁は、①②では、このような考え方を示しながらも原決定を維持したが、③では、「明らかに民事訴訟における手続的正義の要求に反するというべきであり、その審理手続には、裁量の範囲を逸脱した違法があるといわざるを得ない。そして、この違法は、裁判に影響を及ぼすことが明らかである」として、原決定を破棄した。

　その後、この抗告状の写しの送付については、非訟事件手続法（平成 23 年法 51 号）及び家事事件手続法（平成 23 年法 52 号）の制定並びに民訴規則 207 条の 2 の新設（原則として送付するが、①抗告が不適法であるとき、②抗告に理由がないと認めるとき、③抗告状の写しを送付することが相当でないと認めるときは、

この限りでないとするもの）により、立法的に解決された。非訟事件手続法及び家事事件手続法は、抗告状の写しの送付について、民訴規則 207 条の 2 のような規定を設けた（非訟 69 条、家事 88 条 1 項）ほか、それ以外にも手続保障の表れと理解できる幾つかの条文を設けており、例えば、非訟事件手続法は、裁判所が終局決定を取り消し、又は変更する場合などには、当事者等にとって不意打ちにならないように、当事者等に通知したり、陳述の聴取の機会を与えることとし（52 条、59 条 3 項）、抗告裁判所は原審における当事者等の陳述を聴かなければ原裁判所の終局決定を取り消すことができないとしている（70 条）し、家事事件手続法も、裁判所が審判の取消し又は変更をする場合には、当事者等の陳述を聴かなければならないこととし（78 条 3 項）、抗告裁判所は原審における当事者等の陳述を聴かなければ、原審判を取り消すことができないこととしている（89 条）。

　手続保障については、このような手続の形式面での不意打ち防止に限らず、審理の中でも、実質的に相手方に反論の機会を与える必要があるというような意味で手続保障が問題となる余地がある（現在位置 335 ～ 336）。このような局面で手続保障を捉えると、これまで、採証法則違反、経験則違反、審理不尽などという言葉を用いて違法とされてきたものの中には、「手続的正義の要求に反する」というべきものも含まれている可能性がある。この点に関して、山本和彦「手続保障再考──手続保障と迅速訴訟手続」（前掲『民事訴訟法の現代的課題（民事手続法研究 1）』107 以下）は、例えば、攻撃防御方法の提出について、形式的にこれを提出する機会を保障するというだけでなく、当事者の攻撃防御方法のあり方を決定するような情報にアクセスする機会を確保するとか、裁判所が法律問題を指摘するというように、実質的にこれを提出する機会を保障するというように、形式的手続保障から実質的手続保障への流れがあるとしており、前記のとおり、法的観点指摘義務も、実質的手続保障という観点から見直そうとしている。

【ForschungNr.70】

［Punkt］手続保障と民事訴訟の IT 化

　上記のように、近年、手続保障という観点から民事訴訟を見直そうとする考え方が広がりつつある。手続の形式面での不意打ち防止だけでなく、審理の実

176　第 5 章　日本の民事訴訟における IT 化の現状

質にまで入って手続保障を考えると、その外延がはっきりしなくなり、現行民
訴法・民訴規則が協同進行主義を採用し、手続の進行に当事者の同意や意見聴
取を義務付ける多くの規定を有していることともオーバーラップしてくる可能
性があるし、法的観点指摘義務を手続保障の観点から見直すという考え方があ
るように、釈明義務、真実義務、完全陳述義務、事案解明義務を手続保障の観
点から見直すという考え方も生じうるのではないかと思われる。

　手続保障をこのように広範囲に捉えた場合、民事訴訟の IT 化はどう関係し
てくるかということであるが、それには消極的側面と積極的側面の両面がある
と考えられる。

　消極的側面は、IT 化によって手続保障を十分に受けられない当事者が生じ
る可能性が生じるので、これを防がなければならないということである。これ
は、主として、本人訴訟において生じることであろうが、IT の利用能力（以下
「IT リテラシー」という）の低い当事者が、手続の形式面においても、審理の実
質面においても IT リテラシーが低いゆえに不利益を被ることがあってはなら
ないということである。具体的には、Web 会議装置を有しないために Web 会
議を利用できない当事者には代替手段（例えば電話での参加など）が用意されて
いる必要があるであろうし、電話での参加では不利だと考える当事者は Web
会議での審理を拒否できるかという問題も生じてくるであろう。オンラインに
よる申立書や証拠の提出ができない当事者、オンラインによる通知、送付、送
達を受けられない当事者、オンラインによる記録閲覧ができない当事者が、手
続の形式面においても、審理の実質面においても不利益を受けることがないよ
うに配慮する必要もあろう。

　積極的側面は、IT 化は、手続保障が自然に行われる環境を作ることにつな
がる可能性が高く、さらなる手続保障につながる可能性も秘めているというこ
とである。つまり、IT 化による簡易迅速で郵送費用を必要としない情報伝達
（オンラインによる提出、通知、送付、送達）、手続の透明化（オンラインによる期
日情報・事件記録へのアクセス）、裁判所と当事者間及び当事者相互間のコミュ
ニケーション（文字によるチャットを含む）の充実は、手続の形式面での不意打
ち防止や審理の中での反論の機会の保障が、特段意識しないでも自然に行われ
る環境を提供することになるし、このような IT 化の効果が計画審理や計画的

審理を促すことにつながれば、当事者は今後の審理予測が可能となり、適時に必要な攻撃防御方法を準備することが容易になるし、和解的解決の時期、内容についても的確な判断ができるようになる（これも広い意味では手続保障であろう）可能性もある。

エ　公開主義

憲法82条1項は、「裁判の対審及び判決は、公開法廷でこれを行ふ。」と定め、同2項は、「裁判所が、裁判官の全員一致で、公の秩序又は善良の風俗を害する虞があると決した場合には、対審は、公開しないでこれを行ふことができる。但し、政治犯罪、出版に関する犯罪又はこの憲法第三章で保障する国民の権利が問題となつてゐる事件の対審は、常にこれを公開しなければならない。」と定めている。

日本のように憲法に裁判公開の規定を置いている国は少ないようであり、欧米諸国で裁判公開の規定を置いているのは、ベルギー国憲法ぐらいではないかと思われる（高橋編・前掲『世界憲法集』や阿部照哉＝畑博行編『世界の憲法集〔第4版〕』〈2009〔平成21〕年、有信堂高文社〉をみても、ベルギー以外には見当たらない）。ちなみに、阿部＝畑・上掲424頁以下によると、ベルギー国憲法148条は、「1　裁判所の審理は公開とする。ただし、この公開が公の秩序または善良の風俗を害するときはこの限りではない。この場合には、裁判所は判決をもってその旨を宣言する。　2　政治的犯罪および出版に関する事件については、非公開は裁判官の全員一致でなければ宣告されることができない。」と定めている。

㋐　対審の公開

1項の定める「対審」とは、訴訟当事者が、裁判官の面前で、口頭でそれぞれの主張を闘わせることをいい、民事訴訟においては「口頭弁論」がそれにあたること、「公開」とは、訴訟関係人に審理に立ち会う権利と機会を与えるという当事者公開ではなく、国民に公開されるという一般公開、具体的には国民一般の傍聴を許すこと（傍聴の自由）を意味する（佐藤幸治『憲法〔第3版〕』315～316〔1995（平成7）年、青林書院〕）ことについては、争いはないと思われる。

そして、最大判平成元・3・8民集43巻2号89頁（メモ採取不許可国家賠償

請求事件）は、「憲法82条1項の規定は、裁判の対審及び判決が公開の法廷で行われるべきことを定めているが、その趣旨は、裁判を一般に公開して裁判が公正に行われることを制度として保障し、ひいては裁判に対する国民の信頼を確保しようとすることにある。裁判の公開が制度として保障されていることに伴い、各人は、裁判を傍聴することができることとなるが、右規定は、各人が裁判所に対して傍聴することを権利として要求できることまでを認めたものでないことはもとより、傍聴人に対して法廷においてメモを取ることを権利として保障しているものでないことも、いうまでもないところである。」と判示し、裁判の公開が制度的保障であることを明らかにしている（もっとも、この後で、「筆記行為は、一般的には人の生活活動の一つであり、生活のさまざまな場面において行われ、極めて広い範囲に及んでいるから、そのすべてが憲法の保障する自由に関係するものということはできないが、さまざまな意見、知識、情報に接し、これを摂取することを補助するものとしてなされる限り、筆記行為の自由は、憲法21条1項の規定の精神に照らして尊重されるべきであるといわなければならない。裁判の公開が制度として保障されていることに伴い、傍聴人は法廷における裁判を見聞することができるのであるから、傍聴人が法廷においてメモを取ることは、その見聞する裁判を認識、記憶するためになされるものである限り、尊重に値し、故なく妨げられてはならないものというべきである。」として、法廷でメモを取ることは、憲法21条1項の規定の精神に照らして尊重に値するとしている）。

【ForschungNr.71】

[Punkt1] 公開の方法

　このように、日本では、裁判（対審）の公開が憲法で定められているため、これに反する審理は違憲になる。また、裁判の公開自体は制度的保障であるが、裁判の傍聴は、上記最高裁判決が示唆しているように、国民の知る権利（憲法21条から導かれる）を保障するものでもあり、これを侵害するものとして違憲になる可能性もある。

　したがって、民事訴訟がIT化された後も、裁判の公開は守られなければならないことはいうまでもないが、裁判の公開は、国民一般の傍聴を許し、上記最高裁判決がいうように、「裁判が公正に行われることを制度として保障し、ひいては裁判に対する国民の信頼を確保しようとする」ものであるから、その

趣旨に合致したものであれば、必ずしも裁判官が在廷する法廷で、直に裁判を傍聴する機会が与えられることに拘らなくてもよいのではないかと思われる。

【ForschungNr.10】で指摘したように、裁判所が物理的な存在からヴァーチャル（仮想）化する方向にあることは、現行民訴法下のテレビ会議による証人尋問ですでに始まっているのであり、今後、e-Court が広がれば、法廷には裁判官だけがいて、両当事者も代理人も証人も映像と音声で法廷に出頭するということがあり得る。そのような場合は、傍聴人は法廷にいてもモニターを通して視聴するだけなので、必ずしも法廷で傍聴する必要はなく、適当な場所でモニターを通して視聴すれば足りることになる。【ForschungNr.21】で指摘したように、論文等 R には、シアトルにあるワシントン州西地区米国地方裁判所では、法廷に傍聴人が溢れたときは、他の部屋にシステムを使って音声と映像を送るということが行われているようであり、このようなことも検討対象になるかもしれない。

問題は、特定の場所でモニターを通して視聴すること以上に、テレビやインターネットで視聴することまで認めるかということである。【ForschungNr.23】で指摘したように、論文等 U によれば、ミシガン州最高裁判所の裁判所規則の改正提案にはケーブルテレビの放送及び「可能な限り」インターネット上の動画配信による公開が掲げられているということであり、**第 2 章 5 記載**のとおり、論文等 D（座談会）中にはこれを認めるような意見もあり、論文等 E にも Web による一般傍聴の記載がある。

しかし、テレビやインターネットでの視聴を認めることによる裁判の公開については、IT 化検討会でも慎重意見があったし、訴訟になっていることを世間にあまり知られたくないという当事者も少なくない日本の現状では、かえって裁判の利用を妨げることになる可能性もある。それに、現代は、民事訴訟における公開主義の徹底が求められていた 19 世紀（現在位置 49、50）とは異なり，裁判を受ける権利を保障するためには、プライバシーや営業秘密への配慮も必要な時代になっている。IT 化が進んだとしても、テレビやインターネットでの公開には慎重であるべきであろう。

［Punkt2］ 公開の場所

現行民訴法は、**第 5 章 1 記載**のとおり、電話会議による弁論準備手続期日・

180 第 5 章　日本の民事訴訟における IT 化の現状

進行協議期日、テレビ会議による人証の取調べ、電話会議による証人尋問（少額訴訟）などの遠隔裁判の規定を有しているが、これらはいずれも、音声又は映像と音声によって裁判官の在廷する法廷に出頭したものとみなしているので、裁判の公開は、裁判官の在廷する法廷だけについて行っているし、それについて疑問を持たれたことはなかった。

　しかし、e-Court が広がって、例えば、原告本人及びその代理人は、原告代理人の事務所で、被告本人及びその代理人は被告代理人の事務所で、証人は公民館で、それぞれ Web 会議（テレビ会議）で証人尋問に参加する（裁判官が在廷する裁判所には誰も現実の出頭をしない）というような場面（【ForschungNr.27】[Punkt2] 記載のとおり、ドイツ民訴法 128a 条について、そのような場面を想定したドイツのコンメンタールの記述がある）を考えると、裁判官が在廷する裁判所だけを公開するということで本当によいのかという問題が生じる。原告代理人事務所、被告代理人事務所、公民館がそれぞれとても離れた場所にあるという場合、例えば、原告の関係者、被告の関係者が裁判を傍聴するためには、遠く離れた裁判官の在廷する裁判所に行かなければならない（原告も、被告も裁判所には行かないのに）ということになるのは不合理ではないかということも考えられるからである。

　前記のとおり、論文等 U によると、ミシガン州最高裁判所の裁判所規則の改正提案では、裁判官が物理的に在廷しているところを主たる場所とし、遠隔地で利用するところを従たる場所とし、審理の公開は、裁判の主たる場所・従たる場所への参加、ケーブルテレビの放送及び「可能な限り」インターネット上の動画配信によるなどと定められているとされている。

　しかし、法改正によって e-Court が広がった場合、裁判官のいない場所での法廷警察権の行使や訴訟指揮権の行使は、現在（テレビ会議による尋問では、証人は別の裁判所に出頭する）よりも困難となることは明らかで、裁判官のいない場所での裁判の公開には消極的にならざるを得ない。前記の当事者の関係者が遠く離れた裁判所に行かなければ裁判を傍聴できないという不合理を避けるためだけであれば、裁判官のいない場所での傍聴について、現行民訴法の弁論準備手続のように、「相当と認める者の傍聴を許すことができる」（法 169 条 2 項）という規定を設けることも考えられる。もっとも、この規定を含む弁論準備手

続の公開については、後記(イ)記載のとおりの議論がある。

　(イ)　争点整理手続の公開

　佐藤・前掲『憲法』316～317頁は、「……口頭弁論の現実の姿として、その形骸化が指摘され、それを打破するための様々な提言や試みがなされてきた。いわゆる〝弁論兼和解〟（実務上、当事者の了解を得て、法廷ではなく和解室や準備室などで、裁判官、当事者本人、代理人などが、ラウンドテーブル方式で、口頭による討論を通じて、主張と証拠を対照しながら争点の整理を行ない、機が熟せば和解を勧試するという審理方式）は、そうした試みの一つである。準備手続と目しうるものであれば82条との関係の問題は生じないが、その形態如何では82条との関係の問題を生じ、法原理部門としての司法権と相容れないこともありえよう。」と記述している。この記述は、弁論兼和解も「訴訟当事者が、裁判官の面前で、口頭でそれぞれの主張を闘わせる」ものであるから、憲法82条1項の定める「対審」にあたり、公開を要するという理解がありえることを指摘するものである。

　同様の指摘は民訴法学者の中でもあり、弁論兼和解の性質と公開の要否を巡って様々な考え方が示された（現在位置176参照。準備手続とする説、準備的口頭弁論とする説、第3の手続とする説などがあった）。弁論兼和解は、口頭議論の活性化のために実務の知恵として生み出されたものであったが、争点整理も和解も同時並行的に行うために、和解をしているのか争点整理をしているのか判然とせず、争点整理が交互面接で行われていることもあり、手続の適正を欠くとの指摘もあった（現在位置177参照）。

　現行民訴法の立法作業では、弁論兼和解に関するこのような議論を引きずったまま、新しい争点整理手続を設けることになったので、公開を要しない争点整理手続を設けることの是非が大議論になり、最終的には、公開を要しない争点整理手続として弁論準備手続を設けることになったが、法169条2項に「裁判所は、相当と認める者の傍聴を許すことができる。ただし、当事者が申し出た者については、手続を行うのに支障を生ずるおそれがあると認める場合を除き、その傍聴を許さなければならない。」との規定を置くことになった。

　民事訴訟のIT化が進み、電話会議による弁論準備手続期日からWeb会議による弁論準備手続期日に移行すると、この傍聴規定がより大きな意味を持って

182　第 5 章　日本の民事訴訟における IT 化の現状

くる可能性がある（現在よりも多くの関係者が Web 会議装置のある場所で傍聴し、期日の内容がより多くの人に知られることになる可能性がある）し、録音・録画も容易になる（仮にこれを禁じたとしても、密かに録音・録画することを防ぐことは困難であろう）ので、争点整理手続の公開問題は新たな局面を迎える可能性がある。IT 化検討会でも、セキュリティの問題も含めて、この問題についての議論があったので、今後の検討のため、少し長くなるが、研究会・新民事訴訟法の中から、弁論準備手続の公開に関する発言のうち、IT 化にあたって重要と思われるものを掲げておくこととする。

「　◎弁論準備手続について

◆傍聴を認める趣旨── 一般人の利益と当事者の利益（199 ～ 200）

○筆者（東京地裁判事・元最高裁民事局第一課長）

　「2 項は、大変わかりにくい規定ですが、複雑な経過を辿ってこういう規定になっているわけです。というのは、先ほどから議論になっております、弁論準備手続の公開の問題にどう決着をつけるかということで、この規定ができたわけです。当初は、当事者双方の申立てがある時には、公開手続である口頭弁論に戻せることにすべきである、それによって公開手続が担保される、という考え方で議論が進んでいたのですが、弁護士会のほうから、これでは不十分だという強い意見が出てきたわけです。公開の問題は、当事者の問題ではなくて、裁判の公正をいかに担保するかという問題、あるいは一般人の傍聴の利益という問題ではないか、という議論になってきたわけです。一般人の傍聴を全面的に確保するとなれば、弁論準備手続を公開の手続にしろ、ということになり、それでは準備的口頭弁論との差異はほとんどない、なんのために弁論準備手続を設けるのかわからない、というような議論がありまして、それでは、一般人の傍聴する利益というものにある程度配慮したような規定が設けられないか、ということになったわけです。それが、この第 2 項の「相当と認める者の傍聴を許すことができる」という規定です。

　この規定については、手続の非公開を定めている非訟事件手続法 13 条や民事調停規則 10 条に、「相当であると認める者の傍聴を許すことができる」という規定があるものですから、そのような条項を入れることは構わないのではないか、ということになったわけです。ただ、弁論準備手続は、公開を要しない

手続であり、公開してはならない手続ではないわけです。それは、非訟事件手続が、公開してはならない手続であるのとは質を異にしています。弁論準備手続を公開することは、一向に法に触れないわけです。そういう意味で、この第2項の本文は、非訟事件手続法や民事調停規則と同じような規定にはなっているけれども、その性質は若干異なる、と理解しなければいけないと思っています。」

（中略）

○竹下守夫（駿河台大学学長）

「この期日は非公開の手続なので、規定の上でも裁判所は傍聴を許すことができるとなっているのですから、裁判所の許可を得なければ傍聴はできない、というのが原則なのではないでしょうか。」

○高田裕成（神戸大学法学部教授）

「いまのご発言は、先ほどの福田さんのご発言との関係では、弁論準備手続は、公開をしてはならない手続という理解ですか。」

○竹下

「いや、公開してはならないという意味ではなくて。」

○高田

「やはり、公開を要しない、という意味で非公開ということでしょうか。」

○竹下

「いや、私が言っているのは、公開なら第三者が傍聴するのに裁判所の許可は要らない筈だけれど、弁論準備手続では許可がなければ傍聴はできないということです。」

○伊藤眞（東京大学法学部教授）

「福田さんがおっしゃる、「公開しても差し支えない」というのは、趣旨がよくわからないのです。確かに書き方として、「公行セス」（非訟事件手続法13条）という表現をしてないことは間違いないのですけれども、この規定の趣旨は、弁論準備手続を一般公開で行う性質のものではないということは、はっきりしているのではないでしょうか。いま竹下さんがおっしゃったように、裁判所は、その人の挙動、言動、当事者との関係等から適当である、という判断をする義務があり、その判断を経て初めて傍聴を許すという構造だと思うのですけ

れども、違いますか。」

○筆者

「公開を要しない、ということであり、公開してはならないということではないとお話したのは、例えば、次回期日は弁論準備手続を公開の法廷でやります、と裁判所が定めたとしても、それは許される手続であると考えているわけです。当事者の秘密を守るために公開してはならない手続を裁判所が勝手に公開法廷でやりますとは言えない。弁論準備手続はそのような公開してはならない手続ではなく、公開法廷でやってもいい手続である、と法制審でも、ずっと申し上げてきました。」

○青山善充（東京大学法学部教授）

「事件の性質上、という意味ですか。」

○筆者

「はい。」

○柳田幸三（東京地裁判事・元法務大臣官房審議官）

「いまの議論の関係ですが、公開の手続と、公開をしてはならない手続、すなわち密行性を保持しなければならない手続があります。ここでいっている、「相当と認める者の傍聴を許すことができる」という趣旨は、本来、公開をしてはならないものだけれども、その公開禁止を裁判所が例外的に解除する、という趣旨での傍聴を許すことができるということではなくて、裁量的傍聴ということで、本来手続としては、公開は要請されていないし、非公開であるということも要請されていない。その傍聴を認めるかどうかは、裁判所が裁量で決める、という趣旨の手続である、ということだろうと思います。」

◆「公開の二義性」論（201〜202）

○田原睦夫（弁護士）

「169条2項の規定に落ち着くまでに非常に長い経過がございますので、そこまでの経過抜きでこの条文の意義の理解というのは非常に難しいと思います。弁護士会のほうは、新争点整理手続、あるいは弁論準備手続が、争点整理として相当多様なことができるようになった。特に従前の準備手続に比べれば、例えば書証の取調べができるなど、本来口頭弁論で行うべきことと、それほど違いがないところまで審理ができるようになる。それによって心証形成が

行われる。

　ところで、心証形成は、公開の法廷たる口頭弁論の場で行われるのが本則ではないか、というのが弁護士会の従来からの強い主張だったわけです。そういう中で、弁論準備手続という手続を認めるとして、それを公開の法廷で行うのは難しいかもしれないけれども、例えば弁護士会の中でも一部の意見としてありましたのは、裁判官室でも、あるいは準備手続室でも構わない、ある程度の人数が傍聴できるような施設であれば、それは憲法82条の定める公開ではないけれども、公開だと認めることができる、というような意見があったわけです。これに対して、裁判所のほうは……。」

○筆者

　「確かにいわゆる公開二段階論というものが法制審でもだいぶ議論になったわけです。裁判所のほうが、その公開二段階論に乗れなかったのは、公開という問題は、法律家だけの問題ではない。裁判所と当事者代理人である弁護士だけの問題ではない。マスコミも含めた一般国民の権利の制度的保障として公開法廷における審理、裁判ということが憲法82条に書いてあり、その憲法82条の公開とは違う公開、それとは違う性質の公開というのは概念しにくいということなのです。したがって、仮に弁論準備手続を公開しなければならない手続として規定した場合、「弁論準備手続に要求されている公開は、憲法82条の公開ではないので、憲法82条で要求されるような公開法廷としての設備（傍聴席等）は備わっていない場所で実施することも許されるのです」というようなことは、裁判所としては一般国民に対してとても説明ができない。やはり、公開である以上は、これで憲法82条の公開ですと言わせてもらえなければ困る。（中略）……という話をしたわけです。」

◆弁論準備手続の公開の可否（202 ～ 204）

○田原

　「そういう裁判所のご議論がありまして、公開という以上は、ある程度の人数が自由に出入りできる場でなければ、公開という概念を使うことはできないと強く主張され、そうした論議を経て「傍聴を許すことができる手続」という定め方にされたわけです。」

　「ですから、公開してはならない規定だ、というふうに我々は全く理解して

おりません。先ほどの福田さんのご紹介にあったように「公開もできる」ということで、「公開しなければならない手続ではない」ということだ、というふうに我々は理解しております。」

○伊藤

「法制審の議論の内容についても、皆さんと多少理解が違うようです。公開してもいいとすれば、裁判所は個別的に傍聴を相当と認めるかどうかの判断をしないということでしょう。誰でもどうぞというわけですから。どうもその考え方がよくわからないのです。傍聴を相当と認めるかの判断は、規定の文言から考えても、個別的に行うべきで、事件の性質上、一括して一般第三者に傍聴を認めるようなことは、規定の趣旨からするとおかしいのではないかと思うのです。」

（中略）

○青山

「先ほどの福田さんやいまの田原さんのご発言の趣旨は、民事訴訟事件は、事件としてみれば、非訟事件のようなものとは違って、性質上公開して行うこともできる事件だからこういう規定ができたのだという立法過程の説明としてはよくわかるのですが、解釈論としてそういう論だとすると、私も伊藤さんと全く同じ疑問を抱くのです。つまり、事件として公開してよい性質の事件ということと、手続として公開してよい手続か、ということは別の問題ではないか。さもなければ、準備的口頭弁論という公開の争点整理手続とは別に、弁論準備手続というものを作った意味が没却されてしまうのではないか、と思います。」

○筆者

「いまの話ですが、裁判所として、この手続を公開法廷でやります、ということが禁じられているかというと、それを禁じる規定はどこにもないのです。先ほど柳田さんからお話がありましたように、非訟事件のように非公開とする、という条文はないわけですから、裁判所が公開法廷で弁論準備手続を実施することは、法律上何ら禁じられていないという理解をしているわけです。ただ、裁判所が公開法廷ではなく、非公開の準備室等でこの手続を実施した時に、傍聴人は一切シャットアウトかというと、そうではないよと。そういう場

合であっても、相当と認める者の傍聴は許すことができますよ、ということを
この2項は明らかにしているだけである、と考えているわけです。」
○柳田
　「169条2項の趣旨について、こんなに考え方が違っているということに驚
いているわけですが、論点を私なりに整理させていただきたいと思います。こ
れは、憲法82条の公開主義が適用されない手続である、ということは間違い
ないわけです。他方で非公開にしなければならないという規定もない。そうい
うところからしますと、この弁論の手続の期日に傍聴を認めるかどうかという
ことについては、規定上はニュートラルだと思うのです。ただ、公開が望まし
いのかどうかということになりますと、それは、先ほど来ご紹介しましたよう
な、争点整理手続としてどういうタイプの手続を設けるかという議論との関係
で、公開の争点整理手続としては、別途準備的口頭弁論というものがあるわけ
でして、それ以外に弁論準備手続を設けたということは、公開の法廷では必ず
しも円滑な争点整理手続ができない事件があるということに基づくものであり
ますので、傍聴を許すかどうかということを判断するについても、そういった
基本的な弁論準備手続が設けられた趣旨というのは尊重される、ということに
なるだろうと思います。したがって、毎回実質公開と同じような状態で手続を
進めていく、ということはあまり考えられないのではないかと思います。」
○竹下
　「これは非公開でなければならない、公開することが禁じられた手続かと言
うと、少し意味合いが違ってくるから、公開が禁じられているとは言いにくい
わけです。しかし、168条で当事者の意見を聴く場合に、この手続は公開だか
非公開だかわからない手続ですよ、というようなことで意見を聴いたのでは意
味がないわけで、これは、原則として公開されていない手続で、傍聴も裁判所
の許可を得てのみ認められる、そういう性格の手続だということであるからこ
そ、当事者の意見を聴く、ということになっているのだと思うのです。ですか
ら、そういう意味で、弁論準備手続は非公開の手続という性格を持っている、
と考えないとおかしいのではないでしょうか。」
○伊藤
　「繰り返しになりますが、大切なところですから、もう一言付け加えさせて

下さい。公開を禁止する形になっていないことは、皆さんのおっしゃるとおりです。しかし、169条2項は、傍聴について、一般第三者か、それとも当事者が申し出た者かについて違いは設けていますが、いずれについても裁判所に判断の責務を負わせているのです。」

「非訟事件手続法13条と異なって、「弁論準備手続はこれを公開しない」旨の文言が用いられなかったのは、公開の準備的口頭弁論と比較すれば、169条の文言から弁論準備手続が非公開手続であることは明らかなので、あえてそうした文言を挿入しなかったものでしょう。つまりこの手続が公開か非公開かという点について直接の規定はないのですが、傍聴についての裁判所の判断権の内容を考えれば、公開してもかまわないという議論にはならないはずです。」」

【ForschungNr.72】

[Punkt] 公開を要しない手続と Web 会議のセキュリティ

弁論準備手続が憲法82条1項の定める「対審」ではなく、公開原則の適用がないことは争いのないところであるが、当事者に非公開審理を受ける法的利益があるかが問題である。現行民訴法の立法経過からすると、弁護士会は、非公開での争点整理手続の創設に反対し、口頭で討論し、書証の取調べまでするような争点整理手続は口頭弁論の実質を有するので、公開して行うべきだとの主張だったので、公開を要しない争点整理手続を設けるとしても、その手続を公開を要する手続に移行させる利益があるという発想であり（これを受けて、法172条但書として、「当事者双方の申立てがあるときは、これを取り消さなければならない」旨の規定が設けられることになった）、非公開審理を受ける利益があるという発想はなかった。したがって、裁判所が弁論準備手続を公開して行うことに抵抗はなかった（前記田原発言参照）し、裁判所も裁判所の判断で、弁論準備手続を公開することができると解していた。

しかし、学者の方々の意見、特に伊藤意見によれば、裁判所が当事者の意思に反して弁論準備手続を公開法廷で行うことは許されないことになり、当事者に非公開審理を受ける法的利益があるということになる可能性がある。

この点についてどのように考えるかは、Web 会議のセキュリティをどの程度厳重なものとするかということにも影響してくる。非公開が求められている手続ではなく、裁判所の判断で公開してもよい手続であると解する場合は、セ

キュリティは、公開原則の適用される口頭弁論と同様に考えればよいので、後記(ウ)記載の非公開審理が求められるような場合を除いて、厳重なセキュリティは必要ではないことになるが、一般的に当事者に非公開審理を受ける法的利益があるということになれば、Web 会議のセキュリティを厳重なものとする必要が生じることになる。

これまで、電話会議による弁論準備手続については、裁判所の判断で公開してもよい手続であるという考え方に立ち、盗聴を防ぐための特段の措置は執られてこなかったが、IT 化検討会では、Web 会議になれば、音声だけではなく、重要な書面の内容も表示されるなど、扱われる情報量が格段に多くなるので、セキュリティの強化が必要ではないかとの意見もあった。

確かに、Web 会議による弁論準備手続については、裁判所の判断で公開してもよい手続であるという考え方に立ってセキュリティを考えるとしても、モニターに表示されたプライバシーや営業秘密に関係する情報が第三者に盗み見られる、あるいは盗み取られるリスクを避けることが望ましいのは明らかであり、特段に厳重なセキュリティを考慮する必要はないとしても、データの暗号化技術を使った通信など、Web 会議に一般的に用いられるようになってきたセキュリティを取り入れる必要はあろう。

　(ウ)　非公開審理

非公開審理の問題は、憲法 82 条 1 項が定める裁判の公開と憲法 32 条が定める裁判を受ける権利の保障をどう調整するかという問題である。後記のとおり、現行民訴法の立法過程においては、裁判を受けるためには、重大なプライバシーや重要な営業秘密を公開法廷で明らかにしなければならないということでは、裁判を受けることができなくなるので、裁判公開の原則に反しない範囲で、これを保護する手続を設ける必要があるという議論がされたが、最終的には、現行民訴法に文書提出命令における文書提出義務の存否の審理手続についてのインカメラ審理の規定（法 223 条 3 項＜現在は 6 項＞）と、秘密保護のための閲覧等の制限の規定（法 92 条）が設けられるにとどまった。しかし、時代はすでに裁判の公開を絶対視するのではなく、裁判を受ける権利を重視する方向に向かおうとしていた。その後、この方向での立法が行われることになり、現在は、さらにその方向性が強くなっている。民事訴訟の IT 化は、そのよう

190 第 5 章 日本の民事訴訟における IT 化の現状

な状況の中で行われるものであるから、IT 化、特に、e-Court や e-Filing において、裁判の公開原則に反することなく、重大なプライバシーや重要な営業秘密を守る方法が検討される必要がある。そこで、非公開審理の問題に関するこれまでの議論や立法について概観しておくことにする。

a　憲法 82 条 2 項の趣旨

非公開審理については、憲法 82 条 2 項の但書は、刑事事件に関するものと解される（佐藤・前掲『憲法』320）ので、民事訴訟に関しては、「裁判所が、裁判官の全員一致で、公の秩序又は善良の風俗を害する虞があると決した場合には、対審は、公開しないでこれを行ふことができる。」という本文が問題となる。つまり、「公の秩序又は善良の風俗を害する虞がある」場合とはどのような場合をいうのかということである。

これについて、佐藤・前掲 321 頁は、「本条の「公の秩序又は善良の風俗」については、従来、民法 90 条の「公ノ秩序又ハ善良ノ風俗」と同趣旨としつつも、対審を公開するかどうかに関するものであって目的を異にし、より厳密に、例えば、公衆を直接に騒擾その他の犯罪の実行にあおるなど公共の安全を害するおそれがあるとか、猥褻その他の理由で著しく人心に悪い影響を及ぼすおそれがあるような場合に限られると解する傾向があった。こうした限定的解釈の下では、右にあげた例（320 頁には、「医療過誤訴訟において原告（患者）のメディカル・データの扱い方をどうするか、例えば AIDS 患者の中には家族や親類縁者に対する配慮から氏名や診療機関名も秘密にして欲しいと望むかもしれない。あるいは、企業が自己の営業秘密に属する製造技術を他企業が不正に取得し製造しようとしていることを察知し、訴訟を通じてそれを差止めようとした場合、公開裁判で争わなければならないとなると、営業秘密を営業秘密たりえなくしてしまう。あるいはまた、情報公開条例訴訟で、例えば住民のプライヴァシーの保護を理由とする営業公文書の非公開決定が裁判で争われた場合、公開裁判で問題の文書を提示して争わなければならないとなると、そもそも当該文書を非公開とした趣旨が失われてしまう。」という例が挙げられている）を「公の秩序又は善良の風俗」にあたる場合とするのは困難であろう。したがって、右にあげた例につき非公開審理ないしイン・カメラ・レヴューを可能とするためには、「公の秩序又は善良の風俗」をもって公開停止の場合の例示とみるか、あるいは「公の秩序」を広く

解するかのいずれかによらなければならない。」としている。そして、「アメリカ合衆国の情報公開法はイン・カメラ・レヴューについて定めているが、わが国においても、そうした手法の適否および 82 条の公開裁判原則との関連での可否が問題となる。アメリカにおいて、Vaughn index という手法（公開拒否の行政機関は、原告と裁判所に対して、当該記録の項目を示した索引を公開拒否理由の詳細な説明を付して提示しなければならない）とイン・カメラ・レヴューの組み合わせが適切な方法として示唆されているのが参考になろう。」とも記述している。

b　現行民訴法の立法過程での議論

第 5 章 1 (1)記載のとおり、現行民訴法の立法作業（旧民訴法の全面改正作業）は、1990（平成 2）年 7 月に法制審議会民事訴訟法部会で開始された（現在位置 213）が、翌 1991（平成 3）年 12 月には「民事訴訟手続に関する検討事項」が、1993（平成 5）年 12 月には「民事訴訟手続に関する改正要綱試案」が公表された。

上記検討事項には、裁判の公開に関連する次のような項目が掲げられていた。

（「第四　口頭弁論及びその準備」の中の項目）

「　七　秘密保護の手続

1　プライバシー、営業秘密（不正競争防止法第 1 条第 3 項に規定する営業秘密をいう。以下同じ。）等の秘密が訴訟審理を介して漏洩することを防止しつつ、充実した審理を行うために、改正すべき点があるか。

2　例えば、次のような考え方があるが、どうか。

㈠　憲法第 82 条の定める裁判公開の原則の下において秘密を保護するために訴訟審理を非公開とすることができる場合を法律で明確にするものとするとの考え方

㈡　秘密を保護するために訴訟審理を非公開とする場合において、更に必要があると認めるときは、裁判所は、当事者及び証人その他の関係人に対し、その期日において知った秘密の保持を命ずることができるものとするとともに、違反に対する刑事罰を含む制裁規定を設けるものとするとの考え方

㈢　訴訟記録の閲覧・謄写に関し、秘密を保護するために必要があると認め

192 第 5 章 日本の民事訴訟における IT 化の現状

るときは、裁判所は、その必要性の程度に応じ、①閲覧・謄写の請求をすることができる者を当事者に限ること、②閲覧・謄写をする者に対し、それによって知った秘密の保持を命ずることができるものとするとともに、秘密保持の命令の違反に対する刑事罰を含む制裁規定を設けるものとするとの考え方　　　」

　なお、文書提出命令における文書提出義務の存否の審理手続について、次のとおり、インカメラ審理の考え方を示すとともに、秘密保持命令の考え方も示していた。

（「第五　証拠／一　証拠収集手続／ 2 ㈠　文書提出命令」の中の項目）

「　(2)　文書提出義務の存否の審理手続

　文書提出義務の存否の審理において、プライバシー、営業秘密等にかかわる文書であるかどうか等を判断することとする場合に、秘密が漏洩しないようにしながら右の点について資料を得るため、

　ア　裁判所は、所持人に当該文書を提示させ、当事者の立会いなく、これを閲読することができるものとするとの考え方

　イ　アの考え方を採る場合において、受訴裁判所がアの措置を採ることにつき当事者に異議があるときは、受訴裁判所を構成する裁判官以外の裁判官によって構成される裁判所が秘密にすることに正当な利益がある文書であるかどうか等について判断するものとするとの考え方

　ウ　裁判所は、弁護士、公認会計士、弁理士その他の専門的知識を有する者で、事件につき利害関係がないものを検査人（仮称）に選任することができ、検査人は、所持人に当該文書を開示させて閲読した上、当該文書が秘密にすることに正当な利益があるものかどうか等について裁判所に報告する（検査人は、文書を閲読したことにより知った秘密を漏らしてはならず、漏らしたときには刑事罰を含む制裁を受ける。また、当事者は、秘密を害さない限度において、検査人の報告内容を知ることができる。）ものとするとの考え方

　(4)　文書提出命令に付随する秘密保護措置

　文書の提出を無条件で命ずると、プライバシー、営業秘密等の秘密にかかわる情報が漏洩するおそれがある場合において、秘密を保護しつつ当該文書の提出を命ずることができるようにするため、裁判所は、当該文書の提出を命ずる場合には、同時に、申立人及びその訴訟代理人に対し、提出を受ける文書の閲

読により知ることとなる秘密の保持を命ずるとともに、証人尋問その他の証拠調べ期日において当該文書を提示する場合には、証人その他の関係者に対して秘密の保持を命じた上で非公開で実施することを決定すること等ができるものとする（秘密保持命令の違反に対しては刑事罰を含む制裁を受ける。）との考え方」

　しかし、上記試案では、次のとおり、㈢の閲覧・謄写が残っただけで、㈠の非公開審理は「（後注）」となり、したがって㈡の非公開審理の場合の秘密保持命令は削除された。また、文書提出命令における文書提出義務の存否の審理手続については、インカメラ審理は残ったが、秘密保持命令は削除された。

「　七　秘密保護の手続

　訴訟記録中に当事者が保有する営業秘密（不正競争防止法（昭和9年法律第14号）第1条第3項に規定する営業秘密をいう。以下同じ。）が記載されている場合その他第三者が訴訟記録の閲覧若しくは謄写をし、又はその正本、謄本若しくは抄本の交付を受けることにより秘密を保有する当事者の重大な利益が害される場合には、当該当事者の申出により、裁判所は、決定で、訴訟記録中当該秘密に関する部分の閲覧、謄写又はその正本、謄本若しくは抄本の交付（以下「閲覧等」という。）の請求をすることができる者を当事者に限ることができるものとする。この決定に対しては、閲覧等の請求をした第三者は、抗告をすることができるものとする。

　（注）訴訟記録の閲覧等をした当事者は、それによって知り得た秘密を保持する義務を負うものとするかどうかについて、なお検討する。

　（後注）憲法第82条の定める裁判公開の原則の下において秘密を保護するために訴訟審理を非公開とすることができる場合を法律で明確にすることが可能かつ適当であるかどうかについて、なお検討する。　　　　　　　　　　　」

　その後、試案の内容に沿って、秘密保護のための閲覧等の制限の規定（法92条）が設けられたが、非公開審理の規定も秘密保持命令の規定も設けられなかった。

　非公開審理の規定を設けることの必要性は認識されていながら結局見送られることになった背景の一つには、前記㈤記載の争点整理手続の公開を巡る対立が影響して、裁判の公開問題がセンシティブな問題となっていたことがある。

194　第 5 章　日本の民事訴訟における IT 化の現状

c　現行民訴法制定後の立法

　上記のとおり、現行民訴法では、非公開審理、秘密保持命令の規定は設けられなかったが、その後、他の法律で、これらを定める立法がされた。

(a)　人事訴訟法（平成 15 年法 109 号）

　明治以来の人事訴訟手続法を全面改正して制定された人事訴訟法には、次のとおり、当事者尋問等の公開停止の規定が設けられた。

●22 条（当事者尋問等の公開停止）

　1　人事訴訟における当事者本人若しくは法定代理人（以下この項及び次項において「当事者等」という。）又は証人が当該人事訴訟の目的である身分関係の形成又は存否の確認の基礎となる事項であって自己の私生活上の重大な秘密に係るものについて尋問を受ける場合においては、裁判所は、裁判官の全員一致により、その当事者等又は証人が公開の法廷で当該事項について陳述をすることにより社会生活を営むのに著しい支障を生ずることが明らかであることから当該事項について十分な陳述をすることができず、かつ、当該陳述を欠くことにより他の証拠のみによっては当該身分関係の形成又は存否の確認のための適正な裁判をすることができないと認めるときは、決定で、当該事項の尋問を公開しないで行うことができる。

　2　裁判所は、前項の決定をするに当たっては、あらかじめ、当事者等及び証人の意見を聴かなければならない。

　3　裁判所は、第 1 項の規定により当該事項の尋問を公開しないで行うときは、公衆を退廷させる前に、その旨を理由とともに言い渡さなければならない。当該事項の尋問が終了したときは、再び公衆を入廷させなければならない。

(b)　裁判所法等の一部を改正する法律（平成 16 年法 120 号）による特許法の改正

　この改正法は、司法制度改革関連法（現在位置 36）の一つであるが、改正内容は次のとおり、上記検討事項で項目として挙げられていた秘密保持命令の制度を導入し、営業秘密が問題となる訴訟の公開停止を定めるものである（詳しくは現在位置 296 参照）。

（ⅰ）　秘密保持命令の導入

「証拠の内容に当事者の保有する営業秘密が含まれることおよび当該営業秘密の使用または開示を制限する必要があることの2点について疎明があった場合には、裁判所は、当事者の申立てにより、決定で、当該営業秘密を訴訟追行の目的以外の目的で使用し、または、当該営業秘密に関する秘密保持命令を受けた者以外の者への開示をしてはならない旨を命ずることができる」（特許法105条の4第1項）とし、「秘密保持命令に違反した者には、3年以下の懲役または300万円以下の罰金を科す」（200条の2）としている。

（ⅱ）　営業秘密が問題となる訴訟の公開停止

「当事者等が公開の法廷で、ある事項について陳述することにより、当該営業秘密に基づく当事者の事業活動に著しい支障を生ずることが明らかであることから、当該事項について十分な陳述をすることができず、かつ、当該陳述を欠くことにより他の証拠のみによっては当該事項を判断の基礎とするべき侵害の有無についての適正な裁判をすることができないと認めるときは、裁判官全員の一致により当該事項の尋問を公開しないで行うことができる」（105条の7第1項）とし、裁判所は当事者等からその陳述すべき事項の要領を記載した書面の提出をさせることができ、提出された書面について、インカメラ審理を行うことができる」（同条3項）、「この書面に営業秘密が含まれる場合には、秘密保持命令を申し立てることができる」（105条の4第1項1号の括弧書き）などとしている。

　これらの法律で定められている非公開審理や秘密保持命令は、現行民訴法の立法経緯からしても、本来、民訴法の中に定められるべきものであり、法改正に向けた速やかな検討が望まれるものといえよう。

　d　インカメラによる証拠調べ

　文書提出義務の存否についてのインカメラ審理を超えて、証拠調べ自体をインカメラで行うことの是非も喫緊の問題となっている。

　最決平成21・1・15（民集63巻1号46頁。検証物提示命令申立て一部提示決定に対する許可抗告事件）は、原告が行政機関の保有する情報の公開に関する法律（情報公開法）に基づいて行政文書（外務省の保有する米軍ヘリコプター墜落事故に関するもの）の開示を請求したところ、外務大臣から不開示決定を受けた

196　第 5 章　日本の民事訴訟における IT 化の現状

ので、国を被告としてその取消しを求め、不開示文書の検証の申出をする（原告は検証への立会権を放棄し、検証調書の作成についても、本件不開示文書の記載内容の詳細が明らかになる方法での検証調書の作成を求めない旨陳述した）とともに、これを目的物として、国に対する検証物提示命令の申立てをした事案において、原審がインカメラ審理を認めて、検証物提示命令の申立てのうち一部を認容し、国に対し検証物の提示を命じたのに対し、次のように判示してこれを破棄した。

「　(1)情報公開法に基づく行政文書の開示請求に対する不開示決定の取消しを求める訴訟（以下「情報公開訴訟」という。）において、不開示とされた文書を対象とする検証を被告に受忍させることは、それにより当該文書の不開示決定を取り消して当該文書が開示されたのと実質的に同じ事態を生じさせ，訴訟の目的を達成させてしまうこととなるところ、このような結果は、情報公開法による情報公開制度の趣旨に照らして不合理といわざるを得ない。したがって、被告に当該文書の検証を受忍すべき義務を負わせて検証を行うことは許されず、上記のような検証を行うために被告に当該文書の提示を命ずることも許されないものというべきである。

　立会権の放棄等を前提とした本件検証の申出等は，上記のような結果が生ずることを回避するため、事実上のインカメラ審理を行うことを求めるものにほかならない。

　(2)しかしながら、訴訟で用いられる証拠は当事者の吟味、弾劾の機会を経たものに限られるということは、民事訴訟の基本原則であるところ、情報公開訴訟において裁判所が不開示事由該当性を判断するために証拠調べとしてのインカメラ審理を行った場合、裁判所は不開示とされた文書を直接見分して本案の判断をするにもかかわらず、原告は，当該文書の内容を確認した上で弁論を行うことができず、被告も、当該文書の具体的内容を援用しながら弁論を行うことができない。また、裁判所がインカメラ審理の結果に基づき判決をした場合、当事者が上訴理由を的確に主張することが困難となる上、上級審も原審の判断の根拠を直接確認することができないまま原判決の審査をしなければならないことになる。

　このように、情報公開訴訟において証拠調べとしてのインカメラ審理を行う

ことは、民事訴訟の基本原則に反するから、明文の規定がない限り、許されないものといわざるを得ない。

(3)この点、原審は、情報公開法にはインカメラ審理に関する明文の規定は設けられていないものの、裁判所が情報公開訴訟において不開示事由該当性の判断を適正に行うために不開示とされた文書を直接見分することが必要不可欠であると考えた場合には、インカメラ審理をすることができるとする。

しかしながら、平成8年に制定された民訴法には、証拠調べとしてのインカメラ審理を行い得る旨の明文の規定は設けられなかった。

(中略)

そして、平成11年に制定された情報公開法には、情報公開審査会が不開示とされた文書を直接見分して調査審議をすることができる旨の規定が設けられたが(平成13年法律第140号による改正前の情報公開法27条1項)、裁判所がインカメラ審理を行い得る旨の明文の規定は設けられなかった。これは、インカメラ審理については、裁判の公開の原則との関係をめぐって様々な考え方が存する上、相手方当事者に吟味、弾劾の機会を与えない証拠により裁判をする手続を認めることは、訴訟制度の基本にかかわるところでもあることから、その採用が見送られたものである。その後、同13年に民訴法が改正され、公務員がその職務に関し保管し又は所持する文書についても文書提出義務又は検証物提示義務の存否を判断するためのインカメラ手続を行うことができることとされたが(民訴法223条6項、232条1項)、上記改正の際にも、情報公開法にインカメラ審理に関する規定は設けられなかった。

以上に述べたことからすると、現行法は、民訴法の証拠調べ等に関する一般的な規定の下ではインカメラ審理を行うことができないという前提に立った上で、書証及び検証に係る証拠申出の採否を判断するためのインカメラ手続に限って個別に明文の規定を設けて特にこれを認める一方、情報公開訴訟において裁判所が不開示事由該当性を判断するために証拠調べとして行うインカメラ審理については、あえてこれを採用していないものと解される。

(4)以上によれば、本件不開示文書について裁判所がインカメラ審理を行うことは許されず、相手方が立会権の放棄等をしたとしても、抗告人に本件不開示文書の検証を受忍すべき義務を負わせてその検証を行うことは許されないもの

というべきであるから、そのために抗告人に本件不開示文書の提示を命ずることも許されないと解するのが相当である。　　　　　　　　　　　　　」

　この判決は、証拠調べとして行うインカメラ審理が憲法82条の公開原則に違反するというものではなく、明文があれば許されることを示唆するものである。そして、泉裁判官の補足意見は、情報公開訴訟にインカメラ審理を導入することは、憲法82条に違反するものではなく、裁判を受ける権利をより充実させるものである旨を述べるものであり、宮川裁判官の補足意見も、情報公開訴訟にインカメラ審理を導入することは、憲法82条に違反するものではなく、同訴訟において裁判所が当該文書を見ないで不開示事由該当性を適正に判断することは著しく困難な場合があるなどとして、情報公開訴訟へのインカメラ審理の導入に関しては、ヴォーン・インデックス手続（情報公開・個人情報保護審査会設置法9条3項参照）と組み合わせ、その上でインカメラ審理を行うことの相当性・必要性の要件について慎重に配慮すべきであるが、情報公開制度を実効的に機能させるために検討されることが望まれる旨を述べるものである。

　宮川裁判官の上記補足意見は、上記(ウ) a 記載の佐藤・前掲321頁の記述と同趣旨のものといえよう。

【ForschungNr.73】

[Punkt] 非公開審理と IT 化

　上記のとおり、現行民訴法の立法作業が行われていた当時から、主として裁判を受ける権利の保障という観点から、公の秩序を広く解して、非公開審理が認められる場合を広げようとする試みがされてきて、プライバシーの保護を目的とした人事訴訟法の当事者尋問等の公開停止の規定（22条）や特許法の営業秘密が問題となる訴訟の公開停止の規定（105条の7第1項）に結び付いた。そして、今後、証拠調べとしてのインカメラ審理を認める立法が行われる可能性もある。

　このような近年の動きからすると、非公開審理はめったにないこととして民事訴訟の IT 化をすることはできず、非公開審理が行われる場合にも配慮した IT 化が考えられなければならない。この場合、非公開審理が行われる場合はセキュリティ上 Web 会議やテレビ会議を利用した尋問はできないと定めてしまうことも考えられないではないが、本人や証人が、病気などで受訴裁判所に

は出頭することができないが、Web 会議やテレビ会議による尋問であれば可能であるという場合もあり得るので、一律にそのような定めをすることには疑問がある。インターネット回線を使用した Web 会議ではセキュリティを確保できないが、専用回線を使用したテレビ会議ならセキュリティを確保できるということであれば、テレビ会議の利用を考えるべきであろう。

㈔　記録の閲覧・謄写

a　現行民訴法の規定

記録の閲覧・謄写に関する現行民訴法の規定は次のとおりである。

●91 条（訴訟記録の閲覧等）

1　何人も、裁判所書記官に対し、訴訟記録の閲覧を請求することができる。

2　公開を禁止した口頭弁論に係る訴訟記録については、当事者及び利害関係を疎明した第三者に限り、前項の規定による請求をすることができる。

3　当事者及び利害関係を疎明した第三者は、裁判所書記官に対し、訴訟記録の謄写、その正本、謄本若しくは抄本の交付又は訴訟に関する事項の証明書の交付を請求することができる。

4　前項の規定は、訴訟記録中の録音テープ又はビデオテープ（これらに準ずる方法により一定の事項を記録した物を含む。）に関しては、適用しない。この場合において、これらの物について当事者又は利害関係を疎明した第三者の請求があるときは、裁判所書記官は、その複製を許さなければならない。

5　訴訟記録の閲覧、謄写及び複製の請求は、訴訟記録の保存又は裁判所の執務に支障があるときは、することができない。

●92 条（秘密保護のための閲覧等の制限）

1　次に掲げる事由につき疎明があった場合には、裁判所は、当該当事者の申立てにより、決定で、当該訴訟記録中当該秘密が記載され、又は記録された部分の閲覧若しくは謄写、その正本、謄本若しくは抄本の交付又はその複製（以下「秘密記載部分の閲覧等」という。）の請求をすることができる者を当事者に限ることができる。

一　訴訟記録中に当事者の私生活についての重大な秘密が記載され、又は記録されており、かつ、第三者が秘密記載部分の閲覧等を行うことにより、その当事者が社会生活を営むのに著しい支障を生ずるおそれがあること。

二　訴訟記録中に当事者が保有する営業秘密（不正競争防止法第2条第6項に規定する営業秘密をいう。第132条の2第1項第3号及び第2項において同じ。）が記載され、又は記録されていること。

2　前項の申立てがあったときは、その申立てについての裁判が確定するまで、第三者は、秘密記載部分の閲覧等の請求をすることができない。

3　秘密記載部分の閲覧等の請求をしようとする第三者は、訴訟記録の存する裁判所に対し、第1項に規定する要件を欠くこと又はこれを欠くに至ったことを理由として、同項の決定の取消しの申立てをすることができる。

4　第1項の申立てを却下した裁判及び前項の申立てについての裁判に対しては、即時抗告をすることができる。

5　第1項の決定を取り消す裁判は、確定しなければその効力を生じない。

91条1項が、「何人も、裁判所書記官に対し、訴訟記録の閲覧を請求することができる」としていることについては、秋山ほか・コンメンタールⅡ（第2版）221頁は、「法82条は裁判の公開の原則を定めるが、これは、必ずしも訴訟記録の一般公開まで含むことを意味しないから、訴訟記録の公開の範囲は立法政策の問題である。例えば、昭和23年（1948年）の改正前までは、当事者に限って記録閲覧の請求権を認めるにすぎなかった。本条は、こうした裁判の公開の趣旨をより徹底するために、すべての人に記録閲覧の請求権を認めたものである。」としている。92条の規定は、前記のとおり、検討事項、試案を経て設けられたもので、現行民訴法の立法作業において検討された「秘密保護の手続」の中で唯一残ったものである。

民事訴訟のIT化によって記録が電子化された場合は、これらの規定の見直しが必須となる。

b　IT化した外国の閲覧・複写の方式

(a)　アメリカ

アメリカの連邦裁判所については、【ForschungNr.18】［Punkt1］、【Forschung Nr.19】記載のとおり、関係論文等の記述を総合すると、訴訟の当事者本人及び代理人である弁護士は、裁判所に登録してIDとパスワードの発行を受け、CM/ECFを通じて、オンラインでの記録の閲覧、ダウンロードが可能であり、一般市民（弁護士を含む）は、米国司法部に登録して、IDとパスワードの発行

を受け、PACER を通じて、インターネットによる民事訴訟記録の閲覧をすることができる（秘密保持の必要があるものは除かれ、特定の個人識別データには変更が加えられる。閲覧、ダウンロードには料金が発生する）ようである。

（b）　ドイツ

ドイツについては、**第 3 章 2⑵イ⑺c** 記載のとおり、ドイツ民訴法 299 条に記録の閲覧、謄本の規定がある。これによると、当事者は、記録を閲覧し、裁判所から正本、抄本、謄本の交付を受けることができる（1 項）が、第三者は利害関係を疎明した場合のみ、記録の閲覧をすることができる（2 項）ことになっている。つまり、記録の閲覧、謄写は基本的に当事者のみが可能であり、当事者以外の第三者は、利害関係を疎明した場合に記録の閲覧ができるだけという規律になっている。

それを前提に、電子記録へのアクセス（データの呼出し）による閲覧、事務室内での電子記録の閲覧、印刷（プリントアウト）された記録又は記録の内容を含む記憶媒体の送付が認められている（3 項）。

（c）　韓国

韓国については、**第 3 章 3⑵** 記載のとおり、韓国民訴法 162 条に記録の閲覧及び証明書の交付要求の規定がある。これによると、当事者又は利害関係を疎明した第三者は、訴訟記録の閲覧・複写、裁判書・調書の正本・謄本・抄本の交付又は訴訟に関する事項の証明書の交付を申し立てることができ（1 項）、何人も権利救済・学術研究又は公益目的で裁判が確定した訴訟記録（公開を禁止した弁論に関連する訴訟記録は除く）の閲覧を申請することができる（2 項）ことになっている（当該訴訟関係人が同意しない場合には、閲覧できないし、公開を禁止した弁論に関連した記録は閲覧できない）。つまり、利害関係を疎明した第三者も、記録の閲覧だけでなく、複写等が可能な点と訴訟関係人が同意した場合には、誰でも権利救済・学術研究又は公益目的で確定記録を閲覧できる点がドイツよりも範囲が広がっている。

それを前提に、**第 3 章 3⑶** 記載のとおり、民事訴訟等における電子文書利用等に関する大法院規則 38 条により、電子訴訟システムに接続して電子訴訟ホームページで内容を確認し、書面で出力し又は該当事項を自身の磁気ディスク等にダウンロードすること（1 項）、裁判所で、裁判所に置かれたコンピュー

タ端末機を利用して閲覧し、複製し、出力した書面の交付を受けることができる（2項）。

【ForschungNr.74】

［Punkt1］　一般国民による電子記録の閲覧

日本の民訴法91条1項は、前記のとおり、誰でも記録の閲覧請求ができる旨規定している。この規定は、GHQの影響を受けた昭和23年民訴法改正（現在位置76以下）による改正後の旧民訴法151条の規定を引き継いだものである。同改正前の旧民訴法151条1項は、次のような条文であった（常用漢字で表記した）。

「当事者ハ訴訟記録ノ閲覧若ハ謄写又ハ其ノ正本、謄本、抄本若ハ訴訟ニ関スル事項ノ証明書ノ交付ヲ裁判所書記官ニ請求スルコトヲ得　利害関係ヲ疎明シタル第三者亦同シ」

つまり、当事者と利害関係を疎明した第三者だけが記録の閲覧、謄写ができ、謄本等の交付を受けることができることになっており、ドイツ民訴法299条に似た条文であった。昭和23年民訴法改正は、ドイツ民訴法、オーストリア民訴法を基盤とする旧民訴法（現在位置2、52）にアメリカ法を移植したものであり（現在位置76）、誰でも記録を閲覧することができることとする改正にはアメリカ法の影響があったものと考えられる。

そこで、アメリカの連邦裁判所のPACERのように、誰でも裁判所に個人情報を登録してIDとパスワードの提供を受ければ、それを利用してインターネットによる記録の閲覧ができるようにするかどうかが大きな問題となる。IT化検討会では、インターネットで閲覧した画面はコンピュータに保存することができ、これを完全に防ぐことは困難であるという話も出ていたので、インターネットによる閲覧を認めるということは、アメリカのようにダウンロードも認めるということにつながるのではないかと思われる。

民訴法92条は、前記のとおり、記録の秘密記載部分の閲覧等の請求をすることができる者を当事者に限定する手続を定めているので、一般国民のインターネットによる記録の閲覧を認めた上で、これを避けたいと考える当事者は、民訴法92条に基づき閲覧制限の申立てをすればよいという選択もあり得よう。

しかし、先にテレビやインターネットでの視聴を認めることによる裁判の公開について記述したのと同様に、訴訟になっていることを世間にあまり知られたくないという当事者も少なくない日本の現状では、一般国民がインターネットで記録を閲覧できる（ダウンロードにつながる）ということが裁判の利用を躊躇する理由の一つとなることも考えられる。

もっとも、民訴法91条1項をドイツ法あるいは韓国法のように閲覧請求できる者を限定する方向で改正するのも、情報公開の時代に逆行するように思われる。そうすると、一般国民の電子記録の閲覧は、裁判所に置かれたコンピュータ端末での閲覧に限られるとすることも一つの選択肢ではないかと思われる（このようにすれば、記録の閲覧がダウンロードにつながることも避けられる）。

[Punkt2] 当事者、利害関係人による電子記録の閲覧、複写

民訴法91条1項～3項によれば、上記のとおり、当事者及び利害関係人は、公開を禁止した口頭弁論に係る記録も含めて、記録の閲覧請求ができるだけでなく、記録の謄写、謄本等の交付請求もできるので、韓国の民事訴訟等における電子文書利用等に関する大法院規則38条と同様に、オンラインによる記録の閲覧、複写（ダウンロード）を認める方向で考えることになるのではないかと思われる。ドイツでも、当事者は、同様な扱いになると解されるし、アメリカの連邦裁判所でも、当事者はCM/ECFを利用することで同様な扱いになると解される（アメリカの連邦裁判所で利害関係人がCM/ECFを利用できるのか不明であるが、仮にCM/ECFを利用できないとしても、PACERを利用することで同様な扱いになると解される）。

[Punkt3] 訴訟記録中の録音テープ又はビデオテープの取扱い

民訴法91条4項は、前記のとおり、訴訟記録中に録音テープ又はビデオテープ（これらに準ずる方法により一定の事項を記録した物を含む）が存在することを前提とする規定であるが、e-Filingになれば、これらはすべてデジタルデータ化されて電子記録の一部となるので、複製を許すという特別な扱いは不要になると思われる。

第6章　IT化の段階的検討

　検討会まとめは、フェーズ1からフェーズ3まで、段階的に民事訴訟のIT化を実施することを提言しているので、第5章までの検討を基礎にして、各フェーズにおいて生じると考えられる論点について考察し、最後に、検討会まとめが課題としていることにも触れることにする。

　なお、検討会まとめには、適宜の箇所に、**図1**から**図3**までの3つの図面が表示されている。それらの図面は、本書においてIT化の段階的検討をするうえでも参考となるので、最初にこれをまとめて掲載しておく。

図1　現行民事訴訟法下における民事訴訟手続の流れの一例（7頁）

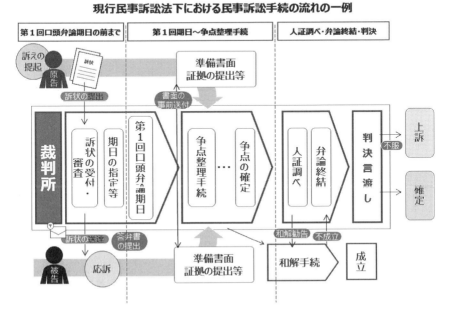

図2 裁判手続等のIT化の主な内容（18頁）

図3 利用者目線から望まれる裁判IT化のプロセスのイメージ（20頁）

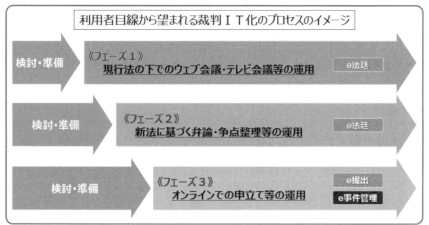

1 フェーズ1

(1) 検討会まとめの提言

第1章で記述したとおり、検討会まとめは、フェーズ1は、法改正を要することなく現行法の下で、IT機器の整備や試行等の環境整備により実現可能となるものについて、速やかに実現を図っていく段階とし、2019年度からにも特定庁で試行することを提言している。フェーズ1は、主としてe-Courtに

係るものであり、検討会まとめは、「例えば、電話会議に加えてウェブ会議等のITツールを積極的に利用したより効果的・効率的な争点整理の試行・運用を開始して、その拡大・定着を図っていくことが挙げられる」とし、さらに、「このような争点整理手続等でのIT化（e法廷）の速やかな導入は、弁護士等の法律専門家や官公署等にとって、IT化されていく新しい裁判実務に親和・精通していく契機ともなるため、裁判手続等のIT化を進める第一歩として速やかな実現が必要と考えられる」としている。

なお、「ウェブ会議等」には、テレビ会議、Web会議、その他のITツールが含まれる。

(2) 機器の整備

争点整理等で頻繁に利用されている電話会議は、マイクとスピーカーを組み込んだハウリング防止機能付き電話機で、NTTのトリオホンサービスを利用して行っているものである。しかし、NTT東日本・NTT西日本が2017（平成29）年10月17日付けで発表した「固定電話のIP網への移行後のサービス及び移行スケジュールについて」（https://www.ntt-east.co.jp/release/detail/pdf/20171017_01_01.pdf）によれば、固定電話について2024年1月から2025年1月までの間に、現行のPSTN網から、IP網に切り替える予定で、それに伴って、トリオホンサービスは提供を終了するということである。つまり、現在行っている電話会議は、そのままの機器構成では、特段のことがない限り、あと5年余りしか利用できないということになる。

このような状況の中で、2018（平成30）年8月30日（木）の朝日新聞朝刊に、「民事裁判ネットで打ち合わせ」という記事が掲載された。それには、最高裁は来年度（平成31年度）から一部の地裁で、民事裁判の打合せにインターネットを使った「ウェブ会議」を導入する方針を固め、来年度予算の概算要求に、関連機器や回線使用料などとして約2億5000万円を計上する、問題がなければ裁判所の拡大を検討する、ウェブ会議は、当面は原告側と被告側、裁判所の三者が互いの主張を確認する手続で活用するなどの記載がある。

今後は、Web会議と電話会議との併用、Web会議への電話での参加など、新たな対応が求められることになろう。

(3) Web 会議による民事訴訟の運営改善

民事訴訟の審理の状況は、**第5章2(1)**記載のとおり、審理期間が長期化しており、特に、主たる争点整理手続である弁論準備手続は、口頭による議論・協議が十分に行われず、準備書面の交換を中心にした期日を重ねるようになり、争点整理期日の回数も増加しているという状況にある。このような民事訴訟の状況に対して、民事訴訟の利用者である国民からは、**第5章2(2)**記載のとおり、日本の民事訴訟は、弁護士が訴訟代理人になっている当事者であっても、裁判費用や裁判期間の予測可能性が低く、利用しにくいとの評価がされている（**【ForschungNr.58、59、60】**参照）。

民訴法には、平成15年改正（**第5章1(4)イ**）で計画審理が導入されており、法に従った計画審理（法147条の3）や計画的審理が行われていれば、裁判費用や裁判期間の予測可能性は高まり、民事訴訟はより利用しやすいものとなる可能性が高いが、計画審理は行われておらず、計画的審理もそれほど行われているわけではなく、平成15年改正前よりも後退していることは**第5章2(1)ウ**記載のとおりである。

このような状況の中で、**【ForschungNr.61】**記載のとおり、①現行民訴法制定前の民事訴訟の運営改善の成果をさらに進化させた新福岡方式や論文等Zに記載されているような当事者主導の民事訴訟の試み（[Punkt1]）、②労働審判手続を参考とした審理の柔軟化の試み（[Punkt2]）、③争点整理における口頭議論の活性化の試み（[Punkt3]）などの運営改善の動きが見られるようになってきた。

他方で、**第5章2(3)イ**記載のとおり、遠隔地・小規模の支部を中心に、書面による準備手続における双方当事者の電話会議による協議の日時（規則91条1項）において、現行法上は認められていない双方電話会議による弁論準備手続の期日（法170条3項は一方当事者が裁判所に出頭することを求めている）のように実質的な争点整理を行うという運用（書面による準備手続の弁論準備手続的運用）が広がっており、その中では、同**ウ**記載のとおり、裁定和解（法265条）も活用されるようになっている。

Web 会議の利用は、これらの運営改善の動きをさらに進めるものでなければならず、**【ForschungNr.1】**記載のような Web 会議の多様な機能が活用され

れば、運営改善の動きは新たな段階に入り、拡大、発展する可能性が高いと考えられる。フェーズ1の時期にWeb会議を十分に活用できるかどうかが、フェーズ2になってからのe-Courtの成否を決めるといっても過言ではなく、民事訴訟のIT化にとって、フェーズ1の時期はとても重要である。

　ア　争点整理の充実、迅速化

　運営改善の中で最も重要なのは、争点整理の充実、迅速化を図るということであり、Web会議は、電話会議よりも格段に多くの情報を交換できるコミュニケーションツールなので、その利点を生かして、裁判所・双方当事者間あるいは当事者相互間で、映像と音声によるやり取り、データファイルのやり取り、チャット、ホワイトボードや書画カメラを利用した説明などを行い、口頭議論を活性化する必要がある。Web会議を活用すれば、裁判所からの求釈明について、当事者は不明な点があれば質問する、当事者の回答に不十分な点があれば裁判所は補充を求めるというように、一方向性の手続を双方向性の手続に転換することができる。また、争点整理の充実のためには、時系列表や争点整理表等の「口頭議論の活性剤」が必要になる（【ForschungNr.61】［Punkt3］）が、Web会議を利用したデータファイルのやり取りや共通画面を見ながらの争点整理表等の修正議論は、これを容易にする効果が見込まれる。

　当事者主導の争点整理という観点からは、Web会議による当事者照会の活用が考えられる。前記（【ForschungNr.66】［Punkt］日弁連改正要綱試案とIT化）のとおり、現在の当事者照会制度は、書面で照会し、書面で回答するという手続になっているが、当事者照会は当事者間で行うことであるから、双方当事者（訴訟代理人である弁護士）が同意すれば、当事者照会を、①Web会議を利用した口頭の照会に対する口頭の回答、あるいは、Web会議上での文書ファイルのやり取りによる照会と回答によって、双方が当事者照会をし合う、②文書の写しの送付も、文書をPDF化してやり取りすることによって、双方が送付し合うということが可能であり（一方向性の手続から双方向性の手続への転換）、これを裁判官も入ったWeb会議上で行うという選択肢もあり得るのではないかと思われる。このような当事者照会の活用の拡大は、訴え提起前の当事者照会（法132条の2）の活用へと広がる可能性も有しており、当事者主導型民事訴訟につながることになろう。

210　第6章　IT化の段階的検討

イ　書面による準備手続の弁論準備手続的運用

　現在行われている書面による準備手続の弁論準備手続的運用（**第5章2(3)イ**）
は、電話会議によるものであるが、これがWeb会議で行われることになれば格
段に利用しやすくなることは明らかである。そして、それは、フェーズ2に入
り、双方Web会議によって出頭する弁論準備手続期日が認められた場合の予
行演習のようなものになる。

　Web会議は、【ForschungNr.1】記載のような機能を有し、その機能は電話会
議を大きく上回るので、多様な情報交換が可能となり、**第5章2(3)イ(ア)**記載の
書面による準備手続の弁論準備的運用は格段に利用しやすくなる。【Forschung
Nr.63】記載のとおり、立法趣旨、立法当時の議論からしても、遠隔地要件は、
相当性が認められる典型的な場合を書いたにすぎず、両当事者（代理人）が同じ
都市に住んでいる（事務所がある）という場合であっても、双方とも書面による
準備手続でWeb会議を利用しながら争点を整理することに特段の異論がなく、
事案の性質上も、それによって争点整理が円滑に進むと判断される場合には、
書面による準備手続を採用することに法律上の問題は何も生じないと解される。
Web会議装置がどの裁判所から整備されることになるのか不明であるが、仮に
大都市の裁判所から整備されることになったとしても、その管轄区域内に両当事
者（代理人）が住んでいる（事務所がある）場合にも、これを積極的に活用する
方向での利用の拡大が期待される（対談53）。

　電話会議ではなくWeb会議で協議が行われるようになれば、和解協議もし
やすくなり、双方不出頭のまま和解を成立させることが増えてくる可能性もあ
るが、この場合の裁定和解の活用（**第5章2(3)ウ**）については、【ForschungNr.64】
記載のとおり、和解内容の詰めをWeb会議上での文書ファイルのやり取りに
よって行い、和解条項の告知も同様な方法で行うことができるようになると考
えられるので、裁定和解はより利用しやすくなると考えられる。また、Web会
議による和解協議を行い、文書ファイルのやり取りによる和解内容の詰めを行
っていく過程で、裁定和解の本来の利用方法が活用されることも期待される。

　なお、Web会議による協議（弁論準備手続において電話会議に代えてWeb会議
が利用される場合を含む）の内容は、【ForschungNr.1】記載のとおり、参加者
のパソコンに録画することができるので、これを電話会議の場合と同じように

当事者の判断に任せてよいか（電話会議も録音しようと思えば可能であるが、Web会議の方がより容易に録画できる）という問題がある。これは、フェーズ2になってより大きな問題になるが、電子記録の問題でもあるので、後記3で検討する。

⑷ ファクシミリ送信規定の解釈と運用

【ForschungNr.51】[Punkt1] 記載のとおり、ファクシミリによる申立書等の提出については、規則3条に定められているが、これは、同 [Punkt2] 記載のとおり、現行民訴法の立法作業の中で、裁判所の機構や管轄権など国家権力の根幹にかかわるものは法律事項であるが、それ以外の事項については、法律と規則が競合し、原則として前法・後法の関係に立つとの解釈のもとに、法と規則の振り分けが行われ、裁判所に提出すべき書面のファクシミリによる提出については、規則で定めることとされたことによる。したがって、規則3条には、法に具体的な委任規定はなく、強いていえば、法3条に定める包括委任（「この法律に定めるもののほか、民事訴訟に関する手続に関し必要な事項は、最高裁判所規則で定める。」）によって委任されているということになる。

このように、裁判所に提出すべき書面をどのような形式で提出するかは、規則事項とされたので、特段の法の委任なしに、IT規則（**第5章1⑷ウ**）で、民訴規則第3条第2項の規定によりファクシミリを利用して送信することのできる書面をオンライン提出することができる旨定めたのは、現行民訴法の立法作業における法と規則の振り分けの趣旨に合致している。つまり、基本的にどのような書面についてファクシミリ提出を認めるか、あるいはオンライン提出を認めるかは規則事項であるということである。もっとも、民訴規則3条の内容は、法制審議会で議論され、1項記載の各書面（①手数料を納付しなければならない申立てに係る書面、②訴訟手続の開始、続行、停止又は完結をさせる書面、③法定代理権、訴訟行為をするのに必要な授権又は訴訟代理人の権限を証明する書面その他の訴訟手続上重要な事項を証明する書面、④上告理由書、上告受理申立て理由書その他これらに準ずる理由書）についてはファクシミリ提出を認めないことにされた（【ForschungNr.51】[Punkt1]）ので、これらの書面についてもファクシミリ提出を認めたり、オンライン提出を認めたりする場合は、改めて法制審議会で議論するのが望ましいことは明らかで、**第5章1⑷エ**記載のとおり、

212　第6章　IT化の段階的検討

平成16年改正で、132条の10を新設し、これらの書面も含めてオンライン提出を認めることにしたのは、上記のような法律と規則の振り分けを前提としても適切であったと考えられる。

第5章1⑷ウ㈢記載のとおり、現在、オンライン提出は頓挫しているが、これについては、【ForschungNr.52】[Punkt2] 記載のとおり、訴訟は、オンライン化された督促手続よりもはるかに複雑な手続であり、仮に手数料や郵便料金の現金納付が実現したとしても、オンライン化は、システム開発の点でも、法律・規則の整備の点でも容易なことではなく、記録が電子化（e-Filing）されないのに申立て等だけを電子化しても、オンライン提出されたデータは、すべて書面に出力して記録化せざるを得ず、あまり手続の合理化にはならないという問題を抱えている。電子証明付き電子署名の煩わしさも考えると、ファクシミリで提出できる書面の範囲の制約を外し、どのような書面でも、例えば訴状でも、365日24時間いつでもファクシミリで提出できるようにする方が、書面化の手間が省けるし、書証の写しも同時に送信できるし、電子証明付き電子署名（督促オン規則3条2項）も必要としないので、はるかにメリットがあることになる。**第3章**記載のとおり、オンライン提出を認めているIT化先行国では、いずれも記録の電子化（e-Filing）が実現している。

　そのようなことで、オンライン提出は、e-Filingが実現するフェーズ3までは少なくとも完全な形で実現することは難しい。そうすると、フェーズ1、フェーズ2におけるe-Courtでファクシミリ提出を維持しなければならないのかが問題となる。Web会議では、書面をファクシミリ送信することなく、文書ファイルのやり取りができるし、書証もPDF化してファイルとしてやり取りすることができるからである。**第2章**7記載のとおり、論文等Gは、書類の送付について、①コンピュータの中にはソフトウェアによってファクシミリ送受信機能を備えたものもあり、これにより書類を送付することも規則47条の「ファクシミリを利用しての送信」と解することができる、②①が認められるのであれば、ファクシミリ機能を有するコンピュータを用いて送信し同機能を有するコンピュータによって受信された書類も「ファクシミリを利用しての送信」と解することができる、③同様の結果は、送信者が電子メールを用いて書類を送信した場合でも得ることができ、ファクシミリの場合との差異は、電話

番号に代えて電子メールアドレスを用いることであり、送信文書と受信文書との間で文書の内容が同一であることはもちろん文書の体裁も同一のものである場合には、電子メールによる文書の送信を解釈上ファクシミリによる送信と取り扱って差し支えないと考えられるとするが、Web 会議によるファイルのやり取りについても、同様に考えることができ、改めてファクシミリ送信を求めることは杓子定規にすぎると思われる。

　そもそも、規則 3 条で、書面のファクシミリ送信を認めたのは、ファクシミリ送信が、当時民事訴訟で実用可能な最新技術だったからであり、仮に当時電子メールが民事訴訟で実用可能な技術であったら、電子メールによる文書の送信も認める規定が設けられたことは明らかである。その意味では、論文等 G のような解釈は十分成り立つし、Web 会議によるファイルのやり取りを除外する理由もない。また、仮に論文等 G のような解釈はできないと考えたとしても、裁判所と双方当事者がメール送信あるいは Web 会議によるファイルのやり取りで取得したデータをプリントアウトして、正式な提出書面と扱うことに同意している場合には、これを不適法とする理由はない。なお、【ForschungNr.51】[Punkt3] 記載のとおり、規則 2 条は、訴状、準備書面その他の当事者又は代理人が裁判所に提出すべき書面には、当事者又は代理人の記名押印を求めているが、ファクシミリによって提出される書面については、裁判所のファクシミリ機が受信し、紙に印刷した書面自体を原本として扱っているので、送信した書面に記名押印されていればそれが印刷されることになり、それで記名押印の要件を満たすことになる。しかし、Web 会議でやり取りされる文書ファイルには記名押印がないことになるので、記名押印が求められる書面については、文書ファイルをプリントアウトして記名押印し、PDF 化したファイルをやり取りすることになろう。

　以上に述べたことは、当事者が裁判所に提出する書面だけに限らず、当事者照会のように当事者間でやり取りされる書面についても同様であり、ファクシミリが利用できる書面は、メールや Web 会議によるファイルのやり取りが利用できると解してよいのではないかと考える。

　もっとも、解釈上の疑義がある可能性は残るので、ファクシミリが利用できる文書はメールや Web 会議によるファイルのやり取りが利用できることにつ

いて、フェーズ2を待つまでもなく、Web会議装置の整備とともに規則改正によって明らかにされることが望ましい。

(5) Web会議と電話会議の併用

現在の機器構成での電話会議は、特段のことがない限りやがて維持できなくなることは、上記(2)記載のとおりである。しかし、論文等Sによれば、IT化先行国であるアメリカにおいては、電話会議も頻繁に利用されているようであり、電話会議の利便性も無視することはできない。インターネット上の業者の情報ではあるが、電話会議と連携可能なWeb会議、あるいは電話で参加することも可能なWeb会議もあるようであり、Web会議の機器構成に当たっては、そのようなことも検討される必要があろう。パソコンやスマートフォンを有していないが、電話会議であれば参加できるという当事者の遠隔審理を受ける利益を保護する必要がある。

2 フェーズ2

(1) 検討会まとめの提言

フェーズ2もフェーズ1と同様に主としてe-Courtに係るものであるが、フェーズ1と異なり、法改正を伴うものを含んでおり、中にはフェーズ3のe-Filingを前提とする提言もある。検討会まとめは、フェーズ2については、2022年度頃から開始することを目指して、2019年度中の法制審議会の諮問を視野に入れ、必要な法整備に向けた検討・準備を行うことが望まれるとしている。e-Courtについての提言の主要な部分は次のとおりである。

ア 第1回期日

第1回期日段階から、当事者の一方又は双方によるウェブ会議等（例えば、最寄りの裁判所や弁護士事務所等に所在して対応）を活用して実質的な審理を行い、さらには、電子情報となった訴訟記録を有効に活用し、紙媒体の存在を前提としない審理を行うことが考えられる。

また、請求内容に争いがない場合や被告の応訴がない場合には、ウェブ会議等を有効に活用すること等により、当事者の出頭の負担なくして、速やかに和解手続や判決手続につなげていくための新たな仕組み・方策を検討していくことも考えられる。

イ　争点整理手続

利用者目線で、メリハリの付いた効率的・効果的な審理（出頭の必要性の程度に応じた対応、充実した議論の確保等）を一層実現する観点から、各期日に裁判所への出頭を希望する当事者等には、従前と同様の機会を保障する一方で、現実の出頭以外の方法で参加を希望する当事者等のニーズに対応して、適正手続の保障にも配慮しつつ、ITツール（ウェブ会議等）の活用により、当事者等が必ずしも裁判所に現実に出頭しなくとも争点整理に関与することができる方策を検討していく必要がある。

ウェブ会議等の活用に当たっては、裁判所以外の場所（例えば、弁護士事務所や企業の会議室等あるいは市民向け窓口のある公的機関等のうち適切なスペース）に所在しながら、オンラインで期日に対応することを可能とする新たな方策を講ずることも、プライバシーや営業秘密の保護等の観点にも留意しつつ、検討すべきである。

争点整理手続等で行う書証の取調べについても、ウェブ会議等を用いた期日での書証の取調べの在り方等を、文書の性質や内容、成立の真正に関する争いの有無など、様々な場面を念頭に置きつつ、また、ウェブ会議等で用いるITツールの利活用状況も踏まえ、実務的に検討していく必要がある。

争点整理作業の在り方として、争点整理段階で当事者双方の提出する主張・証拠につき、電子ファイル、クラウド技術等のITツールをより広く活用して、より効果的・効率的に整理作業を進めることが考えられる。訴訟記録が電子化されたものになることにより、当事者からの訴訟記録に対するアクセスや検索・比較対照が容易になることも踏まえ、争点整理作業の実施方法やその結果の整理方法等も、今後の実務的検討課題となろう。

争点整理段階等で随時に試みられる和解協議についても、適正手続に配慮した上で、ウェブ会議等のITツールを活用して和解協議を迅速かつ効率的に行うことを可能とすることが望ましい。

ウ　人証調べ期日等

IT技術を活用したe法廷の実現として、裁判の公開原則等に留意しつつ、ウェブ会議等による人証調べの利用を、必要な範囲で拡大していくことが望まれる。例えば、現行のテレビ会議の取扱いを見直し、裁判所が必要かつ相当と

判断する事案では、一方又は双方の当事者や証人等の関係者が、裁判所に赴くことなく、最寄りの弁護士事務所や企業の会議室等に所在してウェブ会議等で対応する本人尋問・証人尋問の実施を行うことが考えられる（ウェブ会議等による人証調べ期日をウェブ上で一般に閲覧可能とするニーズが高くないことやそれを望まない訴訟関係者の通常の意識等からして、ウェブ公開の方法による一般公開までは当面は慎重に考えるべきとの意見が強かった。）。

　訴訟記録が電子化されることを見据えれば、人証調べにおいても、電子情報やITツールを活用した尋問方法の工夫等により、よりメリハリの付いた効率的・効果的な尋問を行うとともに、その結果の記録化も、AI等を活用した音声の自動認識技術等を活かして効率的に行うといった新しいプラクティスを検討していくことが考えられる。

　エ　判決言渡し
　訴訟記録が電子情報となるのに合わせ、現行では紙媒体である判決書について、電子情報である判決情報に原本性を持たせるための枠組みの検討が必要と考えられる。

　判決の在り方としても、一定の様式は維持しつつ、例えば、争点整理の結果として確定した最終成果物がある場合には、それを効果的に活用し、争点部分を中心にメリハリの付いた、利用者目線で分かりやすい判決となるよう、プラクティスについて必要な見直しの検討をすることが期待される。

　判決言渡し期日について、訴訟関係者の在廷しないまま法廷で言い渡されていることも多い現行の取扱いを見直し、裁判の公開原則等に留意しつつ、当事者のニーズに対応した方法を検討していくことが考えられる（既に一部がホームページで公開されている判決情報につき、より広範な一般公開の在り方は、類似事案等の検討で参考になるとして、これを期待する意見があった一方、個人のプライバシーや企業情報に配慮する必要があるとの指摘や社会的関心を引かない事案まで広く公開されることへの懸念があったことも踏まえ、今後の課題として、丁寧に検討していくことが望まれる課題である。）。

(2)　Web 会議等による期日

【ForschungNr.62】記載のとおり、書面による準備手続の弁論準備手続的運用は、現行民訴法が、弁論準備手続について、双方当事者が電話会議で出席す

る期日を認めていないために生じている便法ともいうべきものであり、民訴法が改正され、双方当事者が Web 会議で出頭する弁論準備手続期日が認められれば、それに置き換わるものである。そして、【ForschungNr.50】記載のとおり、2011（平成 23）年に成立した非訟事件手続法及び家事事件手続法では、双方当事者が電話会議・テレビ会議で出頭する期日が認められている（非訟 47 条、家事 54 条、258 条 1 項）ので、双方当事者が Web 会議等で出頭する弁論準備手続期日や口頭弁論期日（人証の取調べ期日を含む）を認めることには、特段の問題はないと考えられる。

　第 3 章 2(2)ア記載のとおり、ドイツ民訴法 128a 条も、映像と音声の中継（Übertragung）による弁論を認めており、【ForschungNr.27】[Punkt2] 記載のとおり、Baumbach/Lauterbach/Albers/Hartmann "Zivilprozess-ordnung" では、一方の訴訟代理人はミュンヘンに、他方の訴訟代理人はベルリンに、証人はフランクフルトにそれぞれ所在し、裁判所はハンブルクにあるという場合が想定されている。

　また、同 [Punkt] 記載のとおり、Thomas/Putzo "ZPO" では、ビデオ会議の方法による証拠調べは、証人の供述態様（Verhalten）の直接の個人的な印象が重要である場合には行われるべきではないなどと記述しており、これは基本的に日本でも妥当することと考えられるが、【ForschungNr.54】記載のとおり、犯罪被害者等の権利利益の保護を図るための刑事訴訟法等の一部を改正する法律で、証人の精神的な不安や緊張感を軽減することを目的とするテレビ会議による尋問（刑事訴訟ではビデオリンク方式による尋問と呼ばれているもの）が導入されており、事案の内容にもよるが、【ForschungNr.54】記載のとおり、証人の保護という観点から、重要証人を Web 会議等で尋問しなければならない場合が出てくる可能性もある。

　第 3 章 3(2)イ記載のとおり、韓国民訴法 327 条の 2 には、日本の民訴法 204 条（前記ビデオリンク方式による尋問が追加された後のもの）と同様なビデオ等中継装置による証人尋問の規定が置かれており、339 条にはビデオ等中継装置による鑑定人尋問の規定も置かれている。しかし、ドイツ民訴法 128a 条のような映像と音声の中継（Übertragung）による弁論の規定は韓国民訴法の中には見当たらない。

なお、韓国民訴法 339 条の 3 第 1 項 2 号に、鑑定人が外国に居住する場合がビデオ等中継装置等による鑑定人尋問ができる場合の一つとして掲げられていることは注目に値する。Web 会議等による出頭は、国内からの出頭に限られないからである。この点は、外国の主権侵害にならないように注意しなければならない（（高田裕成＝三木浩一＝山本克己＝山本和彦編『注釈民事訴訟法第 4 巻』135（手嶋あさみ執筆部分〔2017（平成 29）年、有斐閣〕））参照）が、国際化の時代を迎えて、国外からの Web 会議等による口頭弁論期日への出頭、国外にいる証人や当事者本人の Web 会議等による尋問、それから韓国民訴法 339 条の 3 第 1 項 2 号が定めているような国外にいる鑑定人の Web 会議等による意見陳述や鑑定人質問などについて、その必要性は高くなってくると考えられるので、何らかの立法的手当をすることを検討する必要があろう。

なお、第 1 回口頭弁論期日については、Web 会議等により行い、実質的な議論をするとともに、和解ができるものは和解し、争いのないものは判決するということが考えられるが、このような方法が採れるのは、主として両当事者に弁護士が代理人として付いた事件ということになるのではないかと考えられる（対談 59）。

(3)　裁判所側の Web 会議等による参加

Web 会議等による期日において、裁判所側が Web 会議等で参加することも考えられる。これは、IT 化検討会では議論されなかったが、考えておかなければならない問題である。現行民訴法上、専門委員については、電話会議で口頭弁論（証拠調べ）、弁論準備、和解の各期日に関与し、説明または発問することができる（92 条の 3）とされているので、これが Web 会議等によることになるのは問題がない。次に、鑑定人については、鑑定のため必要があるときは、審理に立ち会い、裁判長に証人若しくは当事者本人に対する尋問を求め、又は裁判長の許可を得て、これらの者に対し直接問いを発することができるとされていながら（規則 133 条）、電話会議で立ち会うことができる旨の規定がないが、これを Web 会議等で立ち会えることにするのも問題はないであろう。問題は、司法委員（法 279 条）、知的財産に関する事件における裁判所調査官（法 92 条の 8）、さらには裁判官はどうかということである。司法委員や知財調査官については、専門委員と同じように扱うということも考えられないではな

い。裁判官については、例えば、本庁に大規模訴訟が係属し、5人の裁判官の合議体を構成する（法269条1項）必要が生じたので、支部の裁判官がWeb会議等で本庁の合議体に参加することを認めるかというようなことが問題となるが、これについては、広がりのある話であり、慎重な検討が必要になろう（対談55）。

　いずれにせよ、論文等Iが、「口頭弁論へのITの応用」は、サイバーコートを代表とする遠隔裁判を意味しているが、サイバーコートは、単なるテレビ（ビデオ）会議システムを導入した遠隔裁判ではなく、e-Filing（裁判所と裁判所以外の裁判関係者の電子的な情報交換）を前提としたネットワーク上の法廷であり、究極の形は、裁判所という物理的な存在も不要ならしめる可能性もあると指摘しているとおり、今後、e-Courtが広がれば、事件によっては、法廷には裁判官と書記官だけがいて、両当事者も代理人も証人も、さらには鑑定人も、映像と音声で法廷に出頭するということがあり得るので、そうなれば、裁判官と書記官も必ずしも法廷にいる必要はないし、傍聴人も法廷で傍聴する必要はない（法廷にいてもモニターを通して傍聴するだけなので、適当な場所でモニターを通して傍聴すれば足りる）ので、そのような場合の裁判所はヴァーチャル（仮想）化し、物理的な存在ではなくなるという言い方もできるかも知れない。

⑷　争点整理手続の再構成

　フェーズ2への移行は、準備的口頭弁論、弁論準備手続、書面による準備手続という現行法の争点整理手続の枠組みの見直しを求めることになる。フェーズ1の時期に書面による準備手続の弁論準備手続的運用が広がれば、フェーズ2で書面による準備手続を残す意義は乏しくなり、弁論準備手続への一本化が議論されることになるのではないかと考えられる。準備的口頭弁論は、本来、ラウンドテーブル法廷を使った争点整理手続の主流となるはずであったが、実際には、ラウンドテーブル法廷は弁論準備手続に使われることになり、準備的口頭弁論はあまり利用されなくなっている。フェーズ2になれば、口頭弁論自体が、弁論準備手続と同様にWeb会議で行うことができることになるので、争点整理には、弁論準備手続か口頭弁論かが利用されることになり、準備的口頭弁論はほとんど利用されなくなって、その存在意義を失うのではないかと考えられる（対談55）。もっとも、それは、**第5章2⑸**記載のとおり、争点整理手

続の手続終了効としての説明義務が機能していないからであり、争点整理手続の手続終了効として失権効を導入するということになれば、争点整理手続としての準備的口頭弁論を残す意義はあると考えられる。

(5) **口頭弁論の公開**

口頭弁論の公開の問題については、**第5章2(5)エ**で詳しく検討したが、【ForschungNr.71】[Punkt1][Punkt2] 記載のとおり、e-Court が広がれば、法廷には裁判官と書記官だけがいて、両当事者も代理人も証人も映像と音声で法廷に出頭するということがあり得る（裁判所のヴァーチャル化）。そのような場合は、傍聴人は法廷にいてもモニターを通して審理を視聴することになるので、【ForschungNr.21】記載のように、裁判所内のモニターの視聴に適した場所でモニターを通して視聴できれば公開義務を尽くしたことになると考えることもできよう。そのような場所でモニターを通して視聴する以上に、テレビやインターネットで視聴することまで認めるかということについては、訴訟になっていることを世間にあまり知られたくないという当事者も少なくない日本の現状では、かえって裁判の利用を妨げることになる可能性もあり、相当ではあるまい。

どのような事件についても、e-Court で審理され、モニターを通して視聴できるようになっていれば公開したといえるかということについては、現在の国民の意識を考えると、なお検討の余地があるように思われる。世間の耳目を引き、多くの傍聴人が傍聴席を埋めるような事件では、上記のような全面的なWeb 会議等の利用は適当ではないように思われる。事案の内容や場面において、公開主義が実質的に守られているかどうかを考える必要があり、現行民訴法において、電話会議による証人尋問は少額訴訟に限られているのはそのような考え方の現れではないかと考えられる（対談50）。

なお、論文等 U によると、ミシガン州最高裁判所の裁判所規則の改正提案では、裁判官が物理的に在廷しているところを主たる場所とし、遠隔地で利用するところを従たる場所とし、審理の公開は、裁判の主たる場所・従たる場所への参加、ケーブルテレビの放送及び「可能な限り」インターネット上の動画配信によるなどと定められているとされているが、現行民訴法は、**第5章1記載**のとおり、電話会議による弁論準備手続期日・進行協議期日、テレビ会議に

よる人証の取調べ、電話会議による証人尋問（少額訴訟）のいずれの遠隔裁判においても、音声又は映像と音声によって裁判官の在廷する法廷に出頭したものとみなしており、今後、e-Court が広がったとしても、同様な解釈を採るべきであると考えられるので、Web 会議装置等が所在する場所での公開は不要だと思われる。

　もっとも、【ForschungNr.71】［Punkt2］記載のとおり、原告本人及びその代理人は、原告代理人の事務所で、被告本人及びその代理人は被告代理人の事務所で、証人は公民館で、それぞれ Web 会議（テレビ会議）で証人尋問に参加する（裁判官が在廷する裁判所には誰も現実の出頭をしない）というような場面を考えると、法廷以外の Web 会議装置の所在場所においても、現行民訴法の弁論準備手続のように、「相当と認める者の傍聴を許すことができる」（法169条2項）という規定を設けることも検討の余地があろう。

　なお、【ForschungNr.1】記載のとおり、Web 会議装置が自動翻訳機能を備える可能性もあるようであり、AI が進歩し、その正確性が高まれば、通訳を必要とする事件の審理方法をどうするかという問題も生じよう。通訳者は自動翻訳の誤りをチェックする役割を担う（Web 会議で加わる）ということも考えられるからである。

(6)　e-Court の訴訟指揮

　Web 会議等による弁論準備手続期日や口頭弁論期日の訴訟指揮については、書面による準備手続の弁論準備的運用で電話会議を利用して行われてきた協議の日時の訴訟指揮と大きく異なることはなく、むしろ、音声だけでなく、映像でも確認できるので、やりやすくなるのではないかと考えられる。

　しかし、Web 会議等による人証の取調べで適切な訴訟指揮ができるかどうかは大きな問題である（鑑定人の意見陳述や鑑定人質問は比較的問題が少ないと思われる）。現在のテレビ会議による尋問は、両当事者が法廷に出頭しているし、尋問の対象者である証人や本人が出頭している他の裁判所でも、その裁判所の職員が、宣誓の手続や機器の操作等のために立ち会っているので、あまり問題は生じないが、裁判所以外の施設で裁判所の職員の立会もなく人証の取調べをすることになれば、その訴訟指揮はそれほど容易なことではないのではないかと思われる。基本的には、当該当事者間で当該人証について Web 会議等で尋

問することの相当性の判断の問題だと思われるが、当事者（代理人）や人証の出頭場所（Web 会議等の装置が設置されている場所）については様々な選択肢があり、事件によっては、現在のテレビ会議による尋問と同じように、他の裁判所に出頭する形での尋問を実施するという選択もあり得よう。その場合、Web 会議装置が、支部はもちろん、簡裁にまで設置されるということになれば、当事者（代理人）や尋問の対象者である証人や本人が最寄りの裁判所に出頭する形での尋問を実施することが容易になる可能性がある（対談 54 ～ 55）。

(7) e-Court での書証の取調べ

Web 会議等を利用した弁論準備手続、口頭弁論が行われ、両当事者とも現実には法廷に出頭しないまま弁論を終結することになったというような場合（最初のころの期日は両当事者が現実に法廷に出頭したが、その後の手続はすべて Web 会議等を利用して行われたという場合も同様）には、その間提出された書証の取調べについてどう考えるかという問題がある。この問題は、フェーズ 3 で e-Filing が実現した場合により大きな問題になる（書証はデジタル化して提出されることになるし、現在、準文書として提出されているデジタルデータの記録媒体の代わりにデジタルデータそのものが証拠として提出されることになる）が、フェーズ 2 においても、e-Court では、基本的にはファクシミリ送信された書証の写し（1 (4)記載のように書証の PDF ファイルでの提出を認めれば、それをプリントアウトしたもの）を取り調べることになるのではないかと思われる。その書証について、当事者間で原本の存在、成立に争いがなければ、それで問題はないが、争いがあった場合には、ひとまず、書画カメラで事実上原本を確認し、相手方がそれでも争うのであれば、双方当事者が現実に法廷に出頭する期日を開いて原本を確認することになると思われる。もっとも、Web 会議等による人証の取調べで原本の存在、成立を立証するという方法もあろう。

(8) 土地管轄や移送への影響

論文等 E は、「オンライン技術の導入によって国内の土地管轄については、その重要性がかなり減殺される」と指摘しているが、民訴法の土地管轄の規定（3 条の 2、3）にはそれぞれ合理性があり、フェーズ 2 で e-Court が広がったとしても、これに変更を加える必要があるとは思われない。

もっとも、民訴法 17 条の遅滞を避ける等のための移送の規定（「第 1 審裁判

所は、訴訟がその管轄に属する場合においても、当事者及び尋問を受けるべき証人の住所、使用すべき検証物の所在地その他の事情を考慮して、訴訟の著しい遅滞を避け、又は当事者間の衡平を図るため必要があると認めるときは、申立てにより又は職権で、訴訟の全部又は一部を他の管轄裁判所に移送することができる。」）の運用については、現在の IT 化に関係する規定（**第5章1⑴ア、イ、ウ、エ、⑷⑦、⑷、⑼**）に比べて、格段に e-Court でできることが広がるので、影響を受ける可能性がある。

　和久一彦「民事訴訟法 17 条に基づく移送について──要件・考慮要素の検討を中心に──」（判タ 1446-5〔2018（平成 30）年〕）は、上記移送の判断に当たって、電話会議の方法による弁論準備手続の利用可能性について考慮した裁判例が相当数見られるとし、裁判例の多く（8 件挙げられているが、2 件は上級審で取り消されたとされている）は遅滞回避要件を否定して移送の申立てを却下する文脈の中でこの点を考慮しており、同申立てを認容する文脈の中で判断したのは 1 例のみとしている（14 〜 15）。そして、裁判例の中にも、事案の複雑性及び当事者の属性等から電話会議では十分な争点整理ができず、直接裁判所に出頭する必要性があるとして、その利用の利用可能性を考慮することに消極的なものもあるとし、3 件の裁判例を挙げている（15）。さらに、当事者の一方が地方公共団体という事案の特殊性から、住民の関心が高く、審理を公開の準備的口頭弁論で行う必要があるとして、電話会議の利用可能性を考慮することに消極的な裁判例もあるとしている（15）。

　なお、上記論文では、テレビ会議の方法による尋問の利用可能性を積極的に考慮した裁判例も一定数存在する（5 件の裁判例が挙げられている）とし、これらは、いずれも、遅滞回避要件がないとして移送の申立てを却下する文脈の中で考慮しているとしている（16）。また、人証のすべてにつきテレビ会議を利用することに消極的な態度を示し、その利用可能性は遅滞回避要件を認定する妨げにならないとしたものがあるとして 2 件の裁判例が挙げられている（16）。

　この論文に記載されているような裁判例の動向から考えると、フェーズ 2 で広がった e-Court が民訴法 17 条の運用に影響を与えることは避けられないのではないかと思われる。

　もっとも、これは、いずれにせよ、事案の内容によるのであり、当事者間の

224 第6章 IT化の段階的検討

衡平あるいは手続保障という観点（**第5章2ウ**）も含めて検討されなければならない。

(9) **判決**

1(3)ア記載のとおり、Web会議等による争点整理手続においては、Web会議等を利用したデータファイルのやり取りや共通画面を見ながらの修正議論を通じて、時系列表や争点整理表などの「口頭議論の活性剤」を作成することが容易になるので、多くの事件でこのような書面が作成されることになれば、これを引用した判決が作成されることも増えてくるのではないかと思われる（拙稿「民事訴訟の新しい実務」判タ1077-26〔2002（平成14）年〕では「当事者参加型判決」と称していた）。

判決情報の公開を現状よりも広げることについては、一方で強い要望があるとともに、他方で慎重論もあることは検討会まとめに記載されているとおりである。判決は記録の一部であるが、IT先行国における一般国民による電子記録の閲覧については、**【ForschungNr.74】**［Punkt1］記載のとおり、アメリカでは、誰でもオンラインで電子記録を閲覧できるが、ドイツや韓国では、電子記録の閲覧には人的制約がある。もっとも、韓国では、**第3章3(2)ア**記載のとおり、韓国民訴法163条の2第1項に、「何人も判決が確定した事件の判決書をインターネットその他の電算情報処理システムを通した電子的方法等で閲覧及び複写することができる。ただし弁論の公開を禁止した事件の判決書であって大法院規則で定める場合には閲覧及び複写を全部又は一部制限することができる。」との規定が置かれており、確定判決は原則として誰でもオンラインで閲覧できることになっている。

韓国のような取扱いにする場合、必要に応じて仮名処理などをする必要があるが、AIが進歩すれば、そのような処理はある程度自動化することが可能になるかもしれない。

(10) **上訴審**

高裁控訴審で考えると、勅使川原和彦（早稲田大学教授）「控訴審・上告審の現状と課題」（論究ジュリスト24号〔2018年冬号〕57）には、各年度の司法統計年報及びこれまでの迅速化報告書によれば、高裁控訴審は、①現行民訴法施行前の平成8年から平成28年までの20年間で、人証調べ人数は、10分の1以

下に減少している、②最近 10 年間の 1 回結審の事件割合（過払金等以外）は、平成 23 年まで 56% 前後で推移していたが、平成 24 年から上昇し、平成 25 年から 28 年までは 64% 前後で推移している旨記載されている。

このように、1 回結審の割合が約 3 分の 2 となっている現状でも、第 1 回口頭弁論期日前に進行協議期日や和解期日を入れるという運用は行われているので、フェーズ 2 になって、双方当事者が裁判所に出席しないで、Web 会議で進行協議期日や和解期日を開くことができるようになれば、このような運用が広がり、1 回結審に対する不満の解消につながる可能性がある。

また、控訴審の事件は、当事者、代理人が高裁所在地から離れた場所に居住していることも多いので、3 分の 2 が 1 回結審で、人証調べも行われないということだと、双方当事者が裁判所に出席しないで、Web 会議で第 1 回口頭弁論期日が開かれるということが増えていく可能性が高い。仮に、その後も口頭弁論期日、弁論準備手続期日、進行協議期日、和解期日等が開かれるとしても、これも Web 会議で開かれるということが増えてくるのではないかと思われる。このように考えると、地裁よりも高裁控訴審の方が e-Court 化率が高いということになるかもしれない。

上告審（最高裁）は、口頭弁論が開かれることは少なく、開かれてもほぼすべてが 1 回限りなので、遠方からでも出席したいという当事者、代理人が多いと思われるが、当事者、代理人が最高裁所在地から離れた場所に居住していることも多いので、場合によれば、当事者の意向を踏まえて、Web 会議等による弁論を検討することになろう。

3　フェーズ 3

⑴　検討会まとめの提言

フェーズ 3 は、関係法令の改正とともにシステム・IT サポート等の環境整備を実施した上で、オンライン申立てへの移行等を図るステージであり、これにより、e-Filing と e-Case Management を含め、目指すべき IT 化が制度・運用の両面で実現することになる。検討会まとめは、「この《フェーズ 3》では、電子情報が訴訟記録となり、オンラインでの申立てに一本化されるなど、民事訴訟のプラクティスに大きな変更をもたらすことが見込まれる。したがって、

226 第6章 IT化の段階的検討

この段階に至るには、システム構築のみならず、IT操作・利用に不都合がある本人訴訟の十分なサポート策や広報・周知、IT化された訴訟への実務的検討・検証など、幅広い国民の理解の下、新しい手続を利用者が不便なく円滑に利用できるようにする環境整備が必須である。」とし、e-Filingやe-Case Managementは、現行法の枠を超える部分があるとともに、新たに設計・構築することになるシステム整備等の対応もあることから、検討会で示した方向性に基づき、その速やかな実現に向けて、必要な法整備（法改正）やシステムの在り方に関する検討・準備を、早急かつ着実に進めていく必要があるとしている。

e-Filingとe-Case Managementについての提言の主要な部分は次のとおりである。

ア e-Filingについて

(ア) 総論

利用者目線から見れば、e-Filingの実現として、紙媒体の裁判書類を裁判所に持参・郵送等する現行の取扱いに代えて、24時間365日利用可能な、電子情報によるオンライン提出へ極力移行し、一本化していく（訴訟記録について紙媒体を併存させない）ことが望ましい。

(イ) 訴状の裁判所への提出

紙媒体の訴状を裁判所に提出する現行の取扱いに代えて、オンラインでの訴え提起（紙媒体で作成されたものの電子化を含む）に移行していく方向性が相当である。訴え提起段階における裁判所に対する具体的なアクセス方法としては、裁判所の専用システム（新たに立ち上げる必要がある）へのアップロードなど様々な方法が考えられるが、電子メールによる方法は、誤送信のリスクや到達確認の困難さ等の問題があるから、慎重に考えるべきである。

訴え提起に際して証拠書類、委任状等を提出する場合も、訴状と同様、電子化したものを提出することで足りると考えられる。

訴訟当事者が訴状と同時に附属書類（登記、戸籍、住民票等の公的書類）の提出を自ら行おうとする場合に、行政機関との情報連携を図ることは、今後の取組の選択肢として、引き続き、検討されるべき問題である。

オンラインでの訴え提起を認めることによる濫用的な訴えの増加を懸念する

指摘が見られた。

(ウ)　訴え提起時の手数料等の納付

提訴手数料の納付について、行政機関や民間の取引で一般的となっている、インターネットバンキングやクレジットカード等を用いたオンラインでの納付（電子決済）を実現することが望ましい。

訴え提起の段階で、裁判書類等を相手方に郵送するための郵便切手（郵券）をあらかじめ裁判所に納める現行の取扱いは、IT化に伴う見直しが望まれるところであり、郵券の在り方や提訴手数料との関係についても検討していく必要がある。

(エ)　訴状や判決書の送達

裁判所による郵送での書面の送達を原則とする現行の取扱いについて、訴訟記録の電子化を推進し、電子情報と紙媒体との併存を極力避け、オンライン化を促進する見地から、改めて検討する必要がある。その際には、職権により書面で送達を行う現行の取扱いの見直しを含めて、訴訟記録の電子化に即した送達の在り方の検討を行うのが相当である。例えば、電子情報による訴状送達に関し、官公署等が被告の場合には電子的な送達方法によることを義務付けたり、企業等による事前包括申出制度を採用したりすることなども検討の余地がある。

電子情報による送達に適したITツールを有しない被告や外国に所在する被告の場合等には別途の検討が必要となるし、また、電子情報による送達の導入に際しては、送達の確実な実施・証明を確保する観点や、架空請求詐欺等による悪用防止の方策も、併せて検討する必要がある。

判決言渡し後の双方当事者への判決書の送達についても、同じく、ITツールを活用した電子的な送達方法等を検討する必要がある（各種決定書についても同様）。

判決情報の電子的な送達方法の一例として、①裁判所の専用システムへの判決情報のアップロード、②その旨の当事者に対する通知、③各当事者によるシステムからのダウンロード、という手順をとることが考えられる。

(オ)　答弁書その他準備書面等のやり取り

被告からの答弁書等の提出、その後の双方当事者の準備書面等の提出、ある

いは当事者間におけるやり取りについても、同様に、オンラインでの迅速かつ効率的に行うための方策を検討する必要がある。

当事者からの主張及び証拠（準備書面、書証等）の提出については、紙媒体のものを裁判所に持参・ファクシミリ送信等する現行の取扱いに代えて、電子情報のオンラインでの提出に移行し一本化していくことが望ましい（例えば、専用システムに当事者がアップロードした電子情報を、相手方がダウンロードして入手するなど）。

上記の専用システム構築までの過渡的措置として、準備書面等について、当事者間で電子メール等のITツールを用いた直送の実施等を、到達確認の確保策など必要な対応を講じて、速やかに導入することも考えられる。

期日間に、裁判所・双方当事者間で行われる釈明・確認・事務連絡等のやり取りについては、従前の電話、ファクシミリ等による方法に代え、例えば、ウェブ会議の活用やウェブ上でのチャット類似のやり取りなどを、必要な運用上のルールを設けて利用可能とすることも検討の余地がある。

第三者から情報が提出される場合（例えば、文書送付嘱託や調査嘱託の場合等）の対応も、ITツールを活用しながら迅速かつ効率的に行うための方策を、第三者の負担にも配慮しつつ、考えていく必要があろう。

イ　e-Case Management について

㋐　総論

e-Case Management の実現として、裁判所が管理する事件記録や事件情報につき、訴訟当事者本人及び訴訟代理人の双方が、随時かつ容易に、訴状、答弁書その他の準備書面や証拠等の電子情報にオンラインでアクセスすることが可能となり、期日の進捗状況等も確認できる仕組みが構築されることが望ましい（裁判手続の透明性も高まるし、当事者本人や代理人が紙媒体の訴訟記録を自ら持参・保管等する負担から解放される効果も期待できる）。

訴訟記録である電子情報にオンラインで直接アクセスできるのは、訴訟当事者本人とその代理人又は関係者に限るのが相当であり、それ以外の国民一般に広くオンラインでの閲覧等を認めることの当否は、訴訟記録の閲覧・謄写制度との関係も含め、今後、丁寧に検討していく必要があろう。

㈠　訴状受付・審査・補正

原告において、オンラインで提出した訴状が裁判所で受理されたことを確実かつ容易に確認できる仕組みが必要である。

裁判所の訴状審査や、補正を要する場合のやり取りについても、ITツールを活用して、迅速かつ効率的に行う方策を検討することが考えられる。

㈡　第1回口頭弁論期日の調整・指定

第1回口頭弁論期日につき、原告と裁判所のみの都合で指定されることが多い現行の取扱いに代えて、例えば、第1回期日前の早期の段階で、被告の応訴態度等を確認・把握しながら、当事者双方と裁判所がオンラインで期日の予定等を含む進行予定を調整していくような仕組みが有用と考えられる（期日調整段階で訴訟進行が停滞することのないような仕組みと運用も、併せて検討する必要がある。）。

㈢　争点整理手続と計画的審理

裁判所・双方当事者が争点整理手続期日で確認された進行計画やプロセスをオンラインで容易に確認し共有することができるような仕組みが有用と考えられ、これにより、当事者からの裁判書類等の提出期限の遵守も含め、進行予定の確実な履践と計画的審理の実現が期待される。

オンラインで行う進行予定の確認や期日の円滑な調整等を通じ、裁判所・双方当事者が複数期日を一括して予定・確保することなどにより、期日の確保や期日間隔の短縮化が容易となり、争点整理手続をより計画的ないし集中的に進行させることも可能になると考えられる。

㈣　人証調べ・判決言渡し

人証調べの予定や結果、口頭弁論終結日、判決言渡し期日等の情報についても、訴訟当事者本人及び訴訟代理人の双方が、容易かつ随時に確認できる仕組みが期待される。

(2)　e-Filing の前提

フェーズ3で予定されているのは、紙記録から電子記録への完全な移行である。当事者から裁判所に提出される書面も、裁判所から当事者に送付、送達される書面も、当事者間でやり取りされる書面もすべて電子化（デジタルデータ化）され、基本的に紙は存在しないというものである。

230   第6章　IT化の段階的検討

このような全面的な記録の電子化によってどのような問題が生じるかを具体的に検討することは容易ではないので、ひとまず、前提となる情報をまとめてみることとする。

　ア　督促手続のIT化

電子記録自体は、**第5章1エ(イ)**記載のとおり、電子情報処理組織による督促手続の特則である民訴法399条〜402条及び督オン規則によって督促手続で採用されており、目新しいものではない。その内容は、掲載した各条文のとおりであり、その運用は、【ForschungNr.53】に記載したとおりである。

要約すると、利用者（債権者）は、裁判所のコンピュータに備えられたファイルから入手可能な様式に従い、申立書等の記載事項を自分のコンピュータから入力する方法で申し立てることになっているが、これには電子署名と電子証明が求められるほか、事前にJRE（プログラミング言語であるJavaで書かれたアプリケーションの実行環境〈ソフトウェアのパッケージ〉）を自分のパソコンにインストールする必要がある。手数料は現金納付する（裁判所が通知する収納機関番号、納付番号及び確認番号を使用してインターネットバンキングやATM等から納付する〈秋山ほか・コンメンタールⅦ 318〉）ことができる。

書記官の作成する書面はコンピュータを用いて作成され、電子記録化される。書記官の処分も同様で、その告知は、債権者の同意があれば、裁判所のコンピュータに備えられたファイルにその処分に係る情報が記録され、その記録に関する通知（債権者から届け出られたメールアドレスにメールを送信する方法による）が債権者に発せられた時に、当該債権者に到達したものとみなされる。記録の閲覧は、電子記録をプリントアウトしたものによって行う。

このように督促手続のIT化が進んだのは、【ForschungNr.53】記載のとおり、現行民訴法・民訴規則が成立する前から、OCRを利用したコンピュータ処理がされていたという長い歴史があるからである。このことは、督促手続が性質上（基本的に反復・継続して申立てをする債権者と裁判所の二者間の手続であり、申立書に記載する請求の原因は、請求を特定するに必要な事実を書けば足りるので、定型的な申立書になじむ）、オンライン化、電子化がしやすい手続であることを意味していて、訴訟のように事件ごとに当事者が異なり、争点整理、証拠調べと進行していく複雑な手続にそのまま参考となるものではない。

イ　電子出願

㋐　特許庁の電子出願

特許庁の電子出願の状況は、**第4章1及び【ForschungNr.41】**記載のとおりである。

要約すると、事前に電子証明書の購入、インターネット出願ソフトのダウンロードが必要であり、また、申請人利用登録をして、特許庁長官から識別番号（9桁のアラビア数字）の付与を受ける必要もある。申請書類は、Wordや一太郎などのワープロソフトを使い、HTML形式で作成し、これをダウンロードした出願ソフトに取り込むと、自動的にXML形式（特許の場合）に変換されて、特許庁に送信される。手数料は電子現金納付が可能で、申請人利用登録で、専用パスワードとカナ氏名を設定し、料金の発生する手続書類を作成する度に、出願ソフトで納付番号を取得し、ペイジー（Pay-easy）で支払う（ATMか、インターネットバンキングか、モバイルバンキング）というものである。電子出願率は94.3％とされている（**第4章1⑵**）。

督促手続は、前記のとおり、申立書の記載内容が単純で短いから（だからこそ現行民訴法成立前からOCR用紙が利用できた）、申立書のフォームに書き込むことで申立書を完成することができるが、知的財産権の申請書はそれほど単純なものでも、短いものでもないから、申請書の作成しやすさを考慮して、ワープロソフトによって申請書を作成することにしたのではないかと思われる。そして、出願ソフトによるXML変換は、コンピュータでのデータ処理のしやすさを考慮したものではないかと思われる。この点、米国特許商標庁と欧州特許庁の電子出願は、**【ForschungNr.46】**記載のとおり、Webブラウザ方式を採用し、文書はワープロソフトで作成し、これをテキストベースのPDFにしてシステムにアップロードするという方法を採っている。

㋑　他の政府機関の電子申請システム

このような特許庁の電子出願システムが、他の政府機関の電子申請システムと同様なものかといえば、**第4章2**記載のとおり、必ずしもそうではないことが分かる。

まず、同⑴記載のとおり、電子申請率には大きな差異があり、一般国民を対象としているものは低いという傾向があり、一般国民を対象とする民事訴訟の

232 第6章 IT化の段階的検討

電子申請率は上がらない可能性がある。

また、【ForschungNr.44】記載のとおり、専用出願ソフトのみで、Webブラウザ方式を一切採らないシステムは特許庁のみで、他は何らかの形でWebブラウザ方式を採用している。そして、【ForschungNr.46】記載のとおり、米国特許商標庁のシステムも、欧州特許庁のシステムもWebブラウザ方式を採用しており、欧州特許庁では、2年後には専用システムを廃止しようとしている。民事訴訟のIT化を考える場合、特許庁システムのようにHTML形式で出願書類を作成し、専用ソフトを用いて出願する方式にするか、米国特許商標庁や欧州特許庁のように出願はすべてテキストベースのPDF（画像としてのスキャンファイルではなく、ファイルに含まれるテキスト及びイメージが読み取り可能な形式）をWebブラウザ方式でアップロードすることによって行うかは、利用者の使いやすさなどの点も考慮して検討する必要があろう。

(ウ) 電子証明書の要否

次に、特許庁の電子出願システムは、前記のとおり、電子証明書と識別番号を要求しているが、【ForschungNr.45】[Punkt1] 記載のとおり、政府機関の電子申請システムの中には電子証明書を要求するものと、IDとパスワードで足りるとしているものがあり、調査報告書では、電子証明書を必要とするものは、納税や社会保険等、個人情報や秘匿すべき情報を取り扱うシステムであり、IDとパスワードで足りるとするものは、輸出入の申告のような比較的秘匿の必要性の低い情報について取り扱うシステムであったとしている。また、同 [Punkt2] 記載のとおり、特許庁の電子出願システムにおける電子証明書の必要性についての意見の集計結果は、「必要だと思う」が52.3%、「できれば使いたくない」が17.5%、「不要だと思う」が5.7%、「よく分からない」が9.5%で、多くの者が電子証明書は必要であるとの認識であることが分かったとされている。

この問題について、米国特許商標庁及び欧州特許庁は、【ForschungNr.46】記載のとおり、いずれも特許出願には電子証明書を必要とするとしており、アメリカの連邦裁判所がこれを不要としているのとは異なる取扱いとなっている。

ウ　IT 化先行国の記録の電子化

㋐　電子訴訟の強制

　IT 化先行国の記録の電子化の状況は、**第 3 章**に記載したとおりである。本人訴訟を含むすべての訴訟について電子書面の提出が強制されているのはシンガポールだけで、他の国は、少なくとも本人訴訟については、紙形式の書面の提出が許されている。アメリカ（連邦裁判所）では、弁護士については、電子書面の提出（電子訴訟）が義務付けられているようであり（IT 化検討会における杉本純子委員からの説明〈その資料はインターネットで公表されている〉及び杉本純子「アメリカにおける裁判手続の IT 化——ｅ法廷の現状をふまえて——」37（自正 69⑾ 35〔2018（平成 30）年〕））、ドイツでも近い将来、弁護士については電子書面の提出（電子訴訟）が義務付けられるようである（論文等 V）。

㋑　紙形式の書面の電子化

　シンガポールでは、本人訴訟で民事裁判を行う場合、サービスビューローで費用を負担して電子化してもらうことになっているようであるが（【ForschungNr.40】[Punkt2]）、韓国では、一方が電子訴訟、他方が紙訴訟の場合、裁判所がデジタル化作業を行い、電子訴訟を行うことになっているようである（**第 3 章 3⑴ア**）。この点、ドイツ民訴法 298a 条 1a 項には、「訴訟記録は 2026 年 1 月 1 日から電子的に処理される」と定められているが、同 2 項には、「訴訟記録が電子的に処理される場合は、紙形式で提出された文書その他の書類は、技術水準に従い、原本から電子文書に転記されなければならない」という規定がある（**第 3 章 2⑵イ㋒b**）ので、記録が全面的に電子化された後も紙形式で書面が提出されることが想定されているのではないかと思われる。なお、2016（平成 28）年の韓国の電子訴訟率は、65.9％であるとのことであり（**第 3 章 3⑴イ**）、電子記録による訴訟と紙記録による訴訟が混在していることがうかがわれる。

㋒　当事者が提出する電子文書の形式

　当事者が提出する電子文書の形式については、【ForschungNr.34】[Punkt1]記載のとおり、アメリカでも韓国でも、文書ファイルを PDF 化して提出する（韓国ではシステム上で PDF ファイルに変換される）方式が採られており、【ForschungNr.46】記載のとおり、この方式は、米国特許商標庁及び欧州特許庁の電子出願で採用されている方式と同様である。そして、アメリカや韓国の

訴訟で用いられている PDF ファイルは、上記電子出願で用いられているのと同じ、テキストベースの PDF ファイルではないかと思われる。

これに対して、シンガポールでは、【ForschungNr.40】［Punkt1］記載のとおり、EFS から eLit に進化するにあたり、PDF の代わりに「dynamic electronic court forms」（動的電子裁判フォーム）が使用されるようになったとされている。これは、論文等 Y で、シンガポール弁護士会において、EFS の発展について、「第 3 ステージに入り、現在のシステムは PDF のファイルを使っているが、今後は XML のファイルを使うことになり、更にアクセス等が改良されることになっている」と聞いたという記述と一致しており、上記形式は XML ファイルによるものではないかと思われる。このような形式変更は、シンガポールでは、ほとんどが弁護士訴訟であり、本人訴訟であっても、サービスビューローで電子化するということが行われているので対応できた可能性があり、他の国でも同様に対応できるかは検討の必要があろう。

㈑　本人確認

紙の文書であれば署名によって文書の作成者の責任の明示（本人確認）ができるが、電子文書ではそれに代わるものが必要になる。この点については、アメリカの連邦裁判所の e 事件管理（e-Case Management）・e 提出（e-Filing）システムである CM/ECF については、【ForschungNr.18】［Punkt1］記載のとおり、裁判所から発行された ID とパスワードで裁判所の Web サイトにログインして利用でき、電子署名は求められていないが、ID とパスワードの発行を受けるためには、名前、社会保障番号の下 4 桁、弁護士番号及び州、事務所名、住所、電話番号、E メールアドレスなどを裁判所に届け出て登録する必要があるとされている。

これに対して、ドイツでは、原則として適格電子署名（その生成の時点で、有効な資格証明書に基づいており、安全な署名作成ユニットによって作成された電子署名。【ForschungNr.28】［Punkt2］参照）が付されている必要がある（De-Mail などの安全な送信ルートで提出されたものは、電子署名で足りる。これはアカウントを取得する際に、個人情報を提供しているからではないかと思われる（【Forschung Nr.28】［Punkt1］））。

韓国でも、公認認証証書を備えた電子署名が求められている（民事訴訟等に

おける電子文書利用等に関する法律2条、7条、論文等W）。

　シンガポールでは、個体認証番号であるSingPass（【ForschungNr.40】[Punkt2]）とパスワードが用いられている。

　そして、米国特許商標庁及び欧州特許庁が、いずれも特許出願には電子証明書を必要とするとしていることは、【ForschungNr.46】記載のとおりである。

(3) e-Filing

ア　紙記録の電子化

　本人訴訟に対するサポート体制を可能な限り整えるとしても、本人が紙形式の文書で訴えを起こし、その後も紙形式の文書で訴訟を続けることを禁じることは裁判を受ける権利を侵害することになり、許されないのではないかと思われる。そうすると、提出された紙形式の文書を電子化することがどうしても必要になり、韓国で行っているように（前記(2)ウ(イ)記載のドイツ民訴法298a条2項によれば、ドイツでも行おうとしているのではないかと思われる）裁判所でこれを行う必要が出てくると思われる。現在の技術ではこれには相当の手間がかかるかもしれないが、記録が電子化されるまでに技術開発をして、紙形式の文書を自動的にPDF化、さらにはテキスト化する機器を導入することを検討する必要があるのではないかと思われる。上記ドイツ民訴法の規定もそれを予定したものではないかと思われ、AIの急速な進歩を考えれば、それほど困難なこととも思われない。

イ　電子文書の提出方法、通知・送付・送達方法（訴状、判決の送達を含む）

　これについては、De-Mailが普及しているドイツ以外の国では、裁判所のシステムにアップロードするという方法が採られており、特許庁システムのように専用ソフトを使用するか、多用されているWebブラウザ方式によるかは別として、De-Mailのようなものが普及していない日本では、裁判所のシステムにアップロードするという方法が相当なのではないかと思われる。もっとも、この方法は、被告に対する訴状等の送達の大半をいつまでもデジタルデータをプリントアウトして行わなければならないという問題を抱えており、社会におけるIT化の進展が期待される（対談57）。

　裁判所のシステムにアップロードするという方法を採った場合には、韓国の民事訴訟等における電子文書利用等に関する法律・規則の規定が参考になる

236 第6章 IT化の段階的検討

(**第3章3(3)ア**記載のとおり、法院事務官等が、送達する電子文書を電算情報処理システムに登載して、その事実を送達を受ける者に電子的に通知する方法で行い、送達を受ける者が登載された電子文書を確認したときに送達されたものと看做すが、その登載事実を通知した日から1週間以内に確認しないときには、登載事実を通知した日から1週間が過ぎた日に送達されたものと看做すなどと定めている。なお、対談59頁参照)。

ウ　電子文書の証拠調べ

記録が電子化された上でのe-Courtでの書証の取調べは、デジタル化（PDF化）して提出された文書や準文書、あるいはデジタル文書そのものを閲読することによって行わざるを得ないので、原本提出主義（規則143条1項）は維持できないことになり、その取調べは、前記2(7)に記載したような方法で行うことになろう（【ForschungNr.38】）。また、上記イ記載のように、裁判所のコンピュータにアップロードする方法で書証が提出された場合は、相手方は裁判所のコンピュータにアクセスして提出された書証をダウンロードすることができるので、写しを相手方に交付する必要はなくなる。文書送付嘱託、文書提出命令、調査嘱託なども基本的にはオンラインで行われることになり、提出されるのも基本的にはデジタルデータということになろう。

第3章3(3)ウ記載のとおり、韓国の民事訴訟等における電子文書利用等に関する法律13条、同規則32条は、電子文書（文字情報）に対する証拠調べの規定を置いており、記録が電子化された場合の書証の取調べの規定を設ける場合の参考となる。

エ　手数料等の現金納付

手数料等の現金納付については、【ForschungNr.52】［Punkt2］記載のとおり、すでに督促手続のIT化で実現しているし、特許庁の電子出願では、【ForschungNr.41】記載のとおり、料金の発生する手続書類を作成する度に、出願ソフトで納付番号を取得し、ペイジー（Pay-easy）で支払う（ATMか、インターネットバンキングか、モバイルバンキング）という方法が採用されており、郵便費用のように手続の進行によって発生するものについても、同様な方法を採用できる可能性があろう。

3 フェーズ3　**237**

オ　本人確認

本人確認の問題は、電子出願や IT 化先行国の取扱いを参考に十分に議論を尽くして決めることになろう。すべての訴訟について一律でなければならないのか、事案によって厳格さに差異を設けることができるのかも検討対象になるかもしれない。

なお、これは、単なる素人の思いつきであるが、作成した文書に記名押印し、これを PDF 化して提出するという方法も許容してはどうかと考えている。もちろん、この PDF は、米国特許商標庁及び欧州特許庁の電子出願で採用されているテキストベースの PDF ファイルである。これをコンピュータがデータ処理をしやすいように、例えば XML ファイルに変換したとしても、PDF 化された文書データを正式な文書（例えば準備書面）として扱うということにした方が、読みやすいし、本人確認の方法も今までのまま、記名押印でよいからである。論文等 P には、ノースカロライナ州の裁判所では、宣誓供述書その他サインそのものが重要な意味を持つ書証はオリジナルのサインが分かるようにして PDF ファイルとして提出しなければならないとされていると記載されている（第3章1(1)⑥）が、これは PDF が本人確認に最も適していることを示すものでもあろう。

カ　裁判官と書記官と当事者の協働

【ForschungNr.3】記載のとおり、論文等 B には、LAN 回線を通じての裁判官と書記官の協働作業が具体的に記載されているが、このような協働作業は、Web 会議等を利用した裁判所（裁判官・書記官）と当事者（代理人）との協働作業へと進化するのではないかと思われる。**本章1(3)ア**記載のとおり、Web 会議の導入は、時系列表や争点整理表などの「口頭議論の活性剤」の活用、訴え提起前の当事者照会や訴え提起後の当事者照会の活用などを通じた争点整理の充実、当事者主導型争点整理への移行の可能性を秘めているが、これらの手続はいずれも当事者と裁判所間、あるいは当事者相互間の十分なコミュニケーションを必要とするものである。その際、裁判所側では、書記官が、裁判官と打合せながら、Web 会議を利用して、当事者と裁判所、あるいは当事者相互間のコミュニケーションの調整をしていくという役割を担うことが期待される。

特に、訴え提起前の当事者照会をはじめとする民訴法第6章に定められた訴

え提起前の証拠収集の処分等について、当事者間の Web 会議を通じた調整に、事実上であっても、書記官の関与を認めることができれば、この制度が利用価値の高いものに生まれ変わり、当事者主導型民事訴訟を導くものになる可能性がある。

　他方で、e-Filing は、現在の書記官事務を省力化する可能性もある。オンライン提出された電子訴状は、ひとまず AI による訴状審査がされ、管轄の有無、訴額、請求の特定、欠席判決ができるか（要件事実の充足。論文等 E が指摘するように、要件事実の判断は AI の得意とするところではないかと思われる）などは瞬時に判断されることになろう。同種事件の係属があるか、過去に類似の事件があったか、関連する判例はあるかなどの判断もさせるシステムにすることも可能であろう。書記官は、AI による判断を参考にして、裁判官と打合せながら Web 会議による訴状の補正の促し（規則 56 条）や事情の聴取（規則 61 条 2 項）、期日外釈明（63 条 1 項）をすることになり、論文等 B に書かれている作業に比べて相当に省力化、迅速化できることになろう。また、e-Case Management によるスケジュール管理によって、当事者との期日の打合せも容易になると思われる。

　なお、【ForschungNr.20】記載のとおり、論文等 Q には、CM/ECF の導入による書記官やスタッフの役割変化の記述があり、とても参考になるが、アメリカの書記官が日本の書記官が担当してきた裁判官との共同作業である審理充実事務（現在位置 187、256、389）のようなものまで担当していたとは思われない（ドイツにもこのような事務を担当する職員はいない）ので、日本とは異なる環境にあることを念頭に置いておく必要がある。

　キ　審理内容の記録化

　Web 会議等を利用した弁論準備手続、口頭弁論、人証の取調べの結果をどのように記録化するか（調書化するか）は重要な問題である。また、【ForschungNr.1】記載のとおり、Web 会議の内容は、裁判所のパソコンだけでなく、参加者のパソコンでも録画することができるので、これをどのように規律するかも問題となる。

　人証の取調べについては、現在、テレビ会議による尋問が行われているが、これについては、法廷に出頭して供述した場合とまったく同様に、尋問調書を

作成している。現在、尋問調書の作成には、録音したものをテキスト化する録音反訳が行われることが多く、テレビ会議による尋問も同様である。この取扱いを e-Court、e-Filing になっても続けていくのか、それとも、e-Filing になれば、録画がデジタルデータ化され、電子記録の一部とすることができるようになるので、これを調書の記載に代わるものとして取り扱うことになるのかは検討を要する。規則 68 条 1 項も、調書の記載に代わる録音テープ等への記録を認めているが、これは文字で記録された調書に比べて一覧性に欠けるので、上訴審の裁判官が記録を読むのに手間がかかってしまうことから上訴審の評判が悪く、利用例は少ない。この点は、録音テープ等が録画データに代わっても、それほど大きな違いはなく（サムネイル画像等を利用して検索しやすくしたとしても、画像を見るには時間がかかる）、録画データをもって調書の記載に代えることには上訴審の裁判官から大きな抵抗があろう。もっとも、AI の音声認識能力が向上すれば、録画データを音声認識ソフト（AI）でテキスト化し、当事者がその正確性を争わなければ、それを録画データと一体のものとして、調書に代わるものと扱うことは検討してもよいのではないかと思われる。ただし、これについては、【ForschungNr.14】記載のとおり、ドイツ民訴法 128a 条 3 項が、人格権（肖像権）の保護のため中継は録画されないものとすると定めているように、証人等の肖像権の問題もあることに注意しなければならない（アメリカでは、テレビやインターネットで審理が公開され、録画も記録として公開されているようなので、この点は問題になっていないようである）。

　Web 会議等による弁論準備手続の内容については、調書化するのはごく一部なので、調書作成のために録画するまでのことはないし、録画されていると自由な発言ができず、口頭議論の活性化が妨げられるという問題もあろう。しかし、交互面接方式の和解の手続に入っている場合は別として、基本的には公開法廷における口頭弁論の対象になっている事項についての議論なので、備忘のために録画することはあってもよいのではないかと思われる。音声認識ソフトが不十分なものであったとしても、この録画をテキスト化すれば、メモ程度には利用できるという効用もあろう。もっとも、録画の運用は、Web 会議等の参加者の合意で決めるべきことであり、反対があるのに強行しても Web 会議等の目的は達せられない。

240　第 6 章　IT 化の段階的検討

ク　電子記録の閲覧

電子記録の閲覧をどうするかも難しい問題であるが、これについては、**第 5 章 2 (5)エ(エ)**での検討に付け加えるものはないので、ここでは、民事訴訟に新たな局面をもたらす可能性のあるセカンドオピニオンの問題と訴訟記録の共通利用の問題に限って検討する。

(ア)　セカンドオピニオン

医療の分野では、患者が別の医師のセカンドオピニオンを聞くということは普通に行われるようになっているが、訴訟については、本人が別の弁護士のセカンドオピニオンを聞くということはあまり耳にしない。しかし、記録が電子化され、本人はいつでも自宅からオンラインで記録にアクセスすることができ、記録のダウンロードもできるということになれば、そのデータを別の弁護士に見てもらってセカンドオピニオンを聞くということが容易にできるようになる。一審で敗訴した場合が最も考えられるが、長期化している訴訟の途中でもあり得ることである。このように、e-Filing は、手続を透明化することによって、民事訴訟に新たな局面をもたらす可能性がある。

(イ)　記録の共通利用

アメリカの連邦裁判所の PACER のように、誰でも裁判所に個人情報を登録して ID とパスワードの提供を受ければ、それを利用してインターネットによる記録の閲覧ができるという制度のもとでは、自宅にいながらすべての裁判所のすべての事件の記録を閲覧することができる。日本の場合、同様な制度にすることには問題があることは、【ForschungNr.74】［Punkt1］記載のとおりである。

しかし、記録が電子化されると、現在、各裁判所ごとに保管されている記録がすべて電子記録としてシステム中に保管されることになるので、仮に、裁判所に置かれたコンピュータ端末での閲覧に限られるとしたとしても、誰でも、どこかの裁判所のコンピュータ端末ですべての裁判所のすべての事件の記録を閲覧することができることになる。

これは弁護士も裁判官も同様であり、現在、当該事件の審理のために他の事件の記録が必要な場合は、記録の顕出（同一裁判所の事件）・記録の取り寄せ（他の裁判所の事件）という方法を採用しているが、電子記録になれば、このよ

うなことをするまでもなく、他の事件の記録にアクセスしてこれを閲覧することができることになる。そうすると、全国の裁判所に係属している同種事件において、どのような主張、立証がされているか、それぞれの事件の進行状況はどうかというような情報を得ることができることになる。場合によれば、成立した和解の内容も知ることができることになる。論文等Eは、「訴訟記録がオンラインベースとして共通利用されるようになると、裁判データベースを検索することによって他の事件における同一当事者の主張立証等が裁判所に顕著となるなど、裁判所に顕著な事実の範囲が飛躍的に増大する可能性がある」と指摘しているが、誰でも記録を閲覧することができる以上、それは、裁判所だけに顕著な事実ではなくなるのではないかと思われる。

　ケ　上訴審

　高裁控訴審で考えると、一審記録は、判決も含めて、電子記録として控訴審に移ることになるので、控訴審は、パソコンのモニター（ディスプレイ）で一審記録を読むことになる。現在では、まず、書記官が控訴の形式的要件（印紙、郵券等）が備わっているかチェックし、必要な補正を済ませた上で、裁判官（主任裁判官、裁判長）が順次記録を読んでいるが、e-Filing が実現すれば、全員が同時に記録を読むということが可能になる。合議もそれぞれのパソコンで記録の内容を確認しながら議論ができるようになる。電子記録の情報を利用して合議資料や判決を作成することもできるようになろう。

　控訴審は、一審にも増して記録読みに多くの時間を費やすことになるので、電子記録を読みやすくする工夫はとても重要である。モニターの大きさ、数、解像度、頁移転のスピード、検索の容易さなどに特段の工夫が必要であろう。

　上告審（最高裁）でも、基本的には控訴審と変わるところはないと思われる。なお、上記ク(イ)の記録の共通利用が可能になれば、最高裁に上告又は上告受理申立てされた事件と同種事件が下級審にいくつも係属しているというような場合には、その内容と進行状況を把握して、判断を示すタイミングを検討するという使い方もできるようになるかも知れない。

　(4)　e-Case Management

　民事訴訟の事件管理については、裁判所内部では、現在でも民事裁判事務支援システム（ミンタス）による事件管理が行われているので、その経験も生か

して、e-Filing に適合した事件管理システムを構築し、当事者、代理人がオンラインでアクセスできるようにすることになろう。アメリカにおける CM/ECF（**第 3 章 1 ⑵ ア⑺**、論文等 S）やシンガポールにおける eLit（**第 3 章 4、【ForschungNr.40】**）が参考になるのではないかと思われる。

電子文書の提出方法、通知・送付・送達方法（訴状、判決の送達を含む）については、上記⑶イで、電子記録の閲覧については、上記⑶ク及び**第 5 章 2 エ⒣**ですでに記述した。

そこで、ここでは、計画審理についてのみ記述することとする。

第 5 章 2 ⑴ウ記載のとおり、平成 15 年改正では、民訴法に計画審理の規定が置かれ、審理すべき事項が多数であり又は錯綜しているなど事件が複雑である等の事情があり、その適正かつ迅速な審理を行うために必要であると認められるときには、計画審理を行うことを求める条文（民訴法 147 条の 3。必要的計画審理と呼ばれるもの）も設けられたが、その後、それ以前に試みられていた計画審理の試みや計画的審理の試みはかえって減少し、係属期間が 2 年を超える未済事件の事件数は年々増えているにもかかわらず、必要的計画審理は行われていないし、計画的な審理も行われないことが多い。

他方、**第 5 章 2 ⑵**記載のとおり、2016 年利用者調査によれば、裁判費用の予測困難性や裁判期間の予測困難性が指摘され（**【ForschungNr.59】**）、利用しにくい民事裁判という評価もされている（**【ForschungNr.60】**）。

このような状況の中で、新福岡方式（**第 5 章 2 ⑶ア**）や論文等 Z のようにおおよその争点整理の期間や回数を裁判所と当事者が合意したり、当事者自ら争点整理の回数を予定して審理を進めるということも行われるようになってきている。

e-Filing と e-Case Management の相乗効果によって手続が透明化し、裁判所も含めて、誰が手続を怠っているのかが訴訟関係者全員に明らかになることによって、準備書面等の裁判書類の提出期限も含めて、裁判所と両当事者が約束したことが守られやすくなり、審理計画を立てることがあまり困難なことではなくなり、複数期日の一括指定、期日間隔の短縮化が図られるようになれば、e-Court による費用節約効果もあって、裁判費用や裁判期間の予測可能性が増し、より利用しやすい民事訴訟になるのではないかと思われるし、そこに民事

訴訟の IT 化の大きな意義があるといえよう。

4　IT 化に向けた課題

⑴　検討会まとめの指摘

検討会まとめは、IT 化に向けた課題として、本人訴訟とセキュリティ対策について触れている。その主要な部分は次のとおりである。

ア　本人訴訟について

裁判手続等の全面 IT 化の実現に当たっては、本人訴訟について、当事者の裁判を受ける権利にも十分配慮しつつ、当事者の置かれた立場や訴訟の各進行段階等に応じ、裁判所による適切なウェブ上の利用システム・環境の構築や、適切な担い手による充実した IT 面のサポート（IT リテラシー支援策）が必要である。資力がない当事者への法的側面でのサポートは法テラス等で行われているが、それとは区別される IT 面のサポート策として、その実施主体や内容等について、様々な方策やアプローチが考えられるところであり、今後、総合的な対策を、非弁活動の抑止等の観点にも留意しつつ、検討していく必要がある。

この点は、当事者間で利害の対立することが多い裁判事件の一方当事者に対する支援であることからすると、まずは、裁判上の代理人として関与する弁護士、司法書士等の法律専門士業者が、代理権等の範囲の中で、所属団体の対応枠組みを使うなどして、法的側面とともに IT 面の支援をも行っていくことが考えられるが、充実したサポート体制の実現のためには、これに限る必要はなく、特に、経済的事情で司法アクセスが容易でない当事者への支援の在り方は、既存の各種相談機関や法テラス等の支援窓口の関与・活用も含め、しっかりと検討を進める必要がある。

イ　情報セキュリティ対策

裁判手続等の IT 化を推進するに当たっては、情報セキュリティの観点から十分な対策をとる必要がある。必要とされる情報セキュリティ水準と情報セキュリティ対策（本人確認、改ざん・漏洩防止等）は、訴訟の各手続段階や訴訟記録等である情報の内容、性格等により異なるものであり、それに対応した在り方を改めて実務的に検討していく必要があるとともに、それに即した適切な

244 第 6 章　IT 化の段階的検討

体制の整備が望まれる。

　例えば、証拠の電子化に対応し、改ざん防止のためのデジタル・フォレンジック技術（電磁的記録の調査・解析等を通じ、その調査・分析を行う技術・手法）の活用等も考えられよう。

　もっとも、裁判手続に一般的に求められるセキュリティ水準としては、訴訟記録の内容や性格、裁判の公開原則等との関係から、極めて高度かつ厳格な水準のものまでは要求されず、基本的には、行政機関や民間の取引におけるセキュリティ水準と同程度のものを念頭に、合理的な水準を確保することが相当と考えられる。訴訟記録が多くの個人情報、企業情報等を含むことに十分配意する必要はあるが、経済社会一般で通用している IT 技術や電子情報に対する信頼性等を前提とする制度設計をすることが望ましい。

　例えば、ウェブ会議等の利用場面では、想定される障害や漏洩等による影響が限定的であることからすれば、弁護士等の法律専門家や一般国民が簡便に利用可能となる利便性を確保した環境整備を図りつつ、それで十分に対応可能な範囲の標準的セキュリティ水準を確保すれば必要かつ十分と考えるのが相当である。同様に、裁判におけるオンライン申立てや電子情報の提出等を可能とするシステムの設計・運用に当たっては、防衛分野や金融サービス分野等で用いられるシステムのように高度の機密や経済的利益の獲得を直接の目的としたサイバー攻撃等のリスクが常時存し、一時のシステム停止も許されないことを前提としたシステムと比べ、これと同水準のセキュリティ水準を確保するようなことは求められない。その観点からは、システム利用の認証についても、電子署名を基盤としたデジタル ID を必須の前提とせず、様々な認証手段（例えば、ID・パスワード等）を許容することも考えられよう。

　さらに、IT 化のために必要となるシステム構築に当たっては、IT に関する技術的進化の速さを念頭に、迅速に設計から実現までのプロセスを進めていくことが望まれる。その過程では、既存のシステムとの関係整理のほか、IT 技術の将来的進展に対応できる柔軟性・拡張性を確保していく必要があろうし、民間のサービス・技術との連携も視野に入れて、必要な情報セキュリティの確保を前提に、API 連携（複数システム間の連携や外部サービスの機能活用・共有等）、クラウド化、データ形式のオープン化等の様々な可能性を検討していく

ことも考えられる。

(2) 本人訴訟

　簡裁は大半が本人訴訟であり、地裁においても双方弁護士訴訟率は 4 割程度であり、6 割は一方が本人訴訟であることは、**第 5 章 2 ⑴エ記載のとおり**であり、また、【ForschungNr.57】記載のとおり、当面、本人訴訟率が減少する見込みもないので、本人訴訟への対応は民事訴訟の IT 化の重要な課題である。裁判を受ける権利や手続保障（**第 5 章 2 ⑸ウ**）の観点からも、IT リテラシーに欠けるために不利になることがあってはならない。

　この点では、紙形式でしか書面を提出できない当事者本人だけではなく、固定電話しか利用できない当事者本人やファクシミリしか利用できない当事者本人への対応も検討する必要があろう。

　しかし、何よりも、そのような当事者本人が電子訴訟に参加できるような最大限の努力が尽くされることが重要である。論文等 Y 記載のシンガポールのサービスビューローも参考になると思われるが、もっと簡単に、例えば、ファクシミリのように、紙形式の書面を機器に差し込み、ID、パスワードを入力すれば、自動的に PDF 化して裁判所のシステムに送信できる（ID、パスワードを入力すれば、自分宛の電子文書を受信し、書面化することもできる）ような、ファクシミリ機器あるいは ATM 類似のものを公共施設等に設置するという発想もあってもよいのではないかと思われる。少なくとも裁判所にはこのような機器が備えられる必要があるのではないかと思う。

　そして、このように、本人訴訟の当事者が電子訴訟に参加しやすい仕組みにするにはどうすればよいかということを考えると、少なくとも現状では、上記のように、PDF 化して提出するのが最も簡単で、利用されやすいのではないかと思われる。AI が進歩すれば、画像形式の PDF をテキスト化することも不可能ではないのではないかという気がしている。

(3) 情報セキュリティ対策

　情報セキュリティ対策については、本人確認の点は、すでに随所で記述しており、公開を要しない手続と Web 会議のセキュリティについては、【Forschung Nr.72】で、非公開審理と IT 化については、【ForschungNr.73】で、特許庁の電子出願システム刷新の課題の一つとしてセキュリティと大規模災害時の対策

246　第 6 章　IT 化の段階的検討

が挙げられていることは【ForschungNr.42】でそれぞれ記述している。これ
以上に検討会まとめの指摘に特に付け加えることはない。

おわりに

　AI の進歩は著しく、AI 裁判官や AI 弁護士に関する論文も目にするようになった（駒村圭吾「『法の支配』VS『AI の支配』」法学教室 443-61〔2017（平成29）年〕、柳瀬昇「AI と裁判」〈山本龍彦編著『AI と憲法』〔2018（平成 30）年、日本経済新聞出版社〕〉355 など）。これらによると、イギリスでは、AI を使ってかなりの確率でヨーロッパ人権裁判所の判決を予測できたという実証研究もあるようである（駒村・前掲 63、柳瀬・前掲 361）し、アメリカでは、弁護士が口頭で調査を依頼すると、法令や判例等を調査し、証拠を収集し、推論し、回答するという AI が実用化されているようである（柳瀬・前掲 360）。インターネット上では、AI の開発に力を入れている中国では、ベテラン弁護士が AI と法律相談に対する回答で争ったところ、AI が勝ったというニュースを目にしたこともある。

　このように、裁判の分野でも、「はしがき」で述べた医療の分野と同様に（この 2 つの分野は、判断手法、判断過程がよく似ているように思われる）、AI に向き合わなければならない時代が来ており、民事訴訟の IT 化に当たっても、これを避けることはできないと考えられる。しかし、医療も訴訟も、AI とは違って、精神的にも肉体的にも壊れやすい人間を相手にするものであり、その壊れやすさに伴う心の問題を切り離しては考えられない。これからも、壊れやすい人間が壊れやすい人間に向き合うことで、健康を回復できるような治療や新しい人生に踏み出せるような紛争解決がなくなることはなく、社会構造の変化によって、むしろ、増えてくる可能性があると思われる。弁護士が紛争を抱えた当事者と向き合うときも、裁判官が事件に向き合うときも、壊れやすい人と人との関係でのみ理解できることがあるのではないかと思われる。裁判官の判断作用の中に「スジ」とか「スワリ」とかいうようなものが入り込むのも、法的判断が単なる法律の当てはめの問題ではないことを示すものであろう。

　民事訴訟の IT 化を契機に、これからの法律家に何が求められるのかということについて真剣に考えてみる必要があるように思われる。

事項索引

【数字】

2016 年民事訴訟利用者調査（2016 年利用
　者調査）……………………… 142, 242

【アルファベット】

CM/ECF（Case Management/ Electronic Case
　Filing）………………………21, 34, 36
De-Mail ……………………………………52
De-Mail 法 ………………………………52
e-Case Management ……………… 228, 241
e-Court 化率 ……………………… 225
e-Court での書証の取調べ ………… 222
e-Court の訴訟指揮 ……………… 221
e-Filing ………………………… 226, 235
e-Filing の前提 ………………… 229
eJustice 法 ………………………………47
e 送達 ……………………………………54
Electronic Filing System（EFS）…… 71, 75
Electronic Litigation System（eLit）… 71, 75
HTML …………………………………81
IT 化先行国の記録の電子化 ………… 233
IT 化と審理の充実 ……………… 142
IT 化に関係する法改正提言 ………… 159
IT 化に関係する民事訴訟実務 ……… 138
IT 化に関係する理論的問題 ………… 162
IT 化に向けた課題 ……………… 243
IT 規則 ……………………… 113
IT リテラシー ……………… 176, 245
JRE ……………………… 135, 136
L 方式……………………… 151
OA（オフィス・オートメーション）……95
OA 化……………………………………95

PACER（Public Access to Court Electronic
　Records）……………………… 21, 37
PKI（公開鍵認証）……………… 22, 90
SingPass ………………………72, 75, 76
Web 会議 ……………… 7, 208, 209, 210
Web 会議等による期日 ……… 216
Web 会議と電話会議の併用 ……… 214
Web 会議による弁論準備手続期日 … 181
Web 会議のセキュリティ ……… 188
Web 会議の導入効果 ……… 164
Web ブラウザ方式 ……… 85, 88, 232
XHTML ………………………………81
XML ……………………………………43

【あ行】

安全な送信ルート……………………………51
一方向性の手続……………………… 209
一体型審理……………………… 151
一般国民による電子記録の閲覧
　……………………………… 202, 224
インカメラ審理……………… 192, 193
インカメラによる証拠調べ……… 195
インターネット裁判…………………26
ヴァーチャル（仮想）化……………… 219
営業秘密が問題となる訴訟の公開停止
　……………………………… 195
映像と音声の中継………………………49
エキスパートシステム…………………10
遠隔裁判……………… 180, 219, 221
遠隔地要件……………… 101, 156, 158
欧州特許庁（EPO）………………91, 232
音声認識システム………………………48

250 事項索引

オンライン提出…………………… 125

【か行】

改革審意見書……………………………12

確定判決のインターネット公開…………66

紙記録から電子記録への移行……………56

紙記録の電子化…………………… 235

紙形式の書面の電子化…………………… 233

完全陳述義務………… 165, 166, 169, 172

期日進行管理プログラム…………………11

協働主義…………………………… 164

記録の共通利用………………… 240

記録の顕出………………………… 240

記録の取り寄せ………………… 240

計画審理…………………………… 242

計画的審理…………………… 141, 150

形式的手続保障………………… 175

研究会提案……………………… 162

原本提出主義……………………70, 236

原本の存在、成立……………… 222

公開主義…………………………… 177

公開の二義性……………………… 184

公開の場所………………………… 179

公開の方法………………………… 178

公開を要しない手続……………… 188

公正・迅速進行義務…………… 167, 171

口頭議論の活性化……………… 152

口頭議論の活性剤……… 152, 209, 224, 237

口頭弁論の公開………………… 220

古典的弁論主義からの乖離…………… 171

【さ行】

サービスビューロー………………………76

サービスプロバイダー……………………53

裁定和解………………… 154, 159, 208

サイバーコート……………………41, 219

サイバーコート実験………………………19

サイバー・サーキット……………………15

裁判官と書記官と当事者の協働……… 237

裁判官と書記官の協働作業…………… 237

裁判期間の予測困難性………………… 147

裁判所側の Web 会議等による参加 … 218

裁判所に顕著な事実………………17, 241

裁判所のヴァーチャル化………………21

裁判費用の予測困難性………………… 146

裁判を受ける権利………… 189, 198, 245

事案解明義務…………………… 169, 172

識別番号………………………… 232

失権効……………………………… 220

実質的手続保障………………… 175

司法制度改革…………………… 110

司法制度改革審議会意見書………………12

司法制度改革推進計画要綱…………13, 113

社会保障番号…………………… 35, 36

釈明義務………… 165, 166, 167, 172

証拠調べとしてのインカメラ審理

………………………… 196, 198

肖像権……………………………26, 239

上訴審……………………………… 241

情報セキュリティ対策………… 243, 245

書画カメラ……………………… 222

署名法………………………………53

書面による準備手続の弁論準備手続的運用

………………………… 152, 208, 210

人格権（肖像権）……………… 239

信義誠実義務…………………… 167, 171

真実義務………… 165, 166, 167, 172

新受事件数……………………… 138

事項索引　　**251**

迅速化報告書改善施策……………………… 160
迅速トラック…………………………………… 149
新福岡プラクティス…………………………… 149
審理計画………………………………………… 242
審理充実事務…………………………………… 238
審理内容の記録化……………………………… 238
審理の公開……………………………………… 108
スマートカード…………………………………92
正義へのユビキタス・アクセス…………………23
セカンドオピニオン…………………………… 240
説明義務………………………………………… 220
争点整理………………………………………… 140
争点整理手続の再構成………………………… 219
争点整理の活性化……………………………… 150
双方向性の手続………………………………… 209
訴訟記録の共通利用……………………………17

【た行】

対審の公開……………………………………… 177
段階的電子化移行………………………………57
遅滞を避ける等のための移送………………… 222
直接主義………………………………………… 108
直接署名（Sign Directly）………………………90
通信型巡回裁判所構想…………………………14
適格電子署名……………………………………53
手数料等の現金納付…………………………… 236
手続制限………………………………………… 101
手続の柔軟化…………………………………… 151
手続保障………… 170, 171, 172, 174, 245
手続保障の第三の波…………………………… 172
テレビ会議…………………………………………7
テレビ会議による鑑定人質問………………… 111
テレビ会議の録画………………………………26
電子記録……………………………………………56

電子記録の閲覧……………………………71, 240
電子出願………………………………………79, 231
電子出願システム………………………………79
電子出願の方法…………………………………80
電子情報処理組織による督促手続の特則
………………………………………… 127
電子情報処理組織による申立て等…… 124
電子情報処理組織を用いて取り扱う民事訴
　訟手続における申立て等の方式等に関す
　る規則（IT 規則）…………………… 113
電子情報処理組織を用いて取り扱う民事訴
　訟手続における申立て等の方式等に関す
　る規則施行細則……………………… 115
電子情報処理組織を用いて取り扱う民事訴
　訟手続における申立て等の方式等に関す
　る規則施行細則の一部を改正する細則
………………………………………… 117
電子証明書……… 87, 90, 116, 122, 131, 232
電子署名………………54, 115, 122, 131
電子申請システム…………………………83, 231
電子申請率…………………………………84, 231
電子送達…………………………………………43
電子訴訟……………………………………… 60, 61
電子訴訟の強制……………………………72, 233
電子訴訟率………………………………………61
電子的閲覧………………………………………58
電子文書…………………………………………51
電子文書による弁論……………………………69
電子文書の証拠調べ…………………………… 236
電子文書の証明力………………………………59
電話会議システム………………………………40
電話協議日時…………………………………… 153
当事者参加型判決……………………………… 224

252 事項索引

当事者尋問等の公開停止……………… 194

当事者、利害関係人による電子記録の閲
　覧、複写………………………………… 203

督オン規則……………………………… 130

督オンシステム……………………… 126, 134

督促手続の IT 化 ……………………… 230

特許庁の電子出願……………………… 231

【な行】

日弁連改正要綱試案…………………… 161

【は行】

パソコン実験部…………………………11

パブリック・アクセス・ターミナル……45

犯罪被害者等の権利利益の保護を図るため
　の刑事訴訟法等の一部を改正する法律
　………………………………………… 136

非公開審理……………………………… 189

非公開審理と IT 化 …………………… 198

必要的計画審理………………………… 242

ビデオリンク方式………… 136, 137, 217

秘密保護のための閲覧等の制限……… 193

秘密保護の手続………………………… 191

秘密保持命令…………… 192, 193, 195

ファクシミリ送信規定の解釈と運用… 211

ファクシミリによる申立書等の提出… 118

フェーズ 1 ……………………………… 206

フェーズ 2 ……………………………… 214

フェーズ 3 ……………………………… 225

福岡方式・新福岡方式………………… 149

文書提出命令および当事者照会制度改正に
　関する民事訴訟法改正要綱試案…… 160

平均審理期間…………………………… 139

米国特許商標庁（USPTO）…………88, 232

平成 15 年改正 ………………… 110, 242

平成 16 年改正 ………………………… 123

弁護士選任率…………………………… 141

弁論兼和解……………………… 172, 181

弁論主義………………… 165, 167, 171

法的観点指摘義務……… 165, 166, 170, 172

法的審問請求権………………………… 173

法と規則の振り分け…………………… 121

本人確認…………… 121, 135, 234, 237

本人訴訟…………………61, 243, 245

本人訴訟率……………………… 141, 145

【ま行】

ミシガン裁判所法………………………41

民事関係手続の改善のための民事訴訟法等
　の一部を改正する法律（平成 16 年改正）
　………………………………………… 123

民事訴訟手続に関する改正要綱試案……95

民事訴訟等における電子文書利用等に関す
　る大法院規則………………………… 201

民事訴訟等における電子文書利用等に関す
　る法律…………………………………67

民事訴訟の運営改善…………… 172, 208

民事訴訟法改正研究会………………… 161

民事訴訟法第 132 条の 10 第 1 項に規定す
　る電子情報処理組織を用いて取り扱う督
　促手続に関する規則（督オン規則）
　………………………………………… 130

民事訴訟法等の一部を改正する法律（平成
　15 年改正）…………………… 110, 242

民事訴訟法の改正課題………………… 161

民訴法 17 条 …………………………… 222

【や行】

要件事実エキスパートシステム…………15

要件事実支援プログラム…………………17

【ら行】

リーガル XML ………………28, 42, 43

利用者意識………………………… 142

判例索引

最大判平成元・3・8 民集 43 巻 2 号 89 頁 ……………………… 177

最判平成 4・10・29 民集 46 巻 7 号 1174 頁……………………… 169

最判平成 18・1・13 民集 60 巻 1 号 1 頁 …………………… 138, 139

最決平成 20・5・8 判時 2011 号 116 頁…………………………… 174

最決平成 21・1・15 民集 63 巻 1 号 46 頁………………………… 195

最決平成 21・12・1 家月 62 巻 3 号 51 頁………………………… 174

最判平成 22・10・14 集民 235 号 1 頁、判タ 1337 号 105 頁………… 170

最決平成 23・4・13 民集 65 巻 3 号 1290 頁……………………… 174

〈著者紹介〉

福 田 剛 久（ふくだ たかひさ）

昭和50年京都大学法学部卒業。

昭和52年東京地裁判事補、昭和62年東京地裁判事。平成元年最高裁事務総局行政局参事官、平成2年同民事局第二課長、平成5年同局第一課長兼第三課長、平成9年東京地裁部総括判事、平成16年最高裁上席調査官、平成21年静岡地裁所長、平成23年東京高裁部総括判事、平成27年高松高裁長官。平成28年定年退官。平成29年より弁護士。

主著書に、『コンメンタール民事訴訟法Ⅰ～Ⅶ』（共著、日本評論社、平成14年～平成28年）、『民事訴訟のプラクティスに関する研究』（共著、法曹会、平成元年）、『イギリス、ドイツ及びフランスにおける司法制度の現状』（共著、法曹会、平成12年）、『医療訴訟と専門情報』（共編、判例タイムズ社、平成16年）、『民事証拠法大系（1）～（5）』（共編著、青林書院、平成15年～平成19年）、『最新裁判実務大系2 医療訴訟』（共編、青林書院、平成26年）、『民事訴訟の現在位置』（日本評論社、平成29年）、『裁判官の視点 民事裁判と専門訴訟』（共著、商事法務、平成30年）等。

民事訴訟のIT化 　　　　　　　　　　　　　書籍番号31-03

平成31年4月15日　第1版第1刷発行

著　者　福　田　剛　久

発行人　門　田　友　昌

発行所　一般財団法人　法　曹　会

〒100-0013　東京都千代田区霞が関1-1-1
　　　　　　　振替口座　00120-0-15670
　　　　　　　電　話　03-3581-2146
　　　　　　　http://www.hosokai.or.jp/

落丁・乱丁はお取替えいたします。　印刷製本／(株)ディグ

ISBN978-4-86684-019-2